☁ 作者自述
Jacob Tomsky

出于我的罪恶感及与之同生的无恶意的无辜之情，

我对文中提到的所有酒店和人名都进行了保护性修改。

所有的人物性格描述都是我从不同的人身上这一点那一点摘下来，

然后再打乱秩序重新组合出来的，

不过我笔下写出的仍然是一个真实的世界。

呃，我其实是想说，该死，

我可是连自己的名字都改了。

Jacob Tomsky

[美] 雅各布·汤姆斯基 / 著

高月娟 / 译

你好，前台

HEADS IN BEDS

A Reckless Memoir of Hotels,
——— Hustles, ———
and So-Called Hospitality

酒店里的
那些事儿

重庆大学出版社

HEADS IN BEDS：A RECKLESS MEMOIR OF HOTELS，HUSTLES，
AND SO-CALLED HOSPITALITY by Jacob Tomsky.
Copyright © 2012 by Jacob Tomsky.
Published in agreement with Chase Literary Agency,
through The Grayhawk Agency.

版贸核渝字（2013）第33号

图书在版编目(CIP)数据

你好，前台——酒店里的那些事儿 /（美）汤姆斯基（Tomsky，J.）著；
高月娟译.—重庆：重庆大学出版社，2013.11
（时尚文化丛书）
书名原文：Heads in Beds：A reckless memoir of
hotels，hustles，and so-called hospitality
ISBN 978-7-5624-7758-7

Ⅰ.①你… Ⅱ.①汤…②高… Ⅲ.①饭店—商业服
务—通俗读物 Ⅳ.①F719.2-49

中国版本图书馆CIP数据核字（2013）第232561号

你好，前台

NIHAO, QIANTAI

——酒店里的那些事儿

——JIUDIAN LIDE NAXIE SHIER

［美］雅各布·汤姆斯基 著
Jacob Tomsky
高月娟 译
策划编辑：张维
责任编辑：席远航 书籍设计：黄柠檬
责任校对：谢 芳 责任印制：赵 晟

*

重庆大学出版社出版发行
出版人：邓晓益
社址：重庆市沙坪坝区大学城西路21号
邮编：401331
电话：（023）88617190 88617185（中小学）
传真：（023）88617186 88617166
网址：http://www.cqup.com.cn
邮箱：fxk@cqup.com.cn（营销中心）
全国新华书店经销
重庆华林天美印务有限公司印刷

*

开本：890×1240 1/32 印张：10.5 字数：255千
2013年11月第1版 2013年11月第1次印刷
ISBN 978-7-5624-7758-7 定价：35.00元

🔔 目 录

引言 🛎

"欢迎您来到前台，要入住吗？"

我在酒店工作已经超过十年。我帮你办入住，帮你办退房手续，给你介绍酒店的各项设施，给你端上酒水饮料，把你的白色小内裤从白床单里拣出来，帮你停车，尝过送到你房间的餐点（在你吃之前我就先吃过了，遗憾的是在你吃之后我也吃过），给你洗马桶，拒绝了你延迟退房的要求，早上叫你起床，吃掉你房间里迷你吧里的 M&M 巧克力豆，笑你讲的笑话，也收了你的钱。我在前线待过，我说前线其实指的是前台。我在高档酒店的前台工作过很多很多年，我有很多很多的第一手消息。

我是怎么干上这个行当的？其实我拿到的每一笔工资差不多都兑现自印着或者写着酒店名号的支票（有时候是非常大方的客人直接塞给我现金）。我觉得还是用误打误撞形容比较好。就像你本来计划坐火车穿过一个小镇，结果窗外的站一个接一个地过去，你才发现其实已经开出了城。火车没有要停下来的意思，你的下半辈子可能就要如此打发，除非列车长在某个时刻打开了车门。第二种可能就是列车长把火车停下，然后把你从车上踢下去。

在酒店行业待了一些年头之后（我会在开头的部分写到），你就会发现自己别的什么也做不了，也没劲头再做别的什么事儿了。

我出身于军人家庭，我妈是海军，我爸是海军陆战队队员。我小时候每次最多在一座城市里待两年，然后搬家，换学校，住洛杉矶的酒店（美国西海岸城市）、住杰克逊维尔的酒店（美国佛州东北部港市）、阿什维尔的酒店（美国北卡罗来纳州中西部城市）、圣佩德罗的酒店（也是美国的港口城市），寻找一处处新"家"。我像一只陀螺似的不停旋转，长大成人后，我继续旋转、旅行，四处为家。

童年时期这种两年一段的日子让我无根漂泊，倍感迷失。也许这就是我后来坚定地选择念哲学专业的原因。具体这种白痴行为背后是什么我现在也都没法儿解释。该死，如果我当时选了商科，现在我大概就从商了。也许你会说，主修哲学的一个主要目的不就是至少能明确说出个学习哲学并非浪费时间的理由吗？我从没学到这个论证方法。垃圾，我的学位就是一坨塞在学生贷款这个垃圾桶里的垃圾。

所以，后来某些人，某些无耻的混蛋，出主意让我在服务业挣点儿钱。

酒店不会在乎我这种奇怪又可疑的学位，对于新入行的人来说他们给的钱也相当不错，然后我得再补充一句：这是旅行者理想的职业。我喜欢旅行，出于各种各样的理由：人是新的，声音是新的，环境是新的，旅行让你在某处出现又在某处消失。（即便现在，我这只陀螺还在旋转，而且即便我在布鲁克林这儿找到了一块不错的安身之地，这只陀螺还是开始倾斜了。一旦发现了更吸引它的地方，就会像火箭似的把我弹出这块大陆。）而且酒店到处都是：如果现在把我绑架，用银色胶带封住我的嘴巴然后在我屁股上猛踹一脚把我踢出机舱，我向你保证自己会降落到一块靠近酒店的停车场上，一天之内我就可以穿上制服，开始服务酒店客人，这只手把支票揣进口袋，那只手在酒吧里认识新的朋友。

对那些患有旅行上瘾症的人来说，酒店起了戒毒药美沙酮的作用。也许能让我维系住家庭的唯一方式，就是让我做一份永远不断变化的工作。如果我对不断换新的环境已经上了瘾，那现在换我静静待上一分钟，在永远回响着"你好"跟"再见"的酒店大堂里坐上一分钟，然后让整个世界暂且围着我转圈儿如何？

我也确实是这么干的。从新奥尔良到纽约，我遵从着酒店业的规矩，也了解了这个行业的所有细节。鉴于我已经不再在乎了，所以我写这本书的目的就是：我会告诉你客人们不知道的秘诀和妙招，并且这些妙招极为简单。想延时退房？想要免费升级房间？你猜怎么着，其实满足这些要求非常简单（而且大多数是合法的！），而且不麻烦。所有的秘诀都关乎细节，关乎你有什么需求，你向谁提，怎么提，以及需要给多少小费合适。想取消预订又不想被扣掉第一晚房费？没问题。或者你只是想得到酒店服务员的尊重以及感受到宾至如归的服务？我明白，尊敬的客人。来，放松，放松一下……来，握住我的手……对，就是这样……现在往我手里放点钱……非常好……谢谢。这就是一笔酒店服务业里的正常交易。

　　我把知道的都告诉你之后，你会了解酒店生活，了解我们酒店业做些什么，以及我们是怎么做的。尽管为什么我们还要继续在行业中做下去这件事有点难以理解。不管怎样，我要说的所有这些，在下次我帮你办理入住的时候都用得上（相信我，我们会见面的，而且很可能已经帮你办了几次入住了），下次我们见面的时候，你的眼睛会闪闪发亮，你的眼睛会流露出自在和对一切了如指掌的神情，我会帮你，你也会帮我。这本书会教给你，如何从任何一家酒店，任何一家依靠住宿率赚钱的机构那儿得到最好服务的秘诀。或者退一万步讲，这些东西至少能避免像我这样的服务员找机会把你的行李箱拉进没安装摄像头的办公室，然后在上面猛踹几脚。

作为一个酒店从业者我无处不在，同时我哪儿也不在。我没有名字……除了那个该死的胸卡。

但首先，还是让我们谈谈名字吧。我们需要用化名来保护无辜的人。让我们来看看我有多无辜，多需要被保护：

我叫雅各布·汤姆斯基（Jacob Tomsky）。但在酒店世界里我们都用姓注册，于是雅各布·汤姆斯基变成了汤姆斯基·雅各布。所以，出于自我保护的本能，汤姆斯基·雅各布——出于写这本书的目的——变成了托马斯·雅各布斯（Tomas Jacobs）。小汤姆·雅各布，祝你好运。

第一章
Chapter One

我正站在位于新奥尔良上城区的圣查尔斯大街（St. Charles Avenue）。大学毕业已经数月，还有几周就到夏天。太阳当头的时候已经非常热了。可我这会儿就站在太阳地里，站在代客泊车箱子的旁边，一站就是一整天。

为了让自己摆脱学生贷款带来的懒惰劲头，为了让自己从温暖安全的"大学子宫"里爬出来，成为一个用自己的双脚立足、能赚钱、有志向的成年人，我在一个叫科普兰的餐厅做代客泊车员。由于受到过没什么用而且与此毫不相干的系统化哲学教育，我很快推导出一个结论，鉴于我的个人简历上没什么工作经验，而且我的学位看上去有点儿滑稽，在求职过程中起到的更多会是反作用。任谁看到这个都很有可能误以为我是个怪咖。但我总得有个地方起步，于是我从最底层干起。

这个工作不算好。为什么不算好？首先，我干的是代客泊车的活儿。其次，客人给我们的小费我们都得上交。我曾经幻想第一天工作结束之后就揣着一兜子一美元的票子去法国区喝上几杯（自 16 世纪以来，新奥尔良曾先后被西班牙和法国占领。1762 年，法王路易十五把新奥尔良和密西西比河以西的路易斯安那作为礼物送给了他的表弟——西班牙的查理三世。1803 年，拿破仑以一千五百万美元的价钱把路易斯安那卖给美国），在新奥尔良物价也不是太高。但就在那个用来挂客人车钥匙的代客泊车箱子的一侧，有一条缝，这个代客泊车的箱子就像个恶性肿瘤，会把我们收到的小费当作营养通通吸走，全部吸走。而在那个盒子旁边，坐着一个人，长得也像一坨肿瘤，是我们的值班老板。他坐在遮阳伞下的桌子前，小口嘬着含酒精的饮料。饮料里浮着碎冰，饮料杯在他的手掌里流着汗，跟我流的汗完全不一样。

一位来吃午饭的客人把取车的票根递给我。我从箱子里很快就找到了他的车钥匙，然后立刻飞奔了出去。他的车子不好找：代客泊车公司没租下餐厅附近的停车场，所以我们只是开着客人的车在附近兜圈，然后尽量把车都平行地停在靠近科普兰餐厅的地方，客人当然不知道这些。我们把车停好了之后，泊车员就得在票根背面画一张地图标明车停的位置，像一张神经兮兮的藏宝图，有了这张藏宝图，其他泊车员才知道去哪儿找车子。

我的同事奇普（Chip）画的每张藏宝图都像这样："#*"，所有的藏宝图他都这么画，我每次找他停的车都是个难题。但这一次我还是把客人的车子开回来了，我把车缓缓滑到路边，拉开车门，车里的冷气像冰雾似的从打开的车门流到我的脚面上，随后客人给了我一张叠得很整齐的钞票。

"外面实在是太热了，孩子。这是给你的，你刚才跑得真快。"

那是张20美元的票子。奇普站在代客泊车的箱子旁边，手遮在眉毛上，敬礼似的拼命想看清楚这是多少钱。我走到那坨"瘤子"旁边，开始把这张票子往里塞，然后奇普说话了："别，别啊！你要干什么汤姆？你手里就没有一块钱的票子跟它换一下？别把20块的塞进去，求你了。这钱是给你的，那哥们儿刚才告诉你了这是给你的。"

"说实话，这是科普兰代客泊车公司的。"长得像瘤子的人说，把他那杯湿漉漉的代基里鸡尾酒放在代客泊车的箱子上。

"开什么玩笑，你这会儿在喝的是泥石流（一种含酒精鸡尾酒）？"奇普说。

我用一把车钥匙把那票子彻底捅进了小费盒子，然后站回到奇普身边，重新站到太阳下。值班老板隐回了伞下的阴影里。

"我忍不了了。小费上交？四成给管理层，六成给咱们，再除以20个人的份儿，之后还要扣税，谁来算这个账？一个他妈的大白天喝鸡尾酒的傻蛋。"奇普说这番话八成是自言自语，因为这会儿他突然冲我转过来："你觉得他会把那20块钱交上去吗？还是他会自己留着？我们在这儿就不可能拿到什么小费。你猜你听到什么信儿了，市中心马上有一家新酒店要开业了。你听说了吗？是家豪华酒店。"这四个字儿被他念得很神秘，或者说这四个字儿从奇普嘴里蹦出来非常不搭配：豪华酒店。"他们正在招代客泊车的人。在咱们这家餐厅吃饭的客人可是不会给多少小费的。"

奇普满脸笑容地接过一位客人递过来的取车票根，从箱子里把钥匙找了出来。"是他妈的一辆马自达，哥们儿。"他小声跟我说。之后他转向客人："不会让您在这么热的地方等太久的，先生！我快去快回！"之后他就飞跑了起来：像开了挂似的飞奔过路口，身体倾斜，好像摩托车赛车手在压弯。

奇普以破纪录的速度把马自达开了回来，之后他放慢速度，缓缓驶上便道："空调给您开着，音响在放经典摇滚乐，音量已经调低了，先生。"

客人把什么东西放进了他伸出来的手心，那个东西让奇普的脸立马歪掉了。

只见奇普站得笔直，用身子挡在了客人和车门中间，然后他摊开手心，让 50 美分钢镚的小费在阳光下闪闪发光。

奇普的声音变得又干又涩，只听他咬着牙说："我真是太谢谢您了，先生。"

然后他转了转手腕，再摊开手掌，阳光又照在那两枚钢镚上。之后他手掌翻下来，两枚硬币自由落下，他飞起一脚，把那两个钢镚都踢飞了。

两个钢镚划着弧线飞过车道，在一辆过路的车子呼啸着开过去之前落进了一片杂草丛中。

我能看到那位客人脸上震惊的表情——混合了不解和恐惧。奇普毅然决然地走了，他横跨过圣查尔斯街，走到了那片草丛里。捡起那两个钢镚之后，奇普继续往拿破仑大街方向走了过去，走向市中心；代客泊车的工作、餐厅、值班老板、我，所有这些东西都被他抛之脑后。

我值完了当天的班，然后就采纳了奇普的建议，去了那家酒店。

无论我当时有没有意识到，看着奇普因为这么一件屁大的事儿突然发飙，其实给我带来了极大的影响。我看着奇普因为收到了钢镚儿而过度激动，然后看着他撅着屁股在那从杂草里一寸一寸把硬币从土里找出来，然后就那么走了。我真是不明白，一点儿都不明白。

我们现在开始吧。

酒店基础知识入门。酒店人事部招聘的时候基本上是个人就要。无论是谁，只要通过了药物测试，他们都要。

我通过了，多谢。

奇普没过。

大河酒店（River Hotel），是某豪华酒店的旗下品牌，以几乎没人能付得起的房费而在业界赫赫有名。大河酒店就盖在新奥尔良市中心的查特街。距开业还有三周，而且装修工程还在继续。不过他们还是把我们都留下了，按照我们的身材修改制服，并且开始给我们发工资。一个礼拜以前，我得把挣到的钱上交给一个喝代基里鸡尾酒的傻蛋。现在，我还什么都没干呢，就拿钱了，而且还不少，更重要的是目前还没人提"代客泊车"这几个字。

不过我们的新管理层也不是什么都不提。有几个词儿他们一直说来说去："服务""奢华""诚实""忠诚""富足"。他们还说一些长一些的短语，比如"顾客反馈"和"顾客需求预测"。然后还有更长一些的，价值百万美元的短语，比如 1500 件埃及亚麻羽绒床罩。

他们每天都要开关于服务的培训课，在当时已经完工的会议室里进行。桌子上铺着布，我们都猜那面料八成来自埃及，桌上摆着冰水瓶。我们喝着高脚杯里的冰水，大吃特吃给我们准备的甜点。他们拼了命地要叫我们知道，如何看出所谓的"客人的隐性需求"。

"如果有客人需要提车，他一个字儿都不需要说。他把泊车小票拿出来，你把小费揣兜里，你懂我意思吗？"

这几句话从会议室后面飘过来。我回过头去，看到几个大概会成为我同事的人——三个黑人哥们儿显然没有专心听讲。

"汤姆，你能给我举个关于客人隐性需求的例子吗？"

我的制服上没挂胸卡：这些服务业工作的人记人名的本事可真是一等一的好。

"呃，夫人——"

"你可以叫我翠西（Trish），我是前厅部经理。"

"那好吧，嗯，翠西……"后排传来一阵低低的笑声。"比如，客人开着一辆很脏的车来，我们帮客人把车洗了？"

"好极了。"

"等一下。你是希望我把客人的车开到我家的车道上给洗了？还是说我直接从家里带洗车小费过来？"后排传来一个问题。

"你是佩里（Perry），对吗？"

"是的，我叫佩里。"

"佩里，给客人洗车的钱酒店会出，如果客人需要换轮胎，费用酒店出，或者给客人买一张他们回家路上可以听一听的音乐 CD，这个费用酒店也出。任何你能想到的客人的隐性需求，都可以直接来找我。"

"好吧，该死。"佩里说。

酒店开业的前一天，他们把查特（Chartres）街整整一个街区都封起来了（念起来就是"渣打"，完全无视这个词儿的法语渊源。此外，我们把 Calliope 念成卡里奥普。Burgundy 被我们念出来已经没有深紫红色的感觉了。谁把 Tchoupitoulas 街或者 Natchitoches 街念出来只要不结巴就算不错了）。我们列成游行方阵，新任命的经理们举着巨大的、做得很好看的牌子，表示他和他所代表的员工分属于不同的部门。前台、泊车员、洗衣房、销售与市场、行李员、门童、餐饮部，当然最后还有客房服务部。这是人数最多的部门了，大概有 150 个黑人妇女，一个个打扮得好像在去俱乐部的路上。泊车员聚成小小的一队，彼此没怎么话说，抬头看着已经竣工且经过装修的焕然一新的酒店。

现场气氛极度乐观且积极。我们按部门顺序一个接一个走进大门，排着队人挨着人挤上楼梯。经理们列队站在楼梯两侧鼓掌欢呼，好像我们是新奥尔良的人民英雄。五彩纸屑漫天飞舞，他们则挨着个儿猛拍我们的后背，我们耳朵里充斥着各种称赞和祝福。当我们走到三楼，准备进入大宴会厅的时候，我们每个人的嘴巴都咧得很大，脸上都绷着无比真诚的笑容。我们都努力保持住那个笑容，挨个儿和总经理握手。总经理的脑袋上戴着一顶月桂树叶子编的王冠，估计是谁跟他开玩笑时给他戴上的。

"我是查尔斯·丹尼尔斯（Charles Daniels），请叫我查克（Chuck）。"这就是总经理的发言。

"那好吧，查克。"佩里（Perry）说，他站在我前头，等着丹尼尔斯先生从桌上一堆员工胸卡里把他的那张挑出来。

那天，丹尼尔斯先生没有亲自给佩里戴上胸卡，那样的仪式感有点儿太强。不过当时的我们都处于异常兴奋的状态，所以即便他让我们光着身子爬过去，让他直接把胸卡别在我们的肉上我们也会点头的。

然后我们就开始大喝特喝。我不太确定酒店管理方从哪儿找到负责筹划开业活动的公关，肯定不是本地人。我也不是，但我一直把我生命的头几年用来旅行了，我换地方太频繁，无论我需要适应的文化是什么，我已经学会了让自己迅速融入新文化的本事（信我吧，这本事管用得很）。这方面我算得上见人说人话，见鬼说鬼话。而且我在路易斯安那上大学的那四年算得上我在一个地方待得最久的了。史无前例地讲，新奥尔良能算得上是我的家。酒店在开业仪式上让我们敞开了喝饮料，从某种程度上讲，是酒店在向这个小镇示好。这个无酒不欢的小镇也十分受用和感谢这番好意。这是个你在圣诞节早上能买得到调制酒喝的城市。倒不是说圣诞节早上你会在波旁酒吧街上看到我；那会儿我可没喝。在大学学习期间我都滴酒未沾，用来保持头脑的清醒。上学的时候我可是在学校午餐时间偷偷在家里的地窖一杯接一杯地喝杰克丹尼威士忌的，于是自打我 15 岁之后就没再碰过酒。现在他们可是在新奥尔良让大家各式好酒免费喝啊！我觉得这儿的人要废了，这儿的客房服务业要废了。

现在我们都知道自己属于哪个部门了，我们都想加入派对，快点儿相互熟悉起来。

"你看咱们的总经理。脑袋扣着那个东西看着跟奴隶主似的。"沃特（Walter）说。

"才不，"佩里（Perry）说，"查克挺有范儿的。喝你的酒吧。"之后佩里就举起自己的喜力啤酒一口气喝了个底儿朝天。

每个人脸上都带着微笑。每个人都表现得非常友好。每个人都戴着印着名字的胸卡。那天我们就像身处一个巨大家庭的聚会，第二天我们还要营业。在经过整整两周的服务技能培训之后，在领了两周的薪水之后，我们都摩拳擦掌，期待在一个真正的客人身上一试服务的身手。管理层把我们培训成了一群暴徒，如果有哪个好奇的酒店客人被这个派对吸引过来，我们会把他伺候到死，就像一群红了眼的、拼了命要为人服务的非洲土狼。

对于当时的我来说，这家酒店给了我一种感觉，我觉得这家酒店有机会变成我的家。它许给了我一个未来。酒店看上去十分华丽，这些个亚麻材料啊，巨大的树枝形的吊灯啊，黏糊糊的点心啊，让这家酒店看上去魅力十足。酒店美极了，我很骄傲能成为酒店开幕第一批员工的一员。就是在这个时候，我意识到正是我之前总是频繁搬家的生活在现在把我带到了这里，在这里我可以暂时性地落脚一阵子。世界在绕着我旋转，而我却感到从未有过的脚踏实地。丹尼尔斯先生在派对里寒暄周旋的时候我细细观察了一下他，他随意走进任何一个圈子的时候，所有人都自然而然地结束了当下的谈话。那就是我想要的感觉，我觉得那就是我也可以拥有的东西。而且我非常清楚地感到，因为这也是在新员工入职的时候他们灌输给我们的，如果我全心全意、有礼有节地为顾客服务，心中铭记奢华服务的真谛，服务行业就会自动向我敞开怀抱，我就此可以把它变成投入终身的职业。我想成为国王，我有机会成为国王。那天，我对自己说，有一天我要成为总经理，经营自己的酒店。

第二天，酒店开业的那天，这种兴奋的劲头就没了，就像浪花拍在沙滩上。在我们可以把服务这种东西奉献给顾客之前，我们还得参加酒店开幕式。

酒店业有一个特点：一旦开业，永不关门。

我不是说他们会永远生意兴隆，当然会有生意惨淡甚至关门大吉的时候。但是知道酒店也会入不敷出这件事让我无比惊讶。怎么会？单间客房的每日维护成本在 30 ~ 40 美元。如果酒店开出的房间价格低于 30 美元，我敢打赌那个旅店（照这个价格来说一定是家汽车旅馆）的日维护成本应该在 5 美元上下。说到这儿我很想去浴室洗个澡。我自己的浴室。40 美元的房间价格包括了浴室的洗漱用品替换装、电费、客房服务员的时薪、专门给迷你吧补充食品饮料的服务员、前台服务员（以及这个房间所涉及的所有客房服务人员），以及换洗被单的费用。所有的成本都在里面。把这个数字和平均客房价格对比一下，你就知道酒店业有多赚钱。酒店业其实有很长的历史，可以回溯到玛丽跟约瑟夫（玛丽是耶稣的生母，约瑟夫是她的未婚夫）那会儿。那天，旅店客满，约瑟夫不得不把自己怀孕的未婚妻安排进了臭烘烘的马厩。

"酒店"这个词儿最早是 1760 年前后从法语里传过来的。在大洋彼岸的法兰西，酒店这个词儿当时指的不是提供公共住宿的地方，而是大型政府大楼，贵族住的房子，或者其他什么可以容纳进很多人，但不留人过夜的地方。在那个时候，美国到处都是肮脏的小旅店和酒馆，给旅客提供床位，也让小镇上的人们一醉方休。在酒精行业拥有垄断地位是个福音，我们得感谢给游客们提供住处的这些酒馆老板们，要不然那些烂醉如泥的游客可是没人想招惹。直到乔治·华盛顿上任（美国第一任总统），并且决定在他的崭新疆界里巡游一番，这个行业里的粗劣状况里才看到了整改的曙光。为了表现出他是人民的总统，乔治·华盛顿婉拒了阔气朋友的邀请，把自己安排到了一个又一个小客栈里，闻够了客栈房间的怪味儿，看够了客栈糟糕的床，眉毛都拧成了麻花。美国历史上头一遭，小镇居民因为自己没招待好游客住宿的问题而感到脸红。那时的美利坚刚刚完成统一，版图还在扩张。举国上下的住宿问题，必须整改，刻不容缓。

于是，1794年，某些人，某些个混不吝，在纽约盖起了第一座"酒店"。酒店位于百老汇，在曼哈顿下城，有137间客房。是第一座以"酒店"，也就是招待人住宿为目的盖起来的建筑。酒店这个词儿也从此流传开来，没人再用酒馆或客栈这个词儿了。即便是浑身上下脏兮兮的小客栈老板，也把"酒店"二字刷在他们皱巴巴的招牌上，哪怕他们依然让游客个儿挨个儿地睡在黑乎乎、乱糟糟的地方。第一批盖起来的酒店由于经济问题纷纷倒闭，也可能是被一把大火烧掉了，也有可能是两者都有。直到铁路线开始纵横美国全境，大大小小的酒店才开始繁荣起来，也让像我这样的人，可以在今天领到这份儿薪水。

所以，从赚不赚钱的角度上说，我的意思不是说酒店开了门就永不倒闭（或者永远不会被一把大火烧掉！）；我是说，酒店开了张、剪了彩，大堂的门一旦打开，就永远不会关上。其实，酒店大门是不上锁的，因为酒店大门就没设计成要上锁的。绝大多数酒店每天凌晨三点都开着门，在每个圣诞夜的凌晨三点开着门，在灯火管制的时候开着门，即便世界大战也会开着门（只不过同时涨了价）。

我们酒店开业的那天，市长也来了，十分给面子。酒店员工们着装整洁，列队欢迎，市长和他们一一握手打招呼。之后，看热闹的人们也都进来了，我们这些服务员都规规矩矩地站着，面带微笑，无比骄傲。我们可是准备好了。看热闹的人们涌入酒店的酒廊，慢慢踱步走过酒店大堂，仿佛他们在参观高雅的艺术博物馆。他们在干净的玻璃上留下指纹，拖拉着鞋子，一屁股坐在椅子上；此外他们还把东西弄乱，大口吞下叉子尖上的牛排，然后把餐具弄花。

开业之后的很长一段时间里，我们只是站在泊车工位上无事可做。我们在那儿站了有个把小时，双脚分开与肩同宽，两手背后相握，和培训时候对我们要求的一样。不过很快我们就开始原地换脚，然后是嘴巴不动，从牙缝里发牢骚，再接着就是随便转头，用正常音量彼此聊起了天。之后，我们开始回到办公室里检查手机上有没有什么短信或未接电话之类。不过佩里没这么干：他一直站在自己的岗位上，此外他做得最多的一件事儿，就是看到所有人都开始闲极无聊焦躁不安的时候摇了摇头。

"我们这样挣不到钱。" 基斯一边说一边比划着拳头向佩里挥动着，佩里这会儿倒更像个头儿，不简单是因为佩里更年长一些，虽然他确实比所有人多了五年的业内经验，而是因为他那种淡定，他那种让自己瘦瘦的身子站得稳稳的劲头，他的白眼球很白，皮肤很黑，可又他妈的特别淡定又酷的劲头。

"你怎么上班第一天就焦躁，基斯，淡定点儿。"

"淡定你妹，我得挣钱。上两个礼拜我们领全额薪水，但现在我们领的是时薪加小费，明白吗？到现在我们连一辆车都还没见到——"

"嗨，都打起精神，查克过来了。"

我们都照做了，这可不是为了佩里。总经理丹尼尔斯先生绝对有种总统般的领袖气质。我想为他工作。我们都想。他走出酒店大堂的大门，走进了酒店大门前的门廊（"酒店门廊，其实就是带顶棚的车道的一种花俏说法，一坨狗屎"）之后沿着门廊走了过去，嘴里飞快地一个个念着我们的名字，好像我们都是他相识很久的老友。然后他走着走着就停了下来，好像忘了点儿什么，他转身走了回来，站在我们面前，站在铺了地砖的车道上。他身后的大理石喷泉轻快地跃动着。

"看来眼下我们有点儿人员冗余吧？先生们，我不想这么说，但是每当一家酒店开业，特别是像我们这样赫赫有名的酒店，以服务质量著称的酒店开业的时候，在开业头几周里，总是需要多一些的服务人员。你们看啊，客人们来到咱们酒店，就是希望看到眼见为实的服务。实际上他们就是想看到酒店配备了好多服务员，即便服务员们只是闲站着，什么都不干。听上去也有点儿让人难过，但事实就是如此。这对于前台服务员来说没影响，因为他们拿的是岗位薪水，可是对于你们这些靠小费挣钱的人来说，就困难一些了。先生们，我实话实说。酒店的入住率提上来是需要时间的。但是，我们已经接到了一些派对、聚会和长或短会议服务的单，有些活动规模很大，可能一个晚上有150多辆车进出，我们得作好准备。大家可以想想未来的这些个事儿。目前这个阶段，我会先让会计给大家计算岗位工资，等到客人慢慢多起来了，我们再调整到正常的工资加小费的模式。客人们会来的，相信我。这样怎么样？而且，在这个月月底你们中间还会选拔出来一个队长，有意愿且有能力的人才会被最终选中。队长的时薪比普通员工高一些，而且能排到最好的班。坚持住，先生们。还有就是，你们看上去棒极了。"他拍了拍基斯的手臂，之后就朝车库走去。

"这样就对了。"佩里重新把双手背到身后，眼睛盯着车道对面的喷泉，面带微笑地说。

佩里被选为队长，没有任何人提出异议。

一个月之后，丹尼尔斯先生的所有预言都变成了现实。酒店入住率上来了，车库里停满了豪华轿车，我们的兜里塞满了面额一美元的小费。新奥尔良的社会精英们也帮了大忙，他们在我们的酒店举办宴会、舞会和慈善活动，带来了大量的停车需求。会议进行之前就有一大批人要存车，然后会议结束后又是一大堆人等着领车。一个被我们称为"将军"的客人很快成了我们最喜欢的服务对象。每次他的司机都开着一辆淡黄色的宾利，你不可能认不出他来。无论当时哪个服务员为他服务，都会自动站在宾利车门旁边，等着门童把车门拉开。"将军"的耳朵不好，眼睛也不好，穿着泡泡纱材质的衣服，上面挂满了军功章（所以我们叫他将军），然后他会努着下巴，转动着他那长了白内障的眼球，拼命想看清楚是哪个服务生在为他服务。他那满是黄褐斑的手总是抓着一把皱巴巴的两美元纸币。之后我们的那位代客泊车服务员就会站到车门旁边去，表现出准备帮助客人停车的样子（其实司机宁愿我们在他的鞋上尿尿，也不想我们碰到宾利车内饰一个指头），之后将军就会用力盯着这位泊车员，嘴里嘟囔着什么军营里才能听到的话，然后给他一张两美元的小费。我们要做的只是摆出一副随时准备提供服务的架势，这样就有小费可以拿，比如按个电梯按钮、拉个门什么的。或者把手在空气中一挥，好像隆重请将军入场，之后两美元小费就到手了。而且"将军"视力非常差，你可以跟着他，重复做一些架势很隆重的动作，回来的时候就会有十块或者更多黏糊糊的票子。

不过，倒也不是说我们拿的小费多到装不下了。关于这个代客泊车的岗位，我了解到了一些真实情况。真实情况就是，这个工作不怎么样。

想象一下，你在一个黑暗的、闷热不透气的十层楼高的停车楼里，没有电梯。你想象自己拿着停车票沿着台阶跑上车库十层，新奥尔良的暑热像一只湿漉漉的舌头舔着你的脖子。你的汗滴到自己的胳膊上，你按下钥匙上的锁车按钮，车子报警器鸣叫，帮你确定车停的位置。你浑身大汗地钻进去，看一下车子的操作面板，打开车灯和空调，挂上倒车挡，把你湿乎乎的手臂搭在扶手上，之后倒车。空调把热乎乎的风吹到你汗湿的脸上。快速倒车，要赶在——该死，刹车！——基斯突然开着一辆保时捷以该死的90迈车速抢先窜了过去，车轮发出啸叫，本地电台的hip-hop音乐震得整层楼都好像在颤动。现在因为后怕而出了更多的汗，因为刚才这两辆价值75000美元的车差点儿就撞到了一起。不过这时候空调开始送出凉风。你明白自己开的是辆梅赛德斯—奔驰S500，你需要把它安全地开下去，这些汗水和心惊肉跳也值了。现在我的车轮也开始尖叫，因为我像个疯子似的高速开车过弯，过减速带的时候我也照样狂飙，我的心脏忽然失重得像坐过山车一样（车底盘直接碰到了水泥减速带，谁在乎啊——这属于车辆内部和不可见损坏）。我加大油门把车开上直道，把维瓦尔第的音乐开到最大声，有了它做背景乐会给我的狂野驾驶带来一种美感。之后在下坡的时候又刮了一下车前底盘（7楼，我总是在7楼刮到车底），虽然我听不见刮擦的声音，但是我能感觉出来，因为维瓦尔第的《四季》在车里轰鸣，之后——操，刹车！——我又差点儿跟一辆黑色的凯迪拉克撞上，凯迪拉克的车头灯雪亮，照得我睁不开眼，瞬间我明白了人们说的濒死体验里的那道白光指的是什么。佩里坐在驾驶座上大笑，对我竖中指。于是我猛向后倒，车后面的保险杠和墙面几乎挨上了，也有可能确实挨上了那么一点儿，不过在开出酒店之前谁也不会发现。佩里追上我，放下车窗："我们得赶紧下去，汤姆。""克鲁"（在新奥尔良狂欢节最后一天主持庆祝活动的民间组织）的活动快结束了，基斯和沃特他们把停车票全偷走了，特别是那个脑子里有屎的鸟人沃特，他一次拿三张停车票。这小子跟我玩儿这套可是看错人了。"之后我猛踩油门，我们两辆车并驾齐驱，两辆车之间可能只相隔一英寸，他的后视镜从我的奔驰车顶上一掠而过。之后我猛踩油门，车轮磨地发出尖叫声。最后过一个坡道的时候我赶紧把速度降到30迈，之后又把速度降到5迈，慢慢把车开出了车库门，显得非常在意和小心，这样在停车之前我还有时间跟我的客人进行目光接触。我的客人皱着眉毛，一副担忧的神情。

"您的车到了，先生，祝您愉快。"

"嗯。"他哼了一声，从我身边走过去，没有要给小费的意思，但我面带着微笑，帮他轻轻关上了车门，我的眼睛已经盯上下一张停车票了，竟然又是一张该死的十层停车票。沃特不但一次拿三张票，还把楼层低的票都挑走了。又是一辆梅赛德斯—奔驰 S500。我该出发了。

"现在，大家都好好听着。客人向我们投诉了，先生们。谁也不许再磨车胎了。我明白大家是想把事情做快一点儿，但是车库的回音很大，如果你们在十层磨车胎，我们在下面都能听到。你们觉得客人会怎么想，站在这儿等着领车的时候，听着你们猛踩他们的油门儿？谁也不许再磨车轮了，都慢着点儿。第二，不要换电台频道。我们接到客人投诉，有客人开车离开酒店，打开收音机，听到的是快要把人吵死的摇滚频道。咱们的客人没兴趣听什么《现钞百万富翁乐队》的歌儿（新奥尔良组合，1996 组团，2001 年解散，Bling 亮闪闪的这个词，就出自这支乐队在 20 世纪 90 年代的一首歌里）。"我们都笑了。"别碰电台频道，别去调座椅靠背。就这两点，记住了吧？今天晚上很重要，市长又要办慈善晚宴了，大概晚上十点钟左右，会有二百来人进进出出。从现在开始，如果你们看到哪个客人是今晚要在酒店过夜的，就把他的车停在十楼，别犯懒把车停在二楼，否则今天晚上你们就得来来回回不停地往楼上爬了。所以，一看到过夜停车票，就把车往上停，因为过夜的客人在今晚上不会取车。基斯，你听见了吗？别以为我们不知道这底下都发生了什么，你们几位。"

说话的是约翰（John），前台经理助理。行李员、门童、前台还有我们这些泊车员，都要接受前台的指挥。最近约翰被委派过来管理我们，毫无疑问，我们需要管理，而且需要管理的理由也是显而易见的。

在我们后区办公室，也就是客人的车钥匙被按号码保存在宽大的黄色口袋里的地方，有一个小 CD 机，是我们工作之余用来提神的。我们的 CD 盘越来越多。开下来一辆雷克萨斯，客人给沃特一张一美元纸币，之后他趾高气扬地走回后区办公室，从衣服下面拽出来一个 CD 盒。

"哥们儿，看看这个。现在我们有贝多芬可以听了。古典音乐，你喜欢吗？赚大钱的那帮家伙都爱听这种烂东西。"

我们都知道基斯有从客人的车里偷拿零钱的毛病。他值班的时候，我们都见过他在后区办公室里数大把的硬币，而且他跑起来的时候浑身都响起硬币的叮当声。

不幸的是，当你的汽车被泊车员开进车库，或者开出你的视线之后，车子在泊车员的手里，任何可怕的事情都可能发生。有没有什么好办法，让你的车不会被谁占便宜？抱歉，什么好办法都没有。打个比方，当你的女儿外出和男人约会的时候，你只能向上帝祷告她在夜里十二点之前安全到家。不过，在你的车被泊车员开走之前，最好还是绕着它走一圈，看一下。你的停车票上会印着一辆车，是门童或泊车员用来标记车上已有划痕的。这样一来，如果客人提车的时候发现了新刮痕，泊车员可以即刻证明刮痕之前就有，而且在他开走车之前就已经标记在停车票上了（其实他们有可能是在倒车的时候撞上了电线杆子，然后立刻偷偷在票上做个标记）。所以在把车子交给泊车员之前，先绕着自己的车转一圈儿，了解一下车子的现状，后面提车的时候好处就显现出来了。而且泊车员看到你细细检查了车子，他在帮你停车的时候，也会更加小心。如果你看到是哪个泊车员坐进你的汽车准备把它开走，你也可以在这个时候给他几块钱的小费，这样他停车的时候也会特别小心。不过，即便你在把车交给泊车员的时候对他有所表示，但是要记着帮你停车和帮你取车的很可能不是同一个人，而且泊车员总会有一段时间会待在你的车里。如果你受不了任何人动你的爱车，谁动都不行，那就直接交给门童照看。酒店前的车道是门童的地盘，他可以，也愿意允许一些汽车在他视线之内停上几个小时，享受一开就走的方便。位置如此优越又安全的车位怎么搞到？一张20美元的票子就能搞定。门童会很乐意帮你，他们都喜欢20美元的票子。如果你开的是豪车他们就更高兴了，这会让他们的车道蓬荜生辉。如果你开的是辆破烂的雪佛兰，你也可以把它交给像基斯这样的泊车员，然后让他把车上所有的零钱都偷走。

"这伙计连钢镚都偷，可真够让人瞧不上的，"佩里说，"听着，汤姆，你知道我一直把你当哥们儿。上我办公室来一下，我们得说点儿正经事。"

佩里的"办公室"是辆黑色的宝马7系。这辆车是酒店的，用来给VIP客户提供短途市内交通，或者为客人提供机场接送服务的。最近佩里派我去了好几次，我挺感谢他。开车去一趟机场可以让你有大概一小时不需要在代客泊车的岗位上当班，酒店会为这一小时付你20块，往往客人会再给你20块。而且在去或者回来的路上，当客人不在的时候，你开着黑色的宝马车驶过新奥尔良，你可以调斜座椅靠背，打开天窗，听你想听的任何频道。酒店有一次让沃特开着这辆车去过一次机场，就一次——是送客人，结果他五个小时之后回来。说他去洗车了，可车子明显还是脏的。

佩里把钥匙插在宝马车的点火器里，这样我们就可以把广播打开，还可以把电动座椅靠背放躺下。

"你知道翠西（Trish）吧？"

"前厅部经理？"

"对，前厅部经理。她说她那儿需要人手，问我谁合适。我跟她说你不错，你把客人照顾得很好。所以我总是派你去机场接送客人，因为你做得很好。现在大家都知道前台有这个缺，但翠西已经关注你了。所以这几天就踏踏实实地干吧，过几个礼拜翠西可能就会让你上去，到酒店里面去。你觉得怎么样？"

"但是我对前台的事情一窍不通啊？不过，我也觉得自己应该往前走。"成为总经理的念头在我的脑子里像火花似的一闪而过。代客泊车的这几个月让我的梦想蒙上了灰尘。我已经开始观察酒店到底是怎么回事，而且开始了解这通往上层的梯子到底有几个台阶。"可我喜欢这儿，喜欢和大家一起工作。我为什么要离开呢？"我说。

"为了钱，为了事业啊。这事儿应该接。听着，为了我的女儿们我什么活儿都愿意干，所以我现在当了代客泊车的队长。我知道你还没成家，但你可以为了你自己，而且你现在就得开始。男人得为自己争取到最好的。这外面太他妈热了，上里面那有空调的地方去，听懂了吗？"

"我会考虑一下。"

"这就对了，出去吧。我已经把该说的都和你说了。"

靠小费挣钱的行业里一条绝对定律：让那些偷偷摸摸的人最七窍生烟的就是"大水冲了龙王庙"。这场斗殴不知道是谁先挑起来的，是沃特还是基斯。我当时排在最后一个，刚刚从（如果你相信的话）一个本田汽车爱好者手里接过一张相当慷慨大方的 10 美元票子。沃特从钥匙箱里抓了一大把钥匙之后若其事地走向停车库。基斯大喝一声，"嘿！"喊声很大，整个停车道都回响着他的声音。门童桑福德和佩里，还有坐在大理石长凳上的五位等着提车的客人都循声望过来。"我他妈受够了，他妈的。"基斯终于绷不住了，迈着僵硬的大步朝沃特走过去，这时候沃特还在慢悠悠地溜达着。

我觉得佩里当时知道要发生什么事儿，而且我相信是他故意让这事儿发生的。

基斯走到沃特身后大概一步开外的时候，趁沃特还没来得及转过头来，突然伸手从后面掐住了他的脖子。在众目睽睽之下，从身后掐住了他的脖子。沃特迅速扭过身来，也用拇指捏住了基斯的喉咙。佩里嘴上喊："嘿！嘿！"

但是人站在钥匙箱子后面一动没动。他们滚倒在地上，手都掐在对方的喉咙上，在地砖上打滚，掐着骂着，客人们现在都站起来了，因为惊讶，嘴巴都张得老大。

《新奥尔良时代花絮报》（new orleans times-picayune）广告版：位于市区的新奢华酒店招聘两名代客泊车服务生。不要瘾君子。待遇从优，额外还有小费。请传真简历。精神不正常者，也在一定程度上纳入可考虑之列。

基斯和沃特被开掉的第二个礼拜，新员工就招进来了。其中一个毛发过多，长得很像怪兽系列电影里的"怪物艾迪（Eddie Munster）"。他不会开手动挡车。这可真是要命了。他常常一路跑着冲上车库的楼梯，然后又走着回来，他沮丧地摇晃着手上的钥匙，摇着头说："伙计们，这车我开不了。"

"该死，佩里，这家伙拖了大伙儿的后腿。"

"至少他没想把咱们的同事掐死，你懂了吗？不过，当然，听好了，留心看着点儿，从在酒店过夜的手动挡车里挑一辆，别挑太好的车。带他上车库顶层，把他教会，懂我意思吗？"佩里说。

我也正是这么干的。为了教怪物艾迪学会开手动挡车，我们几乎要把一个客人的离合器烧掉了。整个车库顶层都飘着汽油和铁块烧热的味道。

结果后来我们发现，不会开手动挡车还只是怪物艾迪一系列问题里的一个。现在他什么都能开了，也能把什么都迅速搞坏。他在车库里空间狭小的地方很勉强地掉头，刮花了五辆车的前保险杠。他把酒店宝马车的车身侧面刮了一条长长的印子。佩里的宝马车被刮花了，结果他一副压力重重的表情，他能做的就是控制自己别故态复萌，忍不住一枪柄狠狠地把怪物艾迪敲晕。要知道佩里在奥尔良教区监狱服刑七年的时候，我正在上七年级。

"这家伙简直是个白痴。乖乖，我都有点儿想沃特和基斯了。至少那两个还是男人。瞅瞅这个吊儿郎当的小子，我觉得他脑子里有屎。"

后来，怪物艾迪正式进入了状态。他创了纪录，我打赌，他在车库里的记录无人能破。艾迪把一辆保时捷从一个很窄的停车位里开出来的时候，他很艺术地把这辆车的鼻子深深地嵌入了一辆豪华厢车的侧门，造成了超过一万美元的损失，每辆车一万美元。（该死的，上帝啊！）

不过即便这样，怪物艾迪的饭碗也没有丢。在一个忙碌的周五下午，好多客人来度周末，他们把车停在车道上，先拎出后备箱里的行李，再把车交到我们手里。这天的情况显然比平常还要复杂混乱一些。于是怪物艾迪跳上一辆车的驾驶席上，挂上倒挡，想把车拐出去开上车库楼。不过他忘了看后视镜。但凡他瞟上一眼，就能从后视镜里看到后备箱的门还开着，他的直觉就能告诉他，客人的行李还没有拿完。但是怪物艾迪完全没看，他直接跳上驾驶席，挂上倒挡，然后一脚猛踩在油门上，车子迅速往后倒，在车道上所有人的目瞪口呆之中，把站在车后面正打算拎下最后一件行李的客人铲了起来。客人放声尖叫，紧接着尖叫声就消失了，客人大头冲下栽进了行李里。

这件事发生之后，怪物艾迪不再是代客泊车岗位上的服务员了。

管理层给他升了职。

管理层觉得必须得让那个家伙的小尺寸脚丫子离油门远一点。所以管理层给他的小手里塞了支电话听筒，让他接听客人取车的电话，然后帮我们这些人排好领取提车票的顺序。

他们也给我调了岗位。我工作认真敬业，态度积极，没有小偷小摸，不打架也不嗑药，给管理层留下了很好的印象。于是在一个十分宜人的秋天的下午，翠西走过来，问我是否对调去前台工作感兴趣。

我说："好啊。"

这次升职让我感到骄傲。我脱下网球鞋，改穿皮鞋。"麻雀变凤凰了啊，"佩里在我当班的最后一晚跟我说。他把手放在我的手臂上，自豪地笑着，就好像我是他儿子。之后他把手放了下去，认真看了我一眼，盯着我说："别忘了你是打哪儿过去的，汤姆。"

我从没有忘记，老哥儿几个，我是从代客泊车做上去的。

第二章

Chapter Two

我参加了周一早上七点的会议，这次是在前台后面的办公室开的。我和新同事一起站成一圈儿，仍然穿着我以前的工作服和脏兮兮的黑色网球鞋，看上去像个傻瓜。所有人好像都在盯着我的鞋看。不到一个星期之前我还在黑乎乎的车库里爬楼梯，在8层半的楼梯上踢中了一个我以为是只鞋子的东西。不过，后来那只鞋子似的东西顺着楼梯台阶打了几个滚，然后终于保持住平衡，然后踉踉跄跄地跑走了，看上去好像还受了伤，摇摇晃晃跑向车库远处的角落了。我低下头看着自己的鞋，想到那只啮齿动物曾经撞在我的黑色盖世威运动鞋上（美国运动鞋品牌K-swiss），还是觉得后背发凉。

"下面我来把汤姆介绍给大家，"翠西说，"他的新制服正在改，所以今天他会留在行政办公室，留在酒店的核心团队，接受系统培训。如果他有什么问题提出，我希望大家都能帮助他解答。"

那是我第一次听他们提到"核心团队（或者内务部门）"。与所谓的外务部门——也就是打磨得十分光滑的大理石地面、被吸尘器吸得干干净净的东方地毯、闪闪发光的镀金栏杆、还有摆在酒店大厅中央桌上的鲜花、每周都要花掉酒店数千美元相对应的酒店部门。核心团队指的是后勤办公室、走廊、储藏室、货梯，以及墙面刷得很白但是装满了待洗的白色床单的房间。翠西继续开会，她读了一下会议安排表，那是未来我会非常习惯的东西，里面包括了当天所有要在酒店召开的会议。客人进出酒店，让酒店的当天入住率不断发生着变化，另外还有公司的服务培训。这和在酒店开业前两周我们接受的系统培训一样。开业前大派对上我学到的"政治路线（party line）"在车库里土崩瓦解，但在这里仍然起着作用，我作为这里的新人正在参与其中。

一位员工刚刚读完一则来自佛州姊妹酒店的、印在会议表上的服务故事：关于一个员工给客人的小狗买了一个狗咬胶玩具，然后客人感动到流泪还是怎么的。"女士们、先生们，祝你们都有美好的一天，我们开始吧。"翠西说。于是服务员团队解散，有些人去往前台和大堂，替下当夜班的人，另外一些人去了酒店的接线中心（PBX）。翠西叫我直接去总经理办公室找丹尼尔斯先生。

"坐下吧，"丹尼尔先生跟我说，给我指了一张放在他办公桌前的豪华咖啡色皮椅，和大堂酒吧里的椅子是一样的。"你现在算是正式进入酒店了，小伙子，欢迎。你在下面车库表现得不错，我听说他们互相掐的时候你也在现场。有时候下头的事情会变得一团乱麻，对吧？"

"是的，先生。"我感谢他一上来就没说那么多官话和废话，这人完全知道自己在做什么。

"现在你才是真正进入酒店行业了。前台就是酒店的大脑中枢。孩子，你在这儿可以学到酒店是如何管理的，从入住到退房：给客人计费、每个房间都有什么特点、房间升级、房费和税费、现金的处理、礼仪礼节、VIP贵宾。能学到好多东西。你兴奋吗？"

"当然。"

"好。我自己就是从前台做起来的。如果一个员工想坐我的位子，总经理的位子，相信我，去了前台就已经走完了一半的路了，另外的一半路就是房间服务。如果你懂了怎样把客人带到适合的房间，然后再明白如何让那个房间看上去一尘不染，这样你就懂得如何管理酒店了，就这么简单。但懂了这些并不意味着你懂了怎样管理豪华酒店。豪华酒店可不只换几盏豪华吊灯和挂几幅装样子的油画就算数的。豪华酒店要的是服务质量，这就是我希望你学到的东西，汤姆。照顾好客人。他们会因此而很爱你，我也会很爱你。你听说过那个说法吧？酒店的员工每天都有自己的预算，用来满足客人的各种需求？这不是传言，是咱们酒店的规定，你得好好利用起来，我们会支持你。现在就从我的办公室出去，去拥抱酒店管理系统吧。把这个系统弄明白你就可以统治整个世界。去吧，我为你骄傲。"

他真是个挺酷的家伙。

我走回大堂，推开通往酒店"大脑中枢"的门，决定要证明自己，实现我的愿景。

"希望你的脑子不像你的鞋子那样像团浆糊，哥们儿。"

安迪（Andy）在后勤办公室等着我，开始给我做酒店物业管理制度（或者简称 PMS）的培训。酒店可以被缩成几个字母，这看上去很奇怪。每个房间、每层楼、每个客人都可以被简明扼要地描述和评级。我要学习的部分里面也包括记住描述房间特点的代码：NT（No Tub）的意思是没有浴缸，

NC（No Closet）代表没有衣柜，SB（Small Bathroom）的意思是厕所小，还有这个 NE（Near Elevator）靠近电梯，以及这个 NV（No View），意思是窗外无风景。

之后，安迪用一套测试系统考查了我。不知道为什么，这套系统把时间显示为 1983 年，在这上面我可以帮虚拟的客人预订房间，分配房间，给他们办理某个房间的入住，也可以把他们挪到其他房间去。我可以在系统里计算和抹掉客人的费用，所以大体上说，我在解决一帮来自 1983 年的虚拟客人的住店需求。

"好了，好了，"安迪说，"这你已经没问题了。"我觉得他有点儿失望。也许他本来打算的是走进翠西的办公室，关上门，找个舒服的姿势坐在椅子上，这样的话看上去他跟翠西的关系就像朋友或者两人是平级关系。然后他皱着眉头，一边用手指拂去膝盖上的灰尘一边说："这个新来的家伙，以前是泊车员，对吧？他简直就是没长脑子，翠西。"可惜结果并没有如他所愿。

于是安迪带着我去了酒店的呼叫中心（PBX）。在路上他向我解释这部分岗位工作的职责："对于大多数酒店来说，前台接待就是前台接待，接线员就是接线员。但在咱们这儿的更好，由前台来控制接线系统。你来说说看，为什么这样的更好？"

"呃，我猜当客人拿起电话按了 0 想告诉前台他需要什么，接线员不需要转接电话吧？他们可以从首个接触点（Point of contact）就能帮助客人解决问题？"

"你从哪儿学来的这个词儿，'首个接触点'？"

"这算不上是酒店业的用词儿吧？我在大学里面学的。"

"哦，大学，你上过大学。"他说着点了点头，看上去有点儿丧气。

安迪，很显然是个有脑子的家伙。这也是为什么新人培训要交给这样的人来给做的原因。原因是只有这样的人才适合告诉你在这个地方你得掌握什么。很不幸，他很享受自己比一个新来的、什么都不懂的人懂得多这件事。这件事带来的一个结果就是：我被彻彻底底地培训了。

"记住了，如果你想说什么牢骚话，你得看好了这个红灯一定要亮着，不然客人能听见。客人要是听见你就惨了，所以要看着点儿呼叫中心的红灯。有人把呼叫中心称作电话交换台，因为——"

"其实，"翠西的声音从我们背后传过来，她站在走廊，随性靠在墙上，看上去气色好得很，"它其实是台用户电话交换机。在以前那个时代，电话转接还要靠接线员来手动接线。当然了，那个时代我也还没开始工作呢。"

"当然没有，翠西，你当然没有。"安迪结结巴巴地说。

"这个白痴脑子进水了吧。"我在心里骂道。当然,我已经检查过了,我的红灯也是亮着的。

"你的新制服好了,汤姆,把你以前的工作服换下来吧。"

换上了新制服之后,他们在前台给我找了一台电脑,这是我在前台的第一个岗位。

哦,安德森先生(Mr. Anderson)。你是我第一次在前台接待的客人,人生头一回,我还记得你呢。

我撒谎了,我可记不住。在我后来的人生里又接待的500万个客人之中,接待第一位客人的过程很简单,完全印象模糊。

不过我确实很紧张,这,我记得非常清楚。安迪就站在我身后盯着我,我看着面前的操作系统、房间代码、F快拨键盘等在我的脑子里面一遍又一遍地跑着,我的脑子里满是标准的前台服务用语,我只希望在客人面前能按着顺序把它们一一说出来,并且希望自己说的时候能面带微笑,而且,别流汗。

行李员桑福德(Sanford)从拐角走了出来,拉着一辆金色的行李车,上面堆满了行李。他是我最喜欢的门童,块头儿大得像头熊。桑福德跟你打招呼的方式就是抓着你的手把你拉向他的胸前,给你个拥抱。他把你猛地一拉,你撞向他的胸口之后还会反弹回来。显然他把自己挣到的大部分小费都花在富乐客上了（Foot Locker，美国最大的鞋业零售商）。"汤姆，我有五百多双网球鞋。我儿子大概有五十多双。我承认，自己在这方面有点儿问题。"

桑福德正好看到我站在前台："哦，哦，哦，快看呐，戴上领带了啊，汤姆！你小子看着挺精神。"

"谢谢，桑福德，"我说，我们隔着前台握了握手。"我在等我的第一位客人呢。"

"这事儿交给我办吧，伙计，"他说，低头看着行李签。听见桑福德在酒店大堂他的地盘里用了我们在停车场里的称谓，安迪在我身后皱起了眉头。"安德森，老天，我得跟佩里说，让他过来看看你。我们都为你骄傲，相信我。客人来了。"

桑福德开始假装调整车上的行李，一直等到客人走近，然后他对客人说："安德森先生，汤姆会帮你办理入住的，我回楼下去了，先生。"

"好的。我要办入住，安德森。"

桑福德走了而且没拿到小费，这一切我都没注意到。我当时在忙着找客人的预订记录，刷信用卡，把服务用语一句接着一句背出来，声音有点儿颤抖，手指尖有点儿出汗，不过我做得挺不错。

第一个客人接待完毕。客人在前面走，行李员拉着行李跟在后头。就这样，我的接待工作完成了，他是我在前台接待的第一个客人。这第一次是为酒店总经理查克·丹尼尔斯做的。

　　我把接待的第二个客人送给了自己，之后的那次我当送给了佩里，再之后的送给了翠西，翠西之后是奇普，以及所有那些连面试都没过的人。然后是为那颗"瘤子"，操！然后我又送给了自己一次。再之后的那次我就当是送给了路易斯·阿姆斯特朗（Louis Armstrong，爵士乐家），为什么不呢？在他之后的我送给了安迪，再之后的我送给酒店，祝业务蒸蒸日上。

　　那再之后呢？

　　当然是为了工资了，哥们儿。

　　其实最后一句话我说得有点儿早了。在新奥尔良我工作不是为了挣钱，没有一分钟是为了挣钱。我是为了我的公司工作，为了我的总经理查克工作，而且我极有天赋。

　　前台确实是整个酒店系统的大脑中枢。几个月之后，酒店在我眼里变成了一盒大拼图：特大床是一块、浴缸是一块、看得到密西西比河是一块。然后，350 个各有诉求的讨债鬼似的客人冲到前台，他们都想要特大床＋浴缸＋看得到密西西比河。我想让他们都高兴，但是在酒店的这些拼图里面，不是所有人都能要到他们想要的那块。

服务的本质与对客人诚实或实话实说没什么关系。服务是要把给客人的负面反馈缩到最小，同时尽力营造出一种完美感觉。我们的做法是：撒谎、微笑、使用策略、商量、说服、再次撒谎，以及再次微笑。

我学会了控制客人的思维，如何告诉客人，其实他们真正需要的不是他们自己订的那个房型。

"您预订的是特大床？您确定不需要两张床吗？（商量）"

"我这样建议是因为两张床的房间的面积比较大（撒谎），您可以把衣服放在另外那张床上（使用策略）或者用来躺着休息一小会儿，而另外那张床晚上睡觉的时候还可以用（说服）。"

"我也很高兴，能提供给您一个带有两张床的房间（微笑）。这毫无疑问是我的荣幸（再次撒谎）。希望您过得愉快（再次微笑）。"

客人愉快地离去，我也会因此感到愉快。

我用心学习酒店体系里的所有东西，以及如何利用酒店的每一个资源优势。在这个体系内部，也许最需要技巧，但也是对了解酒店最有帮助的，就是酒店的房间预订数据。简而言之，在酒店房间预订系统里，竖列显示的是酒店所有的房间，横排显示这些房间在未来的预订状况。如果房间目前有客人在住，在上面显示的就是一个长长的红条，往往占住三个晚上，之后就是两个晚上没有预订。然后一个绿色的条代表这之后它已经被人预订出去了。有了这个预订数据，我可以把酒店理解为一个整体。我可以通过拖动改变房间的预订状态，把空出来的洞填上，尽量不要让房间空置一个晚上。通常这种空置一晚的问题很难解决，除非刚好有客人需要住一天，而且恰好是那天。在前台工作的头几个月里，我曾经傻呵呵地问客人愿不愿意在一个房间住上一晚，然后第二天再挪到别的房间去。鬼才乐意。

我还学会了如何在呼叫中心值班的时候打发时间，简单得很。在呼叫中心当班的日子就是坐在办公椅上转圈儿，戴着耳机，无所事事和同事闲聊一下，把打印纸团个团儿瞄准分拣信件的邮箱投信口扔出去，或者和同事来个纸团大战。电话的接听顺序已经按我们的座位排列好了，所以你接听完系统配给你的电话——有可能是个极其简单的问题："请问几点退房？"——然后剩下的三个电话系统就会分配给你的同事，这表示之后的十分钟之内你无事可做。不过这也要看这是一天中的什么时候，以及酒店当时的入住情况。我曾经掐表计算过我的工作时长，接起电话的时候我开始计时，挂上电话的时候停止计时。之后我就会继续扔纸团，坐在椅子上转圈儿。一天结束之后，我算出了我的工作时薪是 200 美元，如此计算，我的年薪相当于超过了 40万美元。

有意思的是，电话接线员也负责房间里的电影点播系统，以前这个工作不是像现在统一给前台做，免除费用或者取消预订这种事是由电话接线员完成的。

"下午好，感谢致电呼叫中心，我是汤姆，请问您需要什么帮助？"这段话我说过不知多少遍了。如果你打开我的脑袋瓜，用一根印着酒店名字的免费铅笔戳准了我大脑的某个地方，我保证这句话会自动从我嘴里说出来。

"呃，你好，我住在 1205 房。我不小心点播了一部电影。你可以帮我从账上取消这笔点播费用吗？"

"当然可以，先生。"

我通过控制台取消了电影《亚洲狂野俏秘书》的点播账单，播放时常 2 分零 7 秒。我猜他光是看到片头字幕的部分就已经够用了。

别担心，亲爱的客人，现在的系统已经和以前不一样了，我们在系统里看不到片名。不过，新片大片的点播价是 12.95 美元，A 片是 14.95 美元。我们只是不了解你欣赏 A 片的口味而已。我们可不想在背后议论客人（撒谎）。

这些就是我开始有机会初次了解陌生人的一些切入角度，后来我发现这些实际上是酒店行业带给你的副作用之一（或者也可以叫额外收获，这取决于你自己本身有多喜欢八卦）。想知道客人的本来面目吗？他们都有什么奇怪的癖好？当他们感觉没有什么重要人物在看着他们的时候，他们是如何对待别人的？问问前台当班服务员就行。其实问问他们的仆人就可以：我们都是仆人，酒店培训出来的一班仆人，我们的服务费用已经算进你的房费里了。

那段日子我十分享受，学着用一种别人看不到，但又给客人提供了服务的新角色的视角生活。人称"现代酒店之王且酒店只住国王"的凯撒·利兹（César Ritz），同时也是利兹卡尔顿酒店帝国的创始人，他曾经这样说过："人们喜欢被服务，但是是隐形的服务。"如果一位客人看上去性格直接，喜欢大声简短地说出要求，我就会配合他的喜好，我的动作会很干脆利落，快速点头，高效率处理他的事情。如果一个客人希望把我们的关系看作一种友谊，叫我汤姆，然后跟我讲起昨天晚上他在波旁街看到的街头表演艺术家，我就会把身体向前倾，以手托腮，他讲到笑点的时候我会适时笑出来，尽管前一天一位客人讲到同一位街头表演艺术家的时候我也一样笑过。

我觉得自己潜力无穷，什么样的客人我都能接待，所有的情况我都能应对。我身上的制服无懈可击。我给客人提供的服务比他们要的还多。我加班加点地工作。

我学会了如何平息自己的愤怒。

我学会了如何对指责我的客人微笑。

整个新奥尔良温和的冬天里我们都卖力工作，酒店入住率在冬季季节性地下降，我们反而可以对每位客人更加细心，花心思让酒店的系统更好地运行。春天到来的时候，鲜花的味道让人头晕，几乎都盖住了本应该属于这个时节的暧昧氛围，我们迎来了上岗之后第一个新奥尔良的盛大旅游节日：狂欢节（Mardi Gras）。

新奥尔良狂欢节称得上是世界上最被错误理解的节日。人们总是把狂欢节相关的画面落到……呃，胸部上，也就是他们常说的狂欢节"露胸换珠"（在狂欢节期间，大家戴上五彩串珠项链，如果有位女士想要某位男士的项链，她就要掀起上衣露出胸部。而有的人不只露胸还会露臀，所以也有露臀换珠一说。而男士如想获得女士手上的项链，也必须做到女士所提出的要求）。不过这种思路比较片面，就和因为你只去过纽约的上东区（upper east side），就妄下定论，说曼哈顿岛上都是把衣领竖起来的信托基金约会强奸犯一样。也不能仅仅因为你是在运河街地铁站下的车，就说整个纽约城里都是中国人。胸部，毫无疑问，在新奥尔良狂欢节上是供人欣赏的，不过只是在法国区里的一条街上才有。而在城里的其他地方，这个时候的新奥尔良都非常宜人。家家户户大开聚会（所有人都是一家人），到处可见狂欢节游行的队伍，一整座城的人都欢聚在一起歌颂生活，而且更重要的是，狂欢节让人们远离工作。另外，还有，对了，开怀畅饮。

"想不想跟我们去喝一杯庆祝一下，汤姆？"行李员戈登（Gordon）彬彬有礼，是个南方人，称得上是真正的绅士，个头超过了六英尺，身形消瘦，一个华丽的同性恋，待人十分热心，热心得有点儿过了头。

"我不喝酒。"

"我可得喝一杯。干这活儿我可真受不了。"说话的是马克（Mark），另一个行李员：年轻的黑人小伙子，经常闹情绪。他的钱不够花：我猜是他觉得拉着客人的行李走来走去这件事让他感觉自己比别人低一等。冲着行李员能挣到的小费，大多数干这行的人对工作中发生的事儿能忍的都忍了，但是马克却认为行李员这份工作让他在光天化日之下受了辱。（"对于一个男人来说这是个多棒的工作啊……帮别人提行李，等着拿小费。"——霍尔顿·考尔菲德，小说《麦田守望者》主人公。）

我们摘下了胸卡，换下制服，走出酒店的员工出口，直接走上了酒吧街。狂欢节周末马上就要到了，无论是在麦当劳打工炸鸡翅的还是清洁工，或者是流浪汉，每个人的脖子上都挂着一串串的珠子。这些珠子带来的另外一个效果就是：给了我们一个聚到一起的理由。戴着这些廉价又艳俗的塑料珠子项链，每个人看上去都不需要那么严肃了。

五个行李员，门童桑福德，还有另外三个同事，我们一起走进阿力比酒吧，这是酒吧街西头一个服务行业人员常聚的地方。

我们在这儿喝的饮料都是廉价的便宜货。

这里的顾客大多都是衣服上别着胸卡或者穿着围裙的（这个地区一些高级餐馆的服务员利用倒班休息的时间，来到这里往电动扑克机里扔进几美元，抽烟，喝小杯的纯的龙舌兰，十五分钟的休息时间被他们利用得相当充分）。

"你喝什么，汤姆？"桑福德问。

"苏打水什么的就行。我不喝酒。"

"以前从来没喝过酒？一次都没有？"

"我觉得不喝酒的人简直太可怜了，"戈登慢吞吞地说，"他们一天当中感觉最好的时候可能也就是他们早上爬起来的时候吧，这是法兰克·辛纳屈说的。"

"我以前喝，上高中的时候。"

"真的？你那会儿喝什么？"

"威士忌。"

"杰克·丹尼牌的威士忌？"

"杰克·丹尼牌的。"

"酒保来了。丽莎（Lisa），亲爱的，给我们来四瓶喜力，五瓶奥比塔琥珀啤酒，再给我这个小朋友来一杯杰克·丹尼。这哥们儿最近混得不赖，步步高升了。"

酒来了，就摆在我面前。我没别的选择。我举起杯子把酒吞下去，热乎乎的很不错。

"不行不行，不会吧。汤姆，你刚喝的是酒？我看你喝的是汽水吧？"佩里大跨步从外面冲进来，坐在我旁边的吧台凳上。他什么都没跟酒保说，连目光接触都不需要。酒保马上开了两瓶喜力放到了他面前。

"喔！"我的嘴巴里仍然热辣辣的，"是啊。"

"你也得跟我喝一个。"佩里的话音刚落，酒保已经把酒放到了我面前。出于尊敬，我仰着脖子把酒喝了下去。

狂欢节马上就到了，爱他妈谁谁吧。

后来我醉了。我坐在卡龙德莱特街（Carondelet）和运河街的交叉口，听着街头汽车的隆隆轰鸣声，指望着其中有某一辆会把我送回住处。看着夕阳如血泼洒在街头，整座城市切换成了夜晚模式，这个时候才是新奥尔良本来的样子：音乐，我们好像总在过节，谁家这会儿刚做晚饭，刚做好的食物香味扑鼻而来，叠在街头飘动的啤酒味儿上，妓女，带DJ的夜总会，闹腾腾的同性恋酒吧，肮脏的脱衣舞夜总会，神经不正常的人在街头溜达，大学生抱着垃圾桶呕吐，代基里酒酒吧的灯亮得像超市似的，洗衣机大小的壁挂式自动混合代基里酒机里，各种颜色的代基里酒旋转着，寂寞的喇叭手，女人哭着去抓穿着西装的男人，街头肖像画家，讨要零钱的乞丐，遛狗的街头庞克族，头顶着旋转的自行车轮子跳踢踏舞的孩子，浑身涂成金色的牛仔站在一个牛奶箱上一动不动，手里的枪指着人群中的一个小孩，算命的，神经不正常的传教士，嘟囔着自说自话的人，找茬打架的人，出来找炮打的面无表情的大学男生，穿着银色迷你裙的夜店女，马车，散扔在波旁街高高的马路牙子上的塑料酒杯，爵士音乐和摇滚翻唱乐队一争高低，杀人犯，骗子，什么都卖的嬉皮士，魔术表演，骑着独轮车的人，个头巨大的能飞的蟑螂，不怕人的老鼠，异装癖，成群结队喝醉、决定不让老婆知道的商业精英们，在露台上给人吹箫的荡妇，骑在马上眼睛盯着女人领口看的警察，在波旁街上在这些喝醉了的人流中间穿行的汽车，人们冲着这些汽车大叫，把啤酒浇在发动机盖上，把屁股贴在车窗玻璃上，整个酒吧里的人都在大笑，女孩儿端着整排的装着霓虹色酒的试管，酒吧保安揪住瘦成排骨似的白人男孩的脖子然后扔出去，大学女孩儿吐完龙舌兰之后互相抚背，T恤衫，装在两英尺高的绿色酒杯里的酒，酒杯底部还有一个小小的纪念品手榴弹，人们踉跄着，被什么东西绊倒摔倒在街边的污秽里然后大笑，笑得太厉害站都站不起来，街角淌出细细的尿流，穿着脏礼服的新娘子，穿着丁字裤的男人，长疥癣的狗，动物气球，手持摄像机，24小时买三赠一，免入场费，各种只是逢场作戏的一夜风流，黑眼睛的脱衣舞女，喝醉的骑自行车的人，绕着灯飞成一团棕色云雾的白蚁，口技艺人，骑自行车的人，坐在邮筒上的人，加了菊苣的咖啡，灵歌歌手，没穿鞋的人，喝醉的人，兴高采烈的人，不知所云的人，精疲力竭的人，被称为无耻混蛋的人，满口谎言的人，招人讨厌的人，逗人发笑的人，圣人，破产的人，富有的人，要饭吃的人，被遗忘的人，柔和的春风里飘散的都是这小镇的气息。

第二天早上，我那超级强悍的肝脏把威士忌当水给处理下去了，让我可以在狂欢节期间回酒店上班。这天好多人换班，于是我们有很多额外的班可以选；这些人要么是肝脏功能不好在家卧床，要么是请了病假去看游行。或者是去参加游行了——甚至佩里也倒班去了祖鲁大游行（Zulu Parade），他许诺说如果我能从游行队伍里面把他找出来，就送给我一个我一直想要的彩绘椰子壳，可惜我没能，因为我在这天当了两个班，因为前台人手不够用了。

我在前台一个班接着一个班地上。为了证明我的服务水平，我小费也不收。拒收小费？我知道，一分钟之前我还在抱怨那个"木头肿瘤"。而现在，我会亲自把客人送到电梯间门口，带着这位先生或女士走过大堂，如果对方掏出一张五美元的钞票准备塞给我当作小费，我就会鞠一躬说："不用了，能为你服务是我的荣幸。"然后转身走掉，剩下客人在我身后张着大嘴，小费还捏在手里。这个客人就会成为我们的终身忠实客人。这对我又有什么好处？实际上……没什么好处。我只不过是简简单单、快快乐乐地忠实执行着公司的要求。这家酒店的规定是，服务员永远不允许只是草率地给客人指个方向，而是应该把客人亲自带到他想去的地方。有如此规定的并非仅酒店业这一个领域。你可以试着问任何一个在诺德斯特姆购物中心上班的导购员女鞋部在哪里，之后你就会明白我的意思，这个导购员会领着你到女鞋部，像领着一只狗似的。

但这也并不意味着所有的酒店总是给客人提供最好的服务，毕竟这只是酒店而已。我当班的时间越长，就越明白个中内幕。

我仍然记得我"外发"出去的第一个客人。"遛客人"这个说法，会让任何总经理的后背发凉，也会让很多的前台服务员的后背发凉。情况通常是（好吧，其实我是想说情况"永远是"），酒店会尽可能多地接受客人预订，预订的数量超过了酒店的房间数，也就是超售。由于每天的平均"爽约率"（客人在最后一分钟取消预订或者干脆就没来）是 10%，所以酒店销售部和预订部的目标就是要让预订率达到 110%，由于有 10% 的"爽约率"，结果就是酒店所有的房间都住上了客人。如果酒店的每张床都睡上了客人，这就能叫"满员"，而这可不容易达到。所以，你头一天晚上 11 点钟打卡下班的时候，酒店只剩下 5 间客房，后面预计还会来 10 个客人。第二天一早你到酒店上班的时候问："昨晚怎么样？"

"满员。"

"不会吧？"

满员是最理想的情况，但如果所有提前预订的客人都到店了怎么办？有些客人就会被"遛"了。

比如，有这么一个和我现在的经济状况类似的客人，上下班看点儿打卡的人，会把被"遛"看成飞来横福。我本来计划在 A 酒店住，但是 A 酒店搞砸了，超售了。酒店管理人员眼看着他们到下午五点还解决不了这个问题，于是开始给附近差不多的酒店打电话，并以 A 酒店的名义订房。所以，A 酒店搞砸了，但是他们会帮我付房费和税款（还包括一通市内电话的费用——

很周到吧？）而且还负责把我送过去或者给我打车费，不管这两家酒店是不是在同一个街区。

有一次我在波士顿，那个周末有波士顿马拉松比赛，当我到酒店前台报上名字之后，前台服务员愣了，看上去挺紧张。她结巴着说："呃，雅各布斯先生，呃，请你，请你在这边稍等。"一位经理（他们很好认：制服不一样，领带不一样，胸卡上印着他的姓）从后面的办公室走出来，皱着眉头，手里拿着一张纸，就好像那上头写着我奶奶去世的消息。但我知道那是什么，是我需要交给另外一家酒店前台的信。B 酒店前台，我之后要去的地方。

"你们要遛我吗？"我开心地问。我这反应把他们吓着了。他们一定认为我精神有问题。

"呃，……是的。"

"别紧张，我也在前台工作。没事没事，好得很。"这话说完，他们脸上的担心和害怕立刻消失无踪。我还拿到了 20 块钱的打车费，但后来我是走着过去的。我省了 350 块房钱，然后用那 20 块钱在 B 酒店的大堂吧里买了杯喝的，但也就够买一杯的，B 酒店的费用贵得离谱。

可是，这说的是和我的经济水平差不多的人。波士顿那家酒店前台接待脸上那种害怕的表情又是为了什么？

因为，有些客人得知他们就要被遛的时候会当场发飙，他们不相信别人，他们会大声嚷嚷。说实话，他们这辈子从没遇到类似的事情，一次都没有。而且，他只是我今晚需要遛的十个客人中的一个。明天这种狗屎戏码又会再演一回。

"我再不会住你们酒店了。"

这人刚省了 500 多块钱，还牢骚上了。（这词儿是酒店业的人发明的，"牢骚上了"）

我的"遛客"处女秀献给了一对日本夫妇。没有前戏也不浪漫。

"Umagawa 先生，很抱歉给您带来不便，不过我们在四个街区之外的利兹·卡尔顿酒店给您确认好了房间，房费我们会为您支付的。"

"不、不、不。我们有合约在先，你必须尊重合约。"

就在这个时候，他的老婆开始冲着我大喊起来。安迪当时在我旁边的柜台值班，从头到尾眼看着这场表演。这很快就成了酒店员工谈论的话题，他们让安迪在员工餐厅里给大家演了一遍。

"然后她就开始嚷嚷上了，对吧？一半用日文一半用英文，之后就变成几个字：'我们睡地板！我们就睡这儿的地板！我们睡地板！'她男人之前一直在旁边深呼吸，这会儿他把手慢慢伸到老婆面前，做了一个小小的手势，那女人立刻就闭嘴了。他又说回到合同上，又说起尊重合同效力的事儿。汤姆这会儿只能看看男人再看看女人，'核桃（合同）'！""我们就碎地桑（睡地上）！""你要尊粽核桃！""我们碎地桑！"

当翠西终于走出来看到这一幕的时候，她当即给了他们一间客房，我们酒店的客房。那两个人终于安静下来了。

没错儿，你可能也曾经跟前台服务员这么争吵过，因为我就听过很多客人都这么说过："别逗了，现在你们酒店一间空房都没有？还不到下午5点，你们酒店就他妈一间空房都没了？别他妈糊弄我了……汤姆。"

注意了，他在最后念了我的名字；他先停顿了一下，然后念了我的名字。这是特别操蛋的一招儿。我之前说过，我们能看到有些客人是如何对待给他们提供服务的人的，很少有态度好的。不过他说的没错儿。我手上还有25个空房间可供分配。为什么这位仁兄会被"遛"到别的酒店去？理由有很多：

1. 他是从类似Expedia这样的折扣预订网站上订的房，所以房价的折扣给得很低，因此他不是个重要的客人。

2. 我们查过记录了，他以前从没在这儿住过，以后也没有可能再住第二次，他也不会再来我们这个地方。即便我们今天不遛他，免于让他的心灵"受到巨大冲击"，他本来也不会再来住我们酒店了。

3. 他只住一晚。如果你把一个住两晚的客人"遛"到别的酒店去了，那第二天你还得让他回来，这无论对于客人还是我们来说，双方都不愉快，也不容易。（他就会像刚被放下十字架的受难基督。）

4. 最后这条比前几条都重要：他态度极为恶劣。我会和他说："我能理解您的感受，先生，也许我今晚能给你安排一个标间，你看这样行吗？"我他妈才不会给他安排呢，他把唾沫喷到我的柜台上，满嘴污言秽语。

"我他娘的再也不会住你们酒店了，你听见了吗？"

"当然，见你的鬼去吧，先生，妈的，你他妈还真别回来。"我对他说，当然是在我的"红灯亮着"的时候说的。之后我大声对他说："非常抱歉，先生。我代表酒店向您道歉，如果您再来，我保证会给您特别的照顾，给您升级房间。"（我们也就是这么说说，我们才不会呢，我们会忘的。）

每次要遛客人的时候对于我来说都是一场噩梦。我的意思是说，我连小费都不要，我想取悦客人，可换来的是他们冲着我大叫大喊。简直糟糕透了。

当时的我还不知道，几年之后在另外一座城市，我可以一次遛上 15 个客人，而我的开场白会是："好了，所有人安静，都给我听着。"

但在这个酒店，虽然我没有更多的工作经验可供比较，但一切都慢慢开始驶上正轨。酒店也不总是处于超售的状态，另外就是南部的环境有种让人神经松弛的效果。

酒店处于南部这件事也吸引了一些明星过来，让我有了第一次跟明星面对面接触的机会，如果你觉得算是面对面的话。

"保罗·麦卡特尼（Paul McCartney）正和克拉伦斯（Clarence）同台演出。天哪，他正在唱披头士乐队的歌儿！"行李员戈登（Gordon）说，眼睛瞪得老大。

"掩护我。"我说，然后绕过前台，穿过大堂走到酒吧。我们都见过保罗·麦卡特尼（他显眼得就像一辆淡黄色的宾利车，瞎子都能瞧见他），而且我们知道他很可能是来找我们的圆号手克拉伦斯的，他们总会在酒店一层的酒吧里喝上一杯。克拉伦斯是新奥尔良九区（Ninth Ward）的一个本地乐手，偶尔和一个小爵士乐队一起演出。克拉伦斯小有名气，新奥尔良当地报纸《皮卡尤恩时报》也报道过他。所以，当然，保罗有可能被我们的乐队演出吸引了过去，于是他找了张桌子坐下来，高兴的时候也上去掺和一下。但是他现在竟然上台去跟乐队和克拉伦斯一起演奏披头士的歌儿了！走近酒吧的时候，我能听到保罗如假包换的声音，没错。酒吧入口已经被围观的人堵上了，人群前头站着前台副经理约翰，他正对所有过来看热闹的酒店员工说话："谁再想着挤进酒吧去就立刻给我滚蛋。汤姆，我现在就可以让你卷铺盖走人。回前台去，现在就回去。"于是我就回去了。之后我们都尽量静悄悄地工作，听着从大堂那头传来的演奏声。

约翰对我想要挤进酒吧看热闹这件事很是失望。他说，我最起码应该明白一件事，普通人去围观明星可以，但酒店员工不行。他是对的，但我想说，但是像保罗·麦卡特尼这样的大腕儿……好吧，他说的是对的。

在这之后的两个礼拜里，约翰对我的失望溢于言表，但我们之间的关系后来也只不过又多维系了两个礼拜。酒店和军队很像。他们派他去克利夫兰（Cleveland）的一家酒店当前台经理了（该死的）。之后他们又把翠西派去埃及的一家新酒店去了（该死的！）。那家酒店运行正常，管理层把酒店的运营团队派驻了过去。现在我们有了一个新的前厅部经理克里斯·伯恩（Chris Bourne），比翠西老不少，脑子可不及她一半聪明。安迪因此备受打击。

在这件事上，安迪是个特别明白的人。他风格独特，但也不是特别讨人喜欢，但你知道老话是怎么说的，至少他没想把同事掐死，而且他确实有种幽默感。

一年之后，我们对前台工作已经十分熟悉，状态也开始放松下来。有一个周二，刚刚过中午，酒店来了一次火灾演习，大堂里的应急灯闪烁，火警警报器尖叫，一个老头走到前台来，神情紧张，被火警警报弄得晕头转向，应急灯闪烁的灯光之下他的眼睛瞪得很大。

"出什么事了？着火了吗？"

"着火了？没有啊，先生。"安迪回答。

"那这些个乱七八糟的是要干什么？"

"呃……先生……因为你……是我们第一百万位贵宾！祝贺您先生！您的房钱免了！"

对付那些对我们的服务心生不满的客人，安迪自有一套方法。前台工作里有很大的一部分就是应对客人的情绪。你可以试着表现出对客人的顺从，不过这可能会让他们更来劲。你可以自信地挺直腰板，对他们说你会尽快处理。不过这可能让人觉得你对客人缺乏同理心。于是安迪开发了一套仍然在测试中的方法，一旦有客人怒气冲冲的上门，打算把火都撒到前台，那么，你只要表现得比他更生气、更在意就行了。

"我刚吃完午饭从外面回来，我的房间还没打扫过。有没有人打算去打扫？这儿到底有没有人干活？"这位客人在前台抱怨上了。

"什么？"安迪倒吸一口气，"真没想到他们漏掉了您的房间，先生，这简直太他妈的……哦，不，不，不，先生，相信我，这事儿不能就这么过去，有些人必须得卷铺盖走人了。"安迪大声说着，手指猛戳前台桌子，然后扯起电话听筒打算打给客服部。

表演到这儿，安迪已经赢得了胜利。客人会摆摆手说："其实也没那么严重。可以现在给我打扫干净吗？这样就行了。"

投诉的办法有一千种，让你的问题立刻得到解决的办法也有一千种。要问哪种最有效？我会建议你们冲着服务人员大喊大叫吗？很显然，我不会。

我的建议是：在找到服务人员当面投诉之前，先明确你需要解决的问题是什么（结账的时候价格比预先说好的高／行李员对你的妻子表现粗鲁／有谁以为你留在地板上或浴室里的披萨盒子已经不要了，顺手把最后一块已经放凉了的比萨饼给扔了），之后，如果可能的话，怎样解决你才满意（给你预订价格／有哪个管事儿的处理这个事儿，而且会找行李员谈话／一块地板上的披萨？没了就算了）。无论是打电话还是直接找，尽管大多数的投诉应该由酒店前台受理，但你得记住，大多数需要解决的问题不是前台造成的。所以你需要简洁地把需要解决的问题说明白，说出这件事情你想得到怎样的处理，然后问一下应该找谁解决。"这事儿我应该找经理说吗？""这事儿我应该找客房服务说吗？"这些都是你可以使用的很好的说法。大多数情况下，前台就可以立即帮你解决了，或者他们能找到可以帮你解决问题的部门或人员。想确保前台人员不会只是冲着点点头说"当然"，然后什么都不干吗？看一下这个前台人员叫什么名字。让他知道你已经看到了他的名字，这招儿最管用。也没必要吓唬他，只需要轻松随意地说："谢谢你帮忙，待会儿我再回来，希望那时候事情已经处理好了。汤姆，对吧？"如果你点了我的名字，无论让我干什么，我都会干的！

最后，让我们别把极端情绪带进大堂。百分之百的情况是，你冲着大发脾气的这个人跟那件让你发火儿的事儿一点关系都没有。这是间酒店，没必要带出个人情绪来。这是一句需要记住的话：有文化的人不会把气撒到无关的人身上。就这么简单。

但是大叫大嚷有用吗？有这个可能。即便安迪没能用他的办法让客人消气，他当时也确实准备打给客房服务人员，让他们整理客房了。客人走远了，情绪已经明显平静下来。这时候马克，年纪最小的行李员，从电梯间走出来，一动不动地站在大厅里，低头看着自己的脚趾。我刚刚让他上楼去帮豪华客房的客人退房，他拉了一辆行李车走了，但是现在车子不见了，他站在那儿喘着粗气，眼睛盯着大堂的大理石地面。

"马克，你怎么了？没事吧？"

"这事儿我干不了，再也干不了了。我去了你让我去的客房，我敲了门。有个白人小女孩过来开门，她看上去大概十岁，穿着一件漂亮的小裙子。所以我问她：'你准备好退房了吗？'然后小女孩儿转身喊：'妈咪，妈咪，仆人到了！'"

"然后呢？"戈登问。

"然后我就走了。我不是仆人。我不想干了，戈登，汤姆，我不干了。"他摘下自己的胸卡，脱下制服，把胸卡重新别好。"抱歉，再见了各位，跟查克说我很抱歉。"

马克走了还不到一个小时，查克就说要见我。于是我又坐在了那把皮椅子上。

"汤姆，汤姆，汤姆。"

"查克，查克，查克。"

"挺好笑哈。你怎么想？"

"什么怎么想，先生？"

"你的工作。"

"我觉得我在前台干得不错。我很努力。"

"你觉得适应酒店的工作吗？你觉得你是一个有职业进取心的人吗？"他看上去有点儿心烦意乱。手里玩着一支印着酒店名字的笔，想把它拆开。

"我认为我是，先生。"

"我相信你的话，汤姆。我想给你一个机会。你的前台工作已经完成了。

我听说你在前台工作的状态已经很松弛了，你已经可以开始跟大伙儿开开玩笑了。"

"哦，我希望我没有——"

"别紧张，这很正常。显然你的能力已经超出了这个职位。所以我想给你两个选择。你想选哪个都可以。你应该知道了，现在有一个行李员的职位空着。就是刚刚发生的事儿。如果你愿意的话，你可以到这个岗位来，毕竟你和客人相处得很好。又或者……"

"或者？"

"做客房部经理。这是管理层面的事儿，汤姆。当夜班。你手里管的事情很多，做计划，采购，还有成百上千件其他的事。你手底下会管大概 150 个人。"

"……"

我当时能说的就是这个："……"

事情就这么发生了：他希望我进入管理层。

我想起了酒店开业之前举行的那次大派对。我已经走了这么远，我应该继续走下去。现在中层管理职位看上去已经不再遥不可及。也许在管理过这家酒店的客房服务部门之后，也许我可以转到一家规模小一点的酒店，接手那里的前台管理工作，我觉得挺简单的。之后我再转到规模大一些的酒店，管理整个客房服务部。之后我可以做客房总监，其实就是总经理助理，负责客房部，这实际上包含了运营一家酒店所需要的全部部门，和餐饮部门不同，餐饮的部分只有客人叫了客房服务才会涉及。这样，做了五年到十年之后，我就可以去我想去的地方当总经理了。

"我跟你说说待遇吧。客房服务意味着每天要当十个小时甚至更久的班，你挣的工资也更多。但是当你计算一下平均时薪，你挣的其实比现在少。你得自己花钱买工服。这个工作比较累人，服务人员都是大块头而且脾气可能也不好。这是个充满挑战的职位。当行李员的话，你的收入会立刻翻倍，工作时间八小时，而且不用承担任何管理责任。"

"你觉得我应该去接行李员的活儿？"

"当了行李员，你这辈子就当不了别的了。我也不想这么说，但事实就是如此。我可是见过很多这样的，你给我找一个在今天当行李员的20岁出头的小伙子，我立刻就给你找一个70岁的行李员老头出来，50年前他就是行李员。你会习惯上这种工资待遇，而任何对未来职业的规划都会直接导致你的收入减半。没有哪个行李员会想再去干酒店别的职位。"

"客房服务。"我说。

"客房服务？"

"我能干，我想干。"

"这就对了！"查克一巴掌拍在办公桌上，"你现在是经理了。好多事情都会发生变化。你朋友对待你的方式会变，我对待你的方式会变。这会是你职业生涯中到目前为止最糟的阶段。周一早上九点，在河景会议室开经理级会议。你得穿套装过来。现在出去吧。"

第三章

Chapter Three

"大家听我说，该死的，"查克咬着牙对会议室里的所有人说，"酒店的入住率下降了，我们的酒店快被搞死了。为什么会下降？有人知道原因吗？因为，在新奥尔良，唯一一家房价比我们收得高的就是新奥尔良慈善医院住院部了。销售部，我们得把房价调低。我们得把我们的空床位卖出去。你们有谁想跟着约翰去克利夫兰的吗？这话还有谁听不明白吗？"

我的天，丹尼尔斯先生急了，而且看上去没人觉得惊讶。查克不说话了，转过头去看着窗外。会议室在酒店的十五层，在法国区低矮的建筑里鹤立鸡群，不远处的密西西比河看上去像条宽宽的棕色带子。

"最后补充一点，"查克继续说道，他现在已经平静一些了，但是眼睛仍然盯着外面的街区，"这位是汤姆·雅各布斯，我们的新夜班客房服务部经理。汤姆，这是特伦斯（Terrance），客房服务部主管。特伦斯，这孩子表现很突出，小心别让他把你的饭碗抢走。"查克把目光重新投向会议桌上，桌边坐着酒店各个部门的经理。像这种晨会，或者叫员工会议，目标是让所有人——天哪，真受不了我还得把这个写下来——让所有人都"了解酒店的运营状况"。在这个时候前台人员可以对客房服务说，今晚所有的双人间都订满了，所以客房服务人员需要把房间打扫干净准备好，或者把房间"弄成看上去已经打扫干净了的样子"，越快越好。这也是销售部假装很了解服务行业的机会，即便他们其实不懂。会计部也许会借着这个机会抱怨："嗯，你们能不能把能先解决的部分自己先解决掉，别把给客人退款之类的工作都留给会计部门做，因为这样就太乱了，OK？上周我们就说了，但是这周还是这样。"

"好了，现在开始工作吧。"查克说，深吸了一口气，结束了会议，"记住了，别让床空着。这个行业最重要的事情：不能让床空着。"他又补充了一句。

我们都站了起来。查克先生建议特伦斯在所有客房服务员就位之后带我去熟悉一下工作，之后他让我先留在座位上。其他人都出去了，就剩下我们两个。

"我刚才怎么样？"

"挺吓人，丹尼尔斯先生。"

"总经理有两个角色，这点有些像总统。他必须受到人民的喜爱，因为人民手里有选票，而在酒店行业里人民就相当于员工。但与此同时总经理也必须有威慑力，对内阁有威慑力。公开场合要亲民，然后私底下要铁腕。好了，特伦斯在 25 层等着你，现在走吧。"

我之前还没来过 25 层。这层属于俱乐部。从 20 层开始一直到酒店顶层，坐电梯到这之间的所有楼层都需要房卡。因为我没有特殊房卡，所以我只好坐电梯到 19 层，然后爬楼梯上去。我其实也可以用员工电梯，但那个时候我还像只骄傲的孔雀，仍处于炫耀羽毛的阶段，只想坐客梯上去。前台服务员只在大堂活动，我可是要进入到酒店的核心区域了。

不是所有的酒店都有俱乐部，但如果你有机会也有钱来体验一下，你会发现这个钱花得还是很值的。就像坐飞机头等舱。在理想的情况下，俱乐部级别的服务从行李员接待你那会儿就开始了。比如一个聪明的行李员从你行李牌上认出了你的姓，或者，最理想的情况，认出了你的人，因为你上次曾经在这家酒店住过。他迅速查了一下今天到店的俱乐部级别客人的名单，类似名单他每天早上都会收到，通常贴在他那顶傻了吧唧的行李员帽子里。之后他会小心向礼宾员示意，后者就会立刻致电俱乐部楼层让他们开始准备工作。通常情况下，当一个俱乐部级别的客人预订房间的时候，预订部门会先问好客人喜欢喝什么样的鸡尾酒，所以一旦你到达酒店，俱乐部楼层就会立刻收到来自大堂的通知，他们会立刻准备好你爱喝的鸡尾酒，跟一条热毛巾卷一起放进托盘。电梯门一开你就会看到，之后你只需要坐下，会有私人管家帮你办理入住。

通常情况下，酒店俱乐部一天准备五餐，从简单但满足身体营养需求的早餐到餐前点心、开胃食品，一直到晚上的甜品。别忘了还有高高低低、晶莹剔透的水晶酒瓶，从早到晚注满了高品质的酒精饮料，就放在制冰机的旁边。对于飞机头等舱来说：你大吃大喝三个小时，就值回票价了。在酒店的俱乐部楼层：喝下三杯伏特加汤力酒和一顿餐，再住上一晚，你就值了。因此最好的房间升级不一定升到套房或者一个带风景的房间，而是升级到俱乐部楼层的房间去。怎么才能升级到俱乐部楼层的房间呢？嗯，我亲爱的客人，你需要耐心一些。

在酒店的 25 层，特伦斯正在严厉批评一个客房服务员，认为她的清洁手推车上不够整洁。我走过去的时候，他的余光已经看到了我，但仍假装没看见，继续严厉地责问客房服务员为什么把垃圾袋放在了手推车的最上层，另外她也没有把浴室替换装排列紧凑，只有排列紧凑了，瓶瓶罐罐才不会滚来滚去。我看了那个手推车一眼，瞬时明白我来到了一个什么样的世界，一个很显然，充满了……替换装的世界。

替换装的瓶瓶罐罐！啊！从浴帽到鞋拔子。一个个包装整齐，顺手牵羊十分容易。想象一下，手推车放在这儿无人照管，客房服务人员不见踪影。往你的手包里塞满杏仁牛油护手霜、番石榴洗颜皂和咖啡机的替换滤芯吧！每样拿三个然后开溜。即便被人逮住，只要说你没洗发液了，甚至是没手纸了，而且你不想麻烦别人，于是自己拿了就可以。这么想：这些替换装都是为你准备的，是你的。即便你洗头的时候喜欢一次往头皮上浇上15瓶薰衣草和罂粟籽香波我们也管不着。

特伦斯终于放过了那位客房服务员，转过来开始介绍我。"南希（Nancy），这是新来的经理汤姆，你得尊重他。现在，赶紧把这该死的手推车收拾好。"

南希是一个十分可爱的小老太太，黑人，肤色比特伦斯还深，非常的矮，有蓬蓬的灰头发和甜美的笑容。尽管特伦斯刚刚对她长篇大论了一番，她还是对我微笑并且用力握了握我的手，之后才开始把手推车上的瓶瓶罐罐一一排列整齐。

我的培训刚刚开始一分钟我就已经不喜欢我的上司了。我不确定我会变成什么样的经理，但我知道自己不会变成什么样的。

特伦斯带着我沿着走廊查看房间，在他手里的记录簿上登记着房间的入住情况。尽管记录上都已经写得很清楚哪个房间目前是空的，他还是会先敲门，然后才用黄色的管理员房卡把门打开，之后才带我进去看。

"这个工作非常简单，"说着他用拳头敲了敲手里的活页夹，用来强调"非常"和"简单"两个词儿，"细节很重要。你看到这间房间了吧？一共有155个要点，把这些要点统统检查过一遍之后才算是干净的房间。踢脚板，不能有灰尘。床罩，四角尽量抻平。地板吸过尘，地毯上不能有污渍。玻璃和镜子上不能有裂痕。厕纸要叠出尖角。给你。"

他递给我一张清单，上面用很小的字体印着一行一行没完没了的房间里需要检查的地方，清单正反面都有字。

"南希是我们这儿最好的客房服务员之一，所以我才让她负责两个俱乐部楼层。我没对她客气是因为我对谁都不客气。对你我也不会客气。"

"那当然好。"

"你不信？"

"当然相信。"

特伦斯带着我推开一扇没有任何标识的白门，带我走进库房。他停下转过身来冲着我。这是个喜欢去健身房的男人，他可以一边骂脏话一边做上350个仰卧起坐。他脾气暴躁，白色制服衣领下跳动着一条条粗粗的血管，好像里面流淌的不是血而是辣椒酱，而辣酱汁已经流进了他的脑子。

不过他也是个喜欢享受美甲服务的男人，每礼拜他都做三回。

"我们之间有什么问题吗？"特伦斯问我。

"没有啊，先生。"我回答道。

"听说你是从代客泊车那儿调过来的。我打听过你了，那儿的人挺喜欢你。不过你听着，那几个代客泊车的小子喜欢你，是因为你是白人而且挺屌，但在我这儿行不通。别打算试探我的底线。别以为你穿着这套衣服就怎么着了。记着，如果你好好干，细心干，我们就不会有麻烦。"

我们会有麻烦的。

特伦斯带着我从上到下，从俱乐部楼层到一层一个房间接着一个房间的看下来。我看到了空的购物袋，冷掉的还沾着番茄酱的旋转薯条掉在床边的地毯上，一个用过但显然没用到位的避孕套蔫头耷脑地搭在垃圾桶边缘，又乱又脏的床单，剩啤酒从迷你吧上的啤酒罐子里淌出来。一条带血的毛巾不体面地被半掩在浴室门后面，此外还有我们所接待的那些体面客人们留下来的各式各样的生活垃圾。我们从一辆又一辆手推车旁边走过，我们看到一个又一个客房服务员跪在浴室的角落里，在马桶后面用力擦着，扔掉变冷的食物，擦镜子，绕起吹风机的电线，用吸尘器吸地板，以及用各种各样的动作进行着清洁工作。

很快，我也见识到了客房服务员到底是怎么清洁房间的：换枕罩就是像空手道似的在枕头中间部位猛劈一掌，然后把枕头推进去，把枕头叠的像个面包。这方法比我们在家常用的那种用下巴夹住枕头然后把枕套像穿裤子似的拽上来的方法更受欢迎，因为这些女客房服务员可没兴趣每天让 50 个枕头直接贴在自己的脸上。还有，你知道她们用什么擦镜子吗？我刚才提到了镜子不能有裂缝这件事儿，对吧？你认为她们会用玻璃清洁剂擦镜子吗？不不。她们用的是家具上光油。把上光油涂在一块厚点的白布上，慢慢蹭进镜子上的小裂缝里，再反复擦，之后整面镜子洁净如新，一条裂缝都看不见。不过，我不建议你在自家的镜子上这么做。尽管用家具上光油见效快，效率又高，但日积月累之后镜子表面会积上厚厚的一层蜡状的东西需要刮掉。所以，整个酒店里的清洁女工都用擦家具的方法来擦镜子。不过她们当然没有当着特伦斯的面这么干。如果在客房里逮到哪位女士正在用家具上光油擦镜子，又会引来特伦斯的长篇说教。所以她们都是关上房门之后才进行的，房门背后同时还掩盖了另外一个肮脏的秘密，这是我后来才发现的：当时我走进一间客房，正好看见客房服务员一手拿着家具上光油，一手拿着迷你吧的玻璃杯。当然不是所有人都这么干，但有些客房服务员用家具上光油擦你喝水用的玻璃杯。她们客房清洁工作的职责之一就是得让这些玻璃杯"看着干净"。请问你在她们的手推车上看到任何洗涤灵之类的东西了吗？通常的情况下，她们用热水和上一位客人的擦脸毛巾去把杯子弄干净。但是，我百分百确定的是，她们不会拿起玻璃杯一个一个检查再把脏了的单挑出来，所有的玻璃杯她们都是喷了家具上光油之后一起擦的。所以，下次你用迷你吧的玻璃杯接了一杯水喝，还奇怪怎么会有一股令人愉快的柠檬味道时，那是因为你刚刚喝了一点儿柠檬味的家具上光油进去。不过说实话，用家具上光油擦杯子可能比用热水和前一位客人的毛巾擦杯子更干净一些（我只希望前一位客人没用过）。不管用哪个方法，抱歉了，亲爱的客人们。

不管是好是坏，干净还是不干净，我发现自己在短短这么一段时间内在客房服务部接收到的信息量太大了。我手足无措又为自己骄傲。就是这种骄傲，这种不断增长的骄傲感让我在工作的时候时刻保持着微笑，尽管其实我同时也觉得自己正在快速的沉沦下去。

第二天早上，新部门就给我好好上了一课。早上八点半，和会议室一样大小的客房服务办公室里就挤进了上百个连笑带吵的客房服务员。

除了客房服务员之外，客房服务部之下还有两个并列的职位。勤杂工：通常每个楼层安排一到两个。他们的工作是帮助女服务员们把房间里的脏被单扯下来拿出去。他们用吸尘器让走廊的地毯保持干净，保证储藏室的补给是满的，满足客房服务员的各种工作需求，比如装满她们的清洁剂喷壶，给她们的手推车补充上瓶瓶罐罐等，以及，最后，把客人需要的东西送到房间去。如果你曾经打电话要人送一双拖鞋来，或者要求在房间里添一张折叠床，那你已经见过我说的这类服务员了。其实，说到拖鞋，当服务员把拖鞋送来的时候，塞给他几美元的小费，你就可以再管他要上5到10双。你可以注意到他们第二回送鞋的速度有多快。这些时髦的、带着酒店logo、外面用塑料包装的酒店拖鞋作为礼物送给你不在乎的人——比方说你的同事——再好不过了！一旦勤杂工收了你的小费，他所管辖的那些补给品你就可以随意向他要了。你可以把东西打包装进你的行李以备不时之需。比如10瓶你喜欢的乳液，在你的手提行李里塞进一个枕头在飞机上睡觉用，棉签和棉球，旅行用粘毛器，可以用上一年的指甲锉，以及酒店客房服务部库房里的其他东西，等等。如果每次勤杂工敲门的时候，你都能给他一些小费，这样的话你管他要盗版光盘他也能给你弄来，他们还真有这东西。

第二个职位是大堂服务员。显然，他们的职责是负责保持大堂区域的清洁，以及所有非客房区域的清洁，包括会议室和公共洗手间。客房服务员的职责同样，也是保证酒店的后勤办公室、走廊、员工浴室、员工餐厅等地方的清洁。

在酒店核心区域工作的人干的事情最糟糕。客人可能会很恶心，但酒店员工也不是吃干饭的。员工浴室和更衣室看上去像火车站的厕所。我们有两个十分尽责的核心区域的服务员工，两个都有点儿健康问题。第一个叫查理（Charlie），六英尺多高，体重大约220磅，十分壮实。他曾是路易斯安那州立大学橄榄球队的明星四分卫，因为表现优异被选入了新奥尔良圣徒队打球（这是我同事偷偷在员工电梯里小心告诉我的）。直到有天，他在开车送弟弟回家的路上，有人用AK-47扫射了他们的车，他做毒品交易的弟弟被当场打死，查理四肢和头部都中了枪，之后他们就撞车了。从那之后他就再也没打过球。在他脑袋的右边还有块很大的伤疤，和他的笑容一样显眼。可是查理很绅士也很礼貌。每个人仍然像看待一位橄榄球明星那样看待他。特伦斯不在的时候，他们会在走廊里传递厕所卫生纸，用扔的。如果特伦斯在场的话，他就会从半道截住卫生纸的纸卷儿，然后开始滔滔不绝地说，这东西的成本有多高，如果中间的纸卷芯被扔坏了的话有多容易从手纸卷槽里掉下来，等等。

第二个员工是罗伊（Roy），仅有的两个白人客房服务员中的一个。他有大脑性麻痹，肢体不像正常人那样对称，走路一瘸一拐。罗伊说起话来很难听懂，可是一旦你习惯了他的发音方式，就会明白他是个个性上很有锋芒的人，他讲的笑话也很有趣，不过特伦斯从来听不懂。

"进行得怎么样，罗伊？"特伦斯问。

"要是让我干你媳妇儿的话可能会比让我刷这马桶更心甘情愿一些。"罗伊回答。

想象一下，趁这句话刚刚写完，墨水还没干，用手指在墨水上蹭一蹭然后回头再读一遍的感觉吧。不过我们中的大多数人都能听懂罗伊说话的每个音节，不过我们得仔细听。

"那好吧，"特伦斯摸了摸脖子，一脸困惑，"那咱们就圣诞节派对上见？"

"当然，别忘了带着你媳妇儿啊。"罗伊说。

罗伊后背上有个纹身，是把手枪，一颗子弹正从枪管里射出来。

除了罗伊之外，酒店还有一个白人服务员，不过她在职的时间很短。其实她是个客房服务员，一个小精灵似的女人，一个酒鬼。常常偷喝客人迷你吧里面的杜松子酒，偷喝了太多次。我们把她送去接受员工帮助计划的辅导，她回来的时候全好了。她倒是不喝酒了，但是毫无生气。脸白得像张纸，眼神发直。她再也不跟谁说话，干起活儿来又慢又差劲。之后有一天，她整个人又都神采奕奕了，脸上带着光泽，面带微笑地进入了工作状态。当天下午她就被开了，因为她喝醉了。

但就在那个早上，在我认识所有人之前，我突然感到十分恐慌，不知所措。客房服务员每天早上八点半集合，每个人都要领到当天的"板子"，也就是这天他们需要清洁的房间号码。在会上还要说一些大面上的话，比如公司提供给员工的软饮料不要喝得太快之类，但在这上面你很难要求这些女士去想什么企业经营理念。每天早上，特伦斯都要反反复复让大家注意细节，不厌其烦地告诉员工他们的工作其实"非常简单"。

我看到了南希，跟她打了招呼，就是在俱乐部楼层工作的那位小个子女士。她把她的小手放到我手上，告诉我认识这些新面孔不必紧张。她说很快我就会知道他们每个人的名字。

很快并没有很快到来。员工有 150 多个，大家都穿着工作制服，胸卡要么常丢、要么常换，也可能是故意的，故意来整我的。

"这个房间不是三点钟就应该准备好吗，唐娜（Donna）？"

"唐娜？我是黛布拉（Debra），这位新来的经理，拜托你看准点儿。"

"哦，抱歉，那你戴了唐娜的胸卡？"

"哎哟，你真是笨啊，你该觉得不好意思才对。好了，汤姆，亲爱的，跟你开个玩笑。房间已经好了，我打扫完了。"

"太好了，谢谢你，黛布拉。有几个来参加狂欢节的客人办完了入住手续，已经等在大堂了。"

在屋里庆祝狂欢节是另外一番模样。有几个客人租下了带四个爪的浴缸，在浴缸下面生了火，打算用这个大瓷浴缸做点儿什么吃。不过绝大多数的浴缸都用来冰啤酒。客房部的勤杂工们可以十分容易地从房间里偷出一两罐啤酒到储藏室里迅速喝掉。如果没有什么更好的可拿，他们也可以从客人的迷你吧里拿出点儿什么来。

迷你吧。大多数人一看到迷你吧的价目表就敬而远之。但换个思路想想：这就是你享受了方便的代价。虽然你不是在自己家里，但是你可以通过付一些钱来达到如同在家的效果。服务行业最擅长的就是为他们提供的便利收取高昂费用。但是，其实你的迷你吧里的东西是可以不要钱的。我再说一遍，用斜体字再强调一遍：*那个可以给你带来方便和乐趣的小冰箱里的东西，可以一分钱不花*。为什么可以不花钱？迷你吧里东西的价格是最容易引起争议的。因为核实客人消耗了迷你吧里那些东西的过程是非常不精确的。为什么这么说？因为核实的工作是人来做的。在感应器这种东西发明出来之前，每天一次的计数工作是由行动缓慢的，推着装满迷你吧补给品的男人或女人进行的。和那些可以让你随时抓上一把东西带走的客房服务员用的手推车不一样，迷你吧手推车永远不会离开迷你吧服务员的视线。而且你甚至都没见过什么迷你吧服务员。他们好像潜伏的间谍一样。他们打开你的迷你吧，瞥上一眼，看看有什么东西需要补上，看看有什么东西被拿走或吃掉了。他们会把消耗掉的东西补上，然后把补了什么登记在表格上。这张表格会在未来的某天，由另一位粗心大意的人抄写在客人的账单上。有人能看出这个过程里面的漏洞吗？漏洞太多了对不对？可能服务员没注意，烤腰果在星期一就已经没了，于是他写进了星期二的表里，这笔账在星期三的时候被记到了你的名下，然而你是五分钟前才办的入住的。录入错误、记账延误、盘库错误，以及另外好几百种不小心，结果造成迷你吧账单成了最有空子可钻的地方。所以只要客人一张嘴，在他连"我从没吃迷你吧里的东西"这句话还没有说完的时候，我就已经把消费从他的账上抹掉了，不过我还是得让他激动地把该说的话说完，这样我们俩才好把一系列后续的事情进行下去。这就是重点，这就是为什么你可以吃喝迷你吧里的东西，还一分钱不用花。

试试吧。吃掉一条瑞士三角巧克力，再来一小瓶威士忌，还有姜汁汽水。

退房的时候，或者如果你和大多数美国人一样，觉得不想和人面对面说这件事（上帝保佑我们这些脸皮薄的美国人），你可以直接从房间给前台打电话，和他们说你在房间电视屏幕上看到的账单，觉得算错了。就这么简单。不必为自己做什么辩护，也不必提供什么医生的证明，证明你的嗓子眼儿只要粘上那么一点点儿杏仁就会肿的像青蛙脖子似的。这些都不用，只要你说没吃，我们就会帮你把账单平掉。

酒店永远不会对客人说你在撒谎，这绝对是酒店管理层坚守的原则。你觉得一个有身份有地位的酒店老板会翻你的垃圾桶，去找丢掉的 M&M 包装纸吗？如果前台服务人员暗示客人在说谎，这就说明这间酒店水准非常低，或者是接待你的这个前台服务员对客人非常不尊重，基本上等于他不想吃这碗饭了。我们是前台服务人员：我们不至于为迷你吧里的东西较真。那些小吃都是酒店成批进的，标价是进价的好多倍，贵到离谱。客人为迷你吧里的东西付钱。不过你可以不付钱。

你可以跟这些人学学：

办法如下。在前台办理入住手续的时候，明确提出要求无烟房间，可以提一下自己对什么东西过敏（不过别做得太过头了，不然会把前台弄得很烦）。别让行李员帮你拿行李（对于你们这样的穷酸鬼来说这不是难事儿），别让酒店服务人员和你一起上楼。进了房间之后立刻打开迷你吧，把里面所有的东西都拿出来放进你的箱子，统统都拿走，然后躺在床上抽根烟。之后打电话给前台，投诉房间里烟味太重，要求换房。我的意思是，房间的味道需要像刚刚有人在这里抽过烟。他们会派上来一个行李员带你去新房间，行李员不会想到你做了什么，也不在乎你做了什么。如果他站在门口把脑袋伸进来，就会闻到烟味。现在，进到你的新房间，关上你房门，吃掉喝掉行李箱里的东西。酒店永远不会把这个迷你吧的消费算到你头上。在入住的当天换房间，你曾经换过房间这件事几乎是不留痕迹，你没有在这个房间过夜，所以也就没有记录。没有任何东西能让他们发现，在那五分钟里，你偷走了价值 500美元的小吃。迷你吧服务员也许会在今天，也许会是在明天，检查一下你今天到过的第一间客房，然后他会把迷你吧重新塞满，没人会提出任何问题。

你可能会问，迷你吧服务员见到那里头什么都没有不会觉得奇怪吗？不会的。有些客人（酗酒的客人、带着孩子来住酒店，但是看孩子的保姆没跟着一起出来的客人、把乐队包装成 20 世纪 80 年代著名金属乐队范儿但又没有他们那么高费用预算的乐队经纪人客人）常常会要求服务员把迷你吧清空，一样不留。事实上，有的公司会一次包下很多间客房（特别是制造迷你吧里那些快消品的公司，比如苏打水或啤酒公司），他们就会提出要求，在他们的团队入住之前，把所有竞争对手的品牌从迷你吧里面清出去。所以，迷你吧服务员们恨死这种要求了；他们得把 75 间客房的迷你吧里所有可口可乐公司生产的东西清走，就因为百事可乐公司的人需要享受一下他们已经占领了所有市场的幻觉。

那带有感应器的迷你吧呢？这个伟大的发明应该可以把人为因素降到最低了吧？当然，上文里提到的"迷你吧大盗"面对带有感应器的迷你吧就不能下手了。所有这些迷你吧里的东西都会实时记在你的账上，即使换了房间，账单也会跟过来。不过，作为一个看遍老式迷你吧和现代带有传感器的新型迷你吧的过来人，我曾想，客人现在再不会跟我说什么"迷你吧里的东西我可碰都没碰"了吧。可事实并非如此。情况基本没变。传感器有传感器的问题。电路系统出问题这就不用说了。这些感应器感应的是重量，而且带倒计时，也就是说如果你把东西从迷你吧里拿出来看看，只要在 30 秒的时间内把它放回去，感应器就不会记录（或者像印第安纳·琼斯那样用一袋沙子来压住；或者，我猜你还可以把酒瓶盖子拧开，迅速把酒统统倒进嘴巴，或者把酒倒进准备好的玻璃杯里，然后把空瓶子浸到预先准备好的灌满水的冰桶里面，之后迅速把盖子拧回去，再把它放回到原来的位置。这个过程中你双手颤抖，汗湿脑门，因为你需要和时间赛跑，这一系列动作需要在 30 秒之内完成）。不过放回去的时候可不要太用力了，因为用力过猛也会触发感应器的哦。也不要把三明治什么的放在上面，会触动感应器。也别把里面的东西通通拿出来，再把自己的东西放进去，都会触动感应器的噢。别把迷你吧里面的东西改变位置，会触动感应器的噢。总之能触动感应器的情况太多太多。所以，当你醒过来，发现床头柜的电话旁横七竖八都是空酒瓶，枕头上撒的都是开心果壳，你的嘴巴边上沾着一些好时巧克力酱的时候，别紧张，原谅你自己吧。只要告诉前台你"碰都没碰过迷你吧"，我们就会把账单上的这部分抹掉。或者说，你只是把迷你吧里的东西拿出来，然后把自己需要冷藏的食物放进迷你吧里去了。或者就说，你只是拿出来几样东西看了看，然后又原样放回去了。明白了吧？怎么说都行，我们就不会管你要迷你吧的钱了。

造成收错账的可能原因很多很多。我之前说过，勤杂工就会偷拿，甚至专门负责往迷你吧里面补货的迷你吧服务员也会偷拿。很多人都有很多机会从里面拿东西，所以我们不会把丢掉的东西都算到你一个人头上。我们都有管理员权限的房卡，能在任何时间打开任何一间客房。你们不在的时候我们就可以进去。甚至你还待在客房里面的时候我们也会进去。我曾经在客人做爱的时候走进他们的房间，他们一定听到我敲门了，之后我开门走了进去，他们在尴尬不已的我面前达到高潮。我看过浴袍从无数男女老幼身上滑落。我看到房间里的性爱捆绑用具，被捆绑的人已经跑了，我猜已经跑到走廊上去了，嘴里塞着的堵嘴球还没有拆下来。（我开了个玩笑，其实我发现大多数有这种癖好的人是成年人，绝对是个中行家里手，他们大多数不想把事情搞大，也不想冒犯谁。）

客房服务员常常会撞见一些性爱场面。刚来上班一个礼拜的客房服务员常常会先用力敲三下门，大叫"打扫房间"，同时再敲一次房门，之后慢慢把门推开，把脸和身体躲在门后，确定房间没有客人后，才会放心进来打扫。过了六个月，在每天将这套程序重复 50 多遍之后，这位客房服务员的工作程序就会变成，喊出"打扫——"两个字的同时，然后轻轻念出"房间"两个字，同时轻敲一下房门，与此同时她已经用管理员主卡刷了门锁，绿灯亮起，客房服务员已经把门打开，她会倒退着把自己的手推车拉进来。

"哦，天哪！上帝啊，你怎么不敲门？！我的天哪！"

"抱歉女士，真的很抱歉，我一个小时之后再来。"

她真的很抱歉？不见得。这个客房服务员在回家之前还需要打扫 12 个房间。尽管作为酒店客人来说，那位女房客有权利泡一个无比豪华的澡，也有权利在那之后盯着自己在镜子中的裸体欣赏个 20 分钟。对于客房服务员来说，这相当于直接延长了她的工作时间。于是这位客房服务员径直走向了下一间客房，这次她还是不会敲门，她想的是尽可能早点儿回家。

下一间客房，倒退着把手推车拉进房间的时候，她就会比较有把握房间是空的，因为没人再发出尖叫声。她手里握着喷雾瓶转过身来，赫然看到一位老绅士，老绅士觉得既没有必要尖叫，也没有必要把浴袍系好。现在客房里有三个主体：客房服务员、那个男人，还有他的小弟弟。其中的两个对眼下这个状况相当满意。

有些客人特别喜欢客房服务员这样闯进来，也有些客人特别害怕客房服务员的打扰。无论是哪类客人，他们锁上门，在房间里面，做着各式各样只有鬼才知道的事儿。每打开一扇房门，客房服务员都仿佛走进了一个她一无所知的世界。

作为酒店客房部经理，从某种程度上说我比酒店业的其他人都有机会更了解这个行业的本质。我有机会通过一幕幕人间短剧，一副副人生百态，慢慢了解酒店所具备的全部功能：客人们在这里求婚，结婚，受孕或让人怀孕，过 40 岁生日，离婚，吸毒，谋杀，或者死在酒店房间里（有些时候事情就是按照这个顺序发展的）。他们中的有些人从电话留言里听到爱人的死讯。有些人从酒店这边发出一张传真，那边接传真的中国工厂的大批量生产才会得令进行。有些人在离婚之后，在酒店收到联邦快递送来的属于自己的东西。

一个来自俄克拉荷马州塔尔萨（Tulsa）的男人在新奥尔良的整整一周里都穿着女装，这样他回家之后才能维持所谓的"正常生活"。一个出公差的女人，先去公司帮她订的万豪酒店办理入住手续，然后在我们的酒店订个房间，和她本应该结婚但又没能结婚的男人约会，过上三天甜蜜的日子，用现金结账，然后回到万豪酒店退掉她一晚上都没住过的房间，再飞回家，回到她再不会一起做爱的老公身边。（与此同时，她的老公趁她不在期间，去机场旁边的汽车旅馆吸毒，看同性性爱录像带，招男妓上门）。这里的人使用各种假名。偷偷进来的访客，在酒店开房狂吸毒品的瘾君子，作家、跑路的、刚刚离了婚把酒店客房当成可以毫无顾忌大哭一场地方的人，酒鬼、赌徒，以及妓女。还有带着全家一起来度假的人们！做爱能做上一整天的新婚小夫妻！每一间客房里，每一扇房门背后，总有些人性致勃勃。酒店里的日子不是在家里过的那种日子，不是那种晚上九点电视加枕头的日子，不是那种活着等死的日子。酒店里的日子是百无禁忌的日子，新鲜、可以午夜纵情的日子。这里飘散着清新洗涤剂的味道，是可以探索的，可以衣着暴露的，充满想象力的，令人恐惧的，昂贵的，而且是他妈的全新的。我像个保安似的每天在走廊里溜达。不管这些客人是来干嘛的，不管他们来酒店以前是什么样子，只要他们离开客房的时间超过了一个小时，我就一定要保证他们有干净的床单睡，有新肥皂用，有刚换好的毛巾擦身，有新洗的睡袍穿，有新换上的枕头可以躺。

有时候当我漫步在走廊里，会发现太安静了。毫无疑问我的职业给我增添了一条性方面的癖好（最起码是一条）。我能听见轻轻的呻吟声，我能听见人们做爱的声音穿越层层墙壁而来，之后我就会停下来，专注在这个声音上，因为，坦白说，这个声音让我兴奋。以前我从没注意过这个声音，但很显然现在的我会特别注意到从墙或者门背后传来的男欢女爱的声音。遗憾的是，每一次我听到一点点轻微的呻吟声，最后其实总是客人在看电视新闻的时候发出来的声音："喔，喔，喔——喔！"。听到这儿我总是兴致盎然，然后紧接着就听到："现在让我们回到阿富汗新闻。"

有时候，整个走廊空空荡荡的，看上去像是闹了鬼，被人遗忘的手推车顶着半掩的客房门，一个楼层服务员都找不见，很有可能是因为新奥尔良圣徒队（New Orleans Saints）正在打比赛。这时候我就得推开一个又一个大套间的房门，直到在某个大套间里找到挤在那儿的大概 25 个服务员，有些还站在床上，一起看着新奥尔良圣徒队把比赛输掉。如果被特伦斯发现，所有人当时就会被解雇。我呢？我会让他们看完圣徒队的最后一次场上进攻，然后盯着他们一个个离开，留下三两个人把客房整理好。也许这会让我的管理能力显得有些软弱，但我一直不觉得纪律处分是最好的解决办法。只要房间最后恢复原状就行了。我曾经走进一间客房，撞到客房服务员正和勤杂工做爱，我就会像拉架似的立刻让他们分开："好了你们两个，停下，上帝，黛博拉，穿上你的衣服，赶紧把房间打扫好。百思买（Best Buy）的副总和她的孩子正在楼下大堂里等着呢。"

也许我该立刻停他们的职或者当时就开掉这些不守规矩的员工。不过，当我向他们提什么要求的时候，我的要求就会立刻达成。如果员工已经下班，换成是特伦斯，要他们拿一个棉花球他们都会拒绝。但我却可以让员工在下班之后再去换上三十个房间的被单，而且他们会做得又快又好，因为早点儿做完，我们就能早点儿一起去酒吧喝上一杯了。

我们看上去就像是一家人。

我出现在几乎每天早上的晨会上，我得和我的朋友们问候一声。然而大多数情况我是当晚班。对于任何一家豪华酒店来说，下午的班尤其重要。客人离开房间吃晚饭的时间里，客房服务员就会做一些体现豪华服务水准的事情：这样客人回来的时候，就会看到房间的光线已经调暗，背景音乐低低的播放着，床铺已经被重新整理过，被单的一角以几何角度掀开，而且枕头上必然已经放好了巧克力（我的公寓里放着偷偷带回来的三大盒巧克力，你知道，是留给我自己吃的），而且最后，也是最大师级的服务，在床脚放一支新鲜玫瑰花（只有VIP客人才有新鲜玫瑰花哦）。我的责任就是走进一间又一间客房，检查这间客房里所有的晚间服务项目都已经做到位，然后在框框里面打钩。我敲着房门，一扇门接着一扇门。在调到客房部的第一个月里，我双手的所有指节都红肿得厉害，我最后连小手指都用上了。一个月之后我学会了用笔或者用我的管理员房卡敲门。

我也跟明星打过交道，不过说实话，跟明星打交道还不如不打。大多数我见到的明星（至少是我在这本书里提到的）我都不想多说（如果你把我灌醉，我就可以另外再写一本书）。不过我还是得说某位电影导演，在俱乐部楼层住了几晚之后，就暴露了他黑暗的、哥特式的癖好。我相信不说他的名字你现在也能猜出来了，他的名字很常见，但是我在看当天的VIP客人名单的时候，我猜到这个可能是他。其实我才不在乎是不是，但我的工作需要我敲门进到客房里，看看客房服务员将所有给VIP客人提供的客房服务是不是都到位了，特别是床尾的那支新鲜玫瑰。于是我敲了门，客人正好在，我很自然地问，他的房间是否已经被晚班服务员打扫过，是否一切都令他满意。

结果客人果然就是那位大导演本人。他先是毫无表情地盯着我看，接着突然露出了非常傲慢的笑容，然后说："哦，哦，哦！我懂了，很好，一切都很好。"之后在我面前关上了门，傲慢的笑容还挂在脸上。我在走廊里站了一会儿，在我的工作表格里打钩，有点糊涂。他那是什么反应？那个傲慢的表情是冲我来的吗？后来我想明白了。他以为我是个粉丝，粉丝会以某些借口去接近偶像。而我只是在做我的工作而已（而且我当时连续当了12小时的班，指节都敲肿了），这位傲慢的大导演还以为他刚刚让我这个粉丝梦想成真了。

让他去死吧。他的电影是拍给那些靠着信托基金维持生活的孩子们看的，那些孩子长到15岁就纷纷走了哥特路线。从那开始我再没看过他拍的电影。

在他之后我又从我的电影关注名单上划掉了很多导演。还有一位演员，我少年时期很迷他，有一次他在新奥尔良地区拍戏的时候，在我们的顶楼客房住了一个月。有一天已经很晚了，他打电话到客服中心，点名要五个熏香碗。这没什么，看来他喜欢香香的味道。但是，那种顶楼客房里的熏香碗，尺寸足有一口锅那么大，只是专门配备给顶楼客房的，我们没有多的准备。所以，为了满足他这个要求，由于他是顶楼客房的VIP，我先是从没住客人的两个顶楼客房里拿了两个来。之后，我又硬着头皮去敲其他客人的房门，当时已经很晚了。结果我发现客人外出还没有回来，于是我就径直把他们的熏香碗偷了出来。说实话我这么做全都是为了他。他拍的青春电影对很多很多人来说都意义深远，也深深影响过我。所以我这么干都是为了他。我带了五个熏香碗给他，他打开房门把碗接了过去，但不要我递给他的五个新熏香包。他说他只想要那个大银碗，他要用它来吃麦片。

那种尺寸的银碗里放整整一盒麦片都没问题。为什么要五个？

第二天我弄明白了：这哥们儿看来有点儿问题。第二天我进了他的房间检查客房服务是否到位的时候，在他房间里看到了好多药片，都是一口袋一口袋装着，那种有一加仑容积的自封袋里装满了药片，上面标着从周一到周日的字样，单单吃掉周一口袋里的药片就可以不用吃饭了。这个导演旅行的时候都有"营养师"跟随，吃掉一口袋一口袋的药片。（药片就放在麦片盒子上，或者也许他是把药片装进碗里，然后倒上豆奶，像个神经病似的拿个勺子把药片当麦片吃？）有一次，这个所谓的营养师还以他的名义打电话到前台，要求我们立刻找到一个针灸师、一个巫师和一个脊椎按摩师，而且他们统统得尽快到顶楼房间去，越快越好。实在变态。

除了逼我偷了熏香碗以外，他倒没去烦其他的人。直到有一天，他的电影拍摄延期了，虽然他也可以延用房间，但未来某天，他得从那间房里搬出来一个晚上，因为有一位客人提前预订了一晚。一开始他不干，于是我们开始了解释和说服的工作，尽可能让他明白，他必须得搬，因为这间房客人在一年前就已经订好了。明白了我们的意思之后，他又提出要求搬到一个有密西西比河景的房间。这又造成了新的问题，当晚的河景房也都订出去了。于是他自己想了一个办法，就是让他的营养师换到其他房间，这样他就可以搬到她住的那个可以看到河景的房间了。可这就意味着有两个房间要搬。后来我们又明白过来，他说他会搬的意思，其实就是让我们帮他搬，后来我发现一个行李员和几辆行李车是不够用的，我不得不叫上来十个客房服务员帮他收拾东西打包。我和客房服务员带着他的东西上了走廊之后，他正好出来，戴着一顶黑色的棒球帽，帽檐遮住眼睛。穿过走廊里的客房服务员大军，那些女服务员可刚刚帮他收拾了内衣裤和大塑料口袋里装的药片。可他连看都没看我们一眼，连声谢谢都没说，他戴着压到眼睛的棒球帽，像个疯子似的只盯着走廊墙壁看，好像我们会冲上去管他要签名似的。烂人。想起这事儿我现在还生气。

而且我不再觉得他的电影搞笑了。连他以前拍的青春片我都不觉得好笑了。

好吧，我们也讲讲明星的好故事如何？只是想想这位明星已经让我感到温暖一些了。这个人是个巨星：H 先生。故事要从他第一次给客房服务打的一个非常有礼貌的、只提了一个要求的电话讲起。他打电话提了什么要求？帮他找个针灸师？巫师？还是他需要一个大的自封塑料袋？都不是。他只是希望谁能给他送一个拼字游戏上去。我找人给他送上去了，他在前台付了 100 美元。仅凭这个已经让我对他很有好感了，但后面还有更多。

雇用我的是一家酒店管理公司，这是行业里非常常见的做法。实际上这种商业模式最早可以追溯到小酒馆和客栈刚刚出现那会儿。有些旅店和酒馆的老板需要向物业所有者按年度来支付物业租金，收入超过租金的盈余部分就揣进了这些人的口袋。有点儿像租一张椅子用来理发，那么所有的小费和理发营收就都归理发师了。如果理发师手艺糟糕，没人过来理发，那椅子的租金还是得交着。在今天，物业所有者们就会去找一家代理公司来负责运营酒店的全部事务。拿我们的酒店来说，酒店物业老板在顶楼给自己盖了整整一层自用空间，设施十分奢华完善，有私人电影院、大钢琴，等等。他把所有的东西都为自己置备全了，唯独对天气考虑不周。不管他可以在这个行宫般的套房里待多长时间，在路易斯安那州的八月的下午他还是有可能需要出门，而且无论你多有钱，汗水还是会顺着你的脖子向下淌，弄脏你昂贵的衬衫。于是他在加州的博卡给自己买了栋别墅，搬了出去，他自己的自住楼层就变成了客房出租给客人。

H 先生就待在这里。我碰到了南希，那位负责酒店所有豪华套房楼层清洁工作的女士，我问她是否已经清洁到了顶层的套房。

"哦，汤姆先生，那位先生人特别好，他人好好啊。"

"谁？ H 先生？"

"我才不在乎他叫什么。我今天到得很早，开始打扫之后，很快他就从房间出来跟我打招呼，还给我拿吃的东西，我说不用了，之后他问我需要多长时间打扫完。我说需要一个多小时。于是你猜他让我干吗？"

"H 先生？"

"他就让我坐了一个小时。他没让我干活，就让我把东西什么的都放下，然后休息。他给我拿了各种各样的吃的，还有水果，不过你知道的，我不吃水果。"

"所以结果是他没让你打扫房间，倒让你休息来着？这也太他妈的有意思了！"

"然后他给我弹了大概半个小时的钢琴，他弹得很好。"

"H 先生给你弹钢琴？"

"我才不在乎他叫什么呢。他是个好人。然后他说这一个礼拜他的房间都不需要打扫。"

"他拍的电影你一部都没看过？天哪，南希！我真不敢相信这个 H 先生会这样！"

"冷静，冷静，汤姆先生，你别和特伦斯说他不需要我打扫他的房间啊。他要是知道了，这周就不给我记工作量了，而且他会给我派别的活儿干。"

"我当然不会告诉特伦斯。如果 H 先生希望这样，我没意见。你也别再跟别人提了，好吧？"

"汤姆先生，你真是太好了。好了，我继续打扫其他房间去了。"

我没告诉特伦斯。在客房服务部，打扫客房是可以计算工作量的，以确保每个客房服务员每天的工作量是公平的。房间的大小和打扫难度不同，相应工作量的计法也会不一样。那间顶楼的客房占了南希全部工作量的一大半，所以这个礼拜她都会过得很轻松。

客房服务员内部为她们需要打扫的标准客房争得很厉害。这种标准客房被称为区域。房间里有一些地方的打扫比较花时间，比如掸扫踢脚板尘土，擦亮银器之类。所以类似的工作不需要每天干，只要保持房间原有的整体感觉就可以了。而新来的员工干的最主要的事情就是补漏，比如有人休假或者有人请假，她们就要顶上。让新员工打扫的结果就是，总有老员工抱怨，不管是谁帮忙打扫了房间，总会有人抱怨新员工干的活儿是狗屎。

给客房服务员分配各自负责的客房区域还不是最让我头疼的。给这150多个女客房服务员安排工作周期才是噩梦。她们中的大多数都有子女，她们的子女在生活中都有各种各样的安排，她们的丈夫都给自己惹了麻烦，都需要出庭，她们所有人都想在公共假日休息。除此之外，我还负责采购：订购所有酒店持续运营所需要的物品，从酒店铅笔到擦脸毛巾，从纸巾到垃圾袋，从邦迪创可贴到清洁用品，以及到大堂厕所里装液体肥皂用的粉塑胶袋。这些东西都列在一个长达10页填得密密麻麻的 excel 表格里。我得先查库存，了解这些东西的月度消耗速度,加上根据去年同期消耗速度预测的下月消耗品用量,得出一个预期精准的购货单,亲手把订购表提填好,然后再交到财务部。上帝啊。

说到上帝,其实最容易订购的东西是圣经。特伦斯让我买 250 本圣经,我只需要打一个电话给基甸社就搞定了(Gideon Society,基甸社是一个世界性组织,以分送圣经为己任)。我跟基甸社说订 250 本圣经,他们说下周就送到酒店,而且不收送货费。酒店房间没有圣经不算什么问题,如果房间里没有厕纸可就糟糕了。而且这些购买后勤补给品的工作必须在酒店每天结账之后进行(也就是确保每个房间都被打扫过了,当然酒店入住客人少和客房服务员不够用的情况下,我们也允许把一些脏房间暂时放一放),而且保证交接无误。而且同时前台不断有客人来来去去,有不少房间客人已经看过了,所以经理或者客房服务员就得进到房间里看看,因为有的客人会在用过房间里的洗手间或者在房间床上做过爱之后,才觉得这个房间不适合,他们需要更换。

我感到精疲力竭。每天工作 11 到 14 个小时。新工服的膝盖部分都磨薄了,因为我常常需要跪到浴室地板上寻找没擦干净的污渍或卷曲的人体毛发。公共假日的时候我也工作,我曾经连续一个月一天都没休息。我不再回家睡了,因此我的室友高兴得不得了。开始我只是偶尔在前台喝上一杯,现在喝酒成了我释放压力的唯一方式。每天晚上十一点半我才结束一天长达 15 个小时的工作,我没时间看电视,而会选择瘸着腿到酒吧喝上一杯威士忌,然后回家睡上五个小时的觉,再爬起来赶去酒店开晨会。

有天晚上，我正在核对那张让人心烦的购物单时，办公室里的电话响了。是约翰（John），我在前台当班的时候的经理。

"约翰，你这是从克利夫兰（Cleveland）打给我吗？"

"我不在克利夫兰了，汤姆。我在那儿干了还不到一个月，他们就把我调到华盛顿来了，我现在在西弗吉尼亚州。我们准备在这儿开家新店，你能相信吗，我现在是客房部总监了。"

"相当不错啊，祝贺你。"

"我给你打电话是考虑……我希望你能过来和我一起干。你来我这儿负责前台怎么样？"

"前台经理？"

"没错。前台经理，这是你的起步职位。上手了之后，我保证他们会安排你去负责客房部。你觉得怎么样？跟我一起大干一番吧？"

"嗯……"我向后靠在座位上，揉着眼睛。工作到现在，这会儿我的脚在皮鞋里已经肿了，在刺眼的荧光灯下，我的眼睛被挥发的清洁剂弄得很疼。我这会儿完全被累惨了。"弗吉尼亚？"

"西弗吉尼亚。我不想骗你，汤姆，筹备开店的人只有我们几个，我每天工作 16 个小时，你过来也会这样。你过来的交通费用公司会负担，之后我会告诉你怎么让公司多给你报销 1000 块。大家都这么干。有点儿像我们自己弄的红包。怎么样，哥们儿，想不想过来管理我的前台？"

我觉得我快要生病了。我觉得自己马上就要吐了，我也不明白为什么我会在那个时候有种恶心欲呕的感觉。我觉得我马上就会吐出来，然后我会从椅子上滑下来，一头栽倒在桌子下，然后死掉。

第四章

Chapter Four

那天约翰给我打电话的时候已经很晚了，而且我累得要死，第二天工作快要过半的时候我忽然想了起来。我正在地下室洗衣房，从出货口往外拽着一条又一条脏被单，然后我突然想起了这个电话，像忽然想起以前做过的一个梦（或者更像你回忆起吃过的一顿饭的味道：让你吃了很想吐的一顿饭）。

我在进洗衣房之前把夹克衫脱在了外面，因为这是个体力活，而且这工作很脏。有时候赶上客流高峰期比如客人退房的时候，勤杂工会把成堆的脏床单顺着管道扔到这里，这底下就会乱成一团。各种需要洗的床单、浴袍和毛巾在洗衣房的地板上堆了足足半英尺厚，我则挣扎着跑到把这些东西送下来的出口斜坡那儿。这个斜坡这会儿看上去像一条冻住的白色瀑布，底下则是一个高高的白色"雪堆"。每当我把一件浴袍拉下来的时候，就会引起一次喷流，之后又会堵住出口，形成一条新的白色瀑布。

我的手热得要死，因为我戴着医用塑胶手套。为什么要戴手套？因为这一堆堆东西都脏得要命！洗衣房里本来有一个员工，专门负责把床单、浴袍和毛巾分拣放进不同的蓝色大桶里以便清洗。显然，这天早上，这个操作员被开除了。经理当时在检查各种床单的库存，以便了解当天的库房里哪种床单最多；之后他就看到货架子后面伸出一双黑色的耐克鞋，在一条被单下面有什么东西被遮住了。经理把被单扯下来之后，正看到那位操作员躺在一堆新洗好的大床单上，脑袋下头还舒服的垫了个枕头。经理温柔地摇了摇他的肩膀，操作员醒了过来，立马就听到了让他瞳孔放大的消息："你被解雇了，贾马尔（Jamal），现在滚吧。"小偷小摸和上班睡觉属于酒店业的两个禁忌，毫无疑问，做了这两件事你会被开掉。

洗衣房经理在开掉了那双耐克鞋的主人之后，忘了把目前他的部门缺少一个操作员这件事告诉给我。那最后我们是怎么知道的？一个客房服务员，在换到第十间客房的床单的时候，打开扔脏被单的通道口，发现整个通道都堵了，脏床单和毛巾一直堵到了酒店的第十层。十分钟之后堵到了第十五层。然而十六层和更高楼层的客房服务员仍然在继续扔。所以现在我在这儿，在通道的最下面疏通管道，向外猛扯这些堵住的脏被单。

我尽量注意不要用手去摸自己的脸，尽量别去不由自主地去擦从额头上滴下来的汗水。我一边抱怨着一边猛拉一下，然后立刻跳远，因为脏被单什么的就会一下子喷出来好多。我会趁这个时候休息一下，看着汹涌的白色激流，现在地上差不多已经堆了两英尺厚。在这些需要换洗的白色床单和毛巾里我看到了红色的点子（血），还有用过的避孕套偶尔像狡猾的蛇一样露出头来。

这也不是我第一回干这种活儿了。客人的东西在房间里找不着了也由我负责。自打 19 世纪开始，只要客房里找不到东西了，客人的第一直觉都会觉得是客房服务员拿了。我最受不了客人这种有罪推定。这些女清洁工们需要长期吃这碗饭，而且我从没有亲眼见过一个客房服务员愿意去冒丢掉饭碗的风险去贪客人一只耳环的便宜。通常情况是客人自己弄丢的，或者是他们自己把东西忘到被单下面，结果在换被单的时候被服务员一起收走了。如果是这样的话，我就得跑到楼下的洗衣房，从成堆的脏被单里一件件地翻，直到把客人的东西找出来，但通常都找不到。我觉得自己在寻找失物方面颇有经验，但是客人丢失的东西各种各样，丢失的地方也不一而足，酒店这么大，耳环就像沙子，白色的被单和睡袍就像一片汪洋。所以，最好的办法就是把自己的物品放到酒店的抽屉里，别像个五岁孩子似的把东西到处扔。或者把贵重物品存放到酒店房间的保险柜里，别像狗熊掰棒子似的拿一个丢一个，也是不错的办法。乱糟糟的东西在客房服务员眼里就是垃圾，所以重要的纸张文件要收到皮包里。酒店房间要给人家的感觉，不过你可不在家里。你在一个既是私人又是公共的地方。你得有所适应和调整。

出口又被堵住了，我屏住一口气，伸手探身过去打算再去揪。我的脚陷进地上的脏衣服堆里，我试图保持平衡，就在这个时候，我想起了约翰打给我的那个电话。我又感到一阵莫名其妙的恶心。这感觉到底是什么？我怎么会胃部绞痛、心跳加速？是因为脏被单恶心难闻的气味吗？不是。我是被吓着了。我对工作产生了恐惧感。被更多不断涌来、不知感恩的工作吓坏了。我一个小时又一个小时地站着工作，不停地说话。我做计划、购买、打扫清洁、雇佣新员工、开除旧员工、敲开一扇又一扇的房门（"早上好，客房服务。""早上好，客房服务。""中午好，客房服务。""中午好，客房服务。""晚上好，客房服务。""晚上好，客房服务。"）。

眼下趁着我正站在一堆脏被单和脏浴袍上，也许这会儿可以说说我这个工作那并不算优厚的待遇了。在前台工作的时候我的工资不错，按小时算，下班之后我还有正常的业余时间。虽然我在感恩节下午和圣诞节早上都需要工作，但是我每周有两天休息，还有钱可以花。但实际上，中层管理人员的薪水不怎么样。我现在一周拿到的薪水只比在前台那会儿的工资多一点，只够让你在一个还算体面的西餐厅多吃一顿正餐（还不包括葡萄酒和小费）。而且我连续三个月每天工作超过 11 个小时了。换算成时薪，我现在的工资只有在前台那会儿的四成。所以"高薪职位"常常被人取笑为实际上是个"工薪职位"。不过不停工作会给你的财务带来一个好处：简单地说，我的钱存在银行里都快长毛了。我的账户很长时间没有动过。我一直在存款，不怎么提款。除了喝杯威士忌以外我没买过什么东西。我的三顿饭都是在员工餐厅吃的，虽然饭菜不怎么样，但挺省钱。我几乎都不在家生活，也几乎不上街逛。我要么在去上班的路上，要么在回家的路上。休息日我都是一路睡过去的，什么其他的事儿都干不成。休息日散散步，找朋友聊聊天的念头几乎是奢求，于是我那长了毛的账户里，已经攒了数千美元。

西弗吉尼亚。

我最后又心不在焉地拽了一下一只被卡住的脏枕头套，然后踉跄着走出了脏衣房。我扯掉塑胶手套，把我的夹克搭到湿漉漉的后背上。我找到特伦斯的时候，他正在经理室里吃一个油汪汪的双层汉堡。

他跟我说话的时候嘴巴里嚼着一块湿了吧唧的肉："这个电脑坏了，看这儿，鼠标箭头往后跑，按钮也按不动了"，他抓过鼠标狠狠摔了几下，我看到鼠标线从他的手腕底下伸出来，像条蛇似的扭动。他伸手去抓电话，我估计是要打给 IT 部。

"等一下，鼠标线得冲前，你拿倒了。所以它的箭头才往后跑，而且你也按不动按钮。"

"啥？妈的！你也许应该调换到IT技术部去，汤姆，你觉得这个主意怎么样？"

"就因为我知道怎么用鼠标？"

"别在我面前耍贫嘴。我知道你，你懂计算机。而且你在这儿的工作做得也不怎么样。"

"你是说我的工作做得不够好？"

"员工们挺喜欢你，不过也就是这样而已。"

"也就这样？"

他停下来一秒，看着我的眼睛，"基本上是。"就在那个时候，我脑子里还在想着不要用手去摸自己的脸。我讨厌酒店业，这个行业里的东西我都讨厌。我讨厌伺候那些自我感觉过度良好的爱发牢骚的顾客们，我讨厌每天都超时工作，挣那么一丁点儿钱，我讨厌跟这个连鼠标都不会用还总挑我毛病的傻瓜共事。现在我有机会让自己对这个行业钻研更深一些，去一个我毫无兴趣的州，去一个我完全不感兴趣的城市运营一家酒店。筹备开业期间我可能会忙得连在西弗吉尼亚拉一泡屎的时间都没有，我会更没有时间花钱，现在我就已经没有什么机会花钱了。我的工作已经让我失去了消费的兴趣。我见过其他经理们买到的东西：他们中的大多数换了更好的公寓，投重金装饰，买高级沙发和花哨的枕头，只不过他们和我一样，回家只是为了睡觉。那这一切究竟都是为了什么？

我跟跄着走出客房服务办公室，走上台阶，走出员工出口，然后掉头向车库走去。我坐在台阶上盯着白色的大理石喷泉，试图让自己的呼吸平缓下来。我想到了快乐，我在想什么可以让自己快乐。不是像这样干活干到恶心。我想到了旅行。对，去旅行。像我这样的男人，五年级认识新朋友，六年级的时候和他们说再见，然后我会去其他的州结识新朋友，再到七年级的时候和他们说再见。我得承认，我对旅行上了瘾。我都奇怪自己怎么能在新奥尔良待上这么长时间。我之前说过，这个行业对于旅行上瘾者来说简直相当于美沙酮。我之前的新鲜感来自于更换新部门，但不论待在哪个部门，客人总是在不断去旧来新。但这不是旅行：有点儿像看旅行频道。我也不觉得西弗吉尼亚听上去是场冒险。我需要来点儿刺激的。我得走，现在就走，我得去那些绝对疯狂的地方。

"不是吧，你。怎么这样一副鸟样儿。你不能跟个客人似的在那儿坐着。站起来汤姆。咱们找地儿歇会儿去。起来，走。"佩里跟我说。

"我们去哪儿？"

"酒吧啊，走吧，站起来。"

佩里带着我去了阿力比酒吧，让我坐在吧台凳上。我想点杯威士忌，但他拉着我跟他一起喝喜力。喝了一瓶之后我又自己叫了三瓶。

"弗吉尼亚？别逗了。在弗吉尼亚你能干吗啊？"

"西弗吉尼亚。干活儿呗。那儿有家酒店需要筹备开业……我估计每天得工作 16 个小时。"

"给得多吗？"

"估计不会太好。"

"靠，那你是想当总经理吧，汤姆？"

"我不该当总经理吗？"

"我觉得你当不了。管他呢，你去了会开心吗？"

"听上去挣得还可以。"

"想挣钱就去当行李员。这些人什么都不干还能拿不少钱。"

"我想换换地儿，佩里。我得去个新地方。"

"新奥尔良怎么了？没地儿比这儿更好了。"

"你怎么知道，你去了多少地方？"

"汤姆，我连德州的休斯敦都没去过，可那又怎么样。"

第二天，我交了两周休假单。我的账户里已经攒了大概 15000 美元，我觉得自己在新奥尔良多一分钟都待不下去了。我带了精简的行李，决定去欧洲。

这就是我想干的刺激的事儿。

在早上八点的晨会上，我跟女客房服务员说我要离开了。有些人哭了。而所有的勤杂工都挺替我高兴的。罗伊伸手过来和我握手，他握住我的手然后笨拙地上下摇晃然后流出了眼泪，这让我也开始伤感起来。南希一直在等着和我说话，她说你要吃好，在那边要小心，像妈妈嘱咐儿子似的。特伦斯，不出所有人的意料，打断了这个传递正能量的时刻，让客房服务员们都上楼去干活，然后也不忘了再提醒她们一遍，她们的工作"很简单"。

客房服务员干的工作可一点儿都不简单。你得给别人收拾房间，而且有时候还得趴在地上打扫。同样的，洗洗擦擦、喷喷抹抹、打磨抛光等一系列工作也并不容易。最后还得检查一下被单下面别有前一位客人忘拿走的色情杂志（之前我连被单是什么都不知道，更别说怎么铺被单了）。打扫客房不容易，这意味着你有可能遭到客人的性骚扰；打扫客房不容易，因为你可能

104

会在圣诞节一大早给别人刷马桶，相信我。而且每天早上听你的老板对你说这工作有多容易，也不是他妈的有多容易。

"告诉我你为什么要走，汤姆？"

"丹尼尔斯先生，我还没去过欧洲呢，我想去那儿看看，去巴黎。"

"你要去巴黎，工作？"

"不是，就是去把攒下来的钱花了，租间公寓，看看小说，也许自己也写一本儿，喝喝酒，四处看看，看看欧洲大陆什么样儿。"

"那好吧，"他轻声说，低头看着桌子，"离开这里的理由我听了太多，大多数人的理由都逊到家了。但是我想告诉你，你的理由我比较喜欢。"他顿了顿，用一根手指指着我，"你的理由有骨气。去吧。"

"你同意了？"

"没错儿，我这么说是听着有点儿不好听。我的意思是：通常我会劝人留下。我可能给他们涨工资，让他们去集团旗下的其他酒店享受几天带薪假期，这样他们回来就可以重新振作。不过你不一样，我觉得你完全明白自己在这里干什么。去吧。如果你有什么需要就给我打电话，什么都可以。"

那是我最后一次见到丹尼尔斯先生。

两周的假期之后，佩里开着他崭新的卡车来我的公寓。这是一个宁静的星期六早上。出发之前，我们坐在车后面晒太阳，喝着从车里小冰箱里拿出来的冰啤酒。我觉得车里的小冰箱应该是用来冷藏鱼食的。可佩里每次都在里面放满冰块和啤酒。收音机开得很大声。我们各自都喝了几瓶，听收音机里诡计老爹（Trick Daddy，重鼻音说唱始祖）的歌儿。

佩里的车里放了一瓶皇冠威士忌，我们把那瓶酒开了，然后开着他的车去他住的地方附近找理发店，因为他说自己需要理个发。那个理发店其实就是个破烂小公寓，理发椅子都是宴会厅用的椅子（没准儿是从哪个酒店偷偷拿的）。理发店里就像在开家庭派对。一个人在椅子上睡着了，像是嗑了药（其实就是嗑了药），他睡着的时候不断点头，每点一下他都把自己的发型弄得更糟糕一些。他的啤酒瓶岌岌可危地垂在他的两腿之间。他们让我们吃他们烤好的肉，我们则不停地喝着威士忌，也给佩里的理发师亨利喝，亨利看上去已经醉了。亨利一边给佩里理发，一边跟我们说为什么每个男人都需要一个老婆，一个情人和一个女疯子。

"老婆，要过日子就得有个老婆。永远别让老婆离开你，老婆给你养孩子。情人，整天都叨叨个没完。你可能得给情人买几件衣服，可能得给她付点儿房租，然后她会成天的问你什么时候跟老婆离婚，不过你跟她都知道，你永远不会跟老婆离婚。女疯子？她什么都不要求，你也什么都不用给她买。你只要找她，她就会帮你吹箫，完事儿了你就可以拍拍屁股走了。但是老婆，你得珍惜。总的来说，男人这三个都得有，你们懂我的意思吗？"

回来的路上我们路过干洗店，停下来取了两件衬衫，一件我的，一件佩里的。给我的那件尺码超大，是件棕色的丝绸衬衫，上面用喷笔画了一只正在打碟的泰迪熊DJ，它的大爪子按在打碟机上，眼睛充血，我觉得它可能吸了大麻了。

"现在我带你去个地方，你得给我小心一点儿，不然那些家伙可是会对你不客气的哦。"

我们都大笑起来，然后我又喝起瓶子里的威士忌来，我醉得完全不在乎自己看上去有多醉，而且当时天已经完全黑了，我们开着车回去，到酒吧的时候威士忌已经被我们喝完了。酒吧里挤满了人，都是我的同事，有代客泊车的、客房女服务员、勤杂工等，大多数的人都来了，他们已经在里面跳着喝着。我们喝着鸡尾酒，他们甚至还给我准备了一个蛋糕，上面写着"汤姆先生，旅途愉快"，我不姓汤姆，但是新奥尔良的人喜欢用这种方式表示尊敬（翠西女士，特伦斯先生，等等）。

现场疯狂又欢乐，所有的女士们妆容和发型都很精致，穿着上班时候常穿的俱乐部工作服。我跳了舞，和所有人一一道别，浑身大汗和人拥抱，有的人去厕所或者外面吐了，然后再回到场子里继续喝。

佩里把我送回家的时候已经凌晨五点。我们慢吞吞地又各喝了一瓶冰啤酒。车子里很安静，气氛有点儿低落。第二天我就离开了新奥尔良，搭飞机去了亚特兰大，然后登上了飞往伦敦的班机。

第五章

Chapter Five

从那之后的几年，我经历的人生中跟酒店相关的事情很少，跟旅店的关系倒挺多。毕竟这两个词只是一字之差，这两个概念有不少的"共同点"。

到伦敦的第一晚，由于第二天我要转机去巴黎，于是我住在了一个很宽敞的鬼地方，一间叫"发电机"的旅店。那座建筑不发电，在我看来倒是生产跳蚤和性病毒菌。房间没有钥匙，只有一组开锁密码。我开了房门之后，发现我应该睡的那张床，也就是屋子里的六张床之一上，睡着一个不省人事的女孩。我去找前台，结果他告诉我可以自己把她叫醒让她挪地儿。我说不行，我要换张床。于是他帮我换了。第二天我就动身去了巴黎，这回住进了一个小一些的鬼地方，这地方起了个美国人看了会感到亲切的名字：伍德斯托克旅社。（伍德斯托克音乐节。1969 年 8 月摇滚音乐节，有成千上万美国青年聚会。当时几个年轻人看到摇滚乐已经在 20 世纪 60 年代后期成为青年文化主要力量，看到爱与和平已然成为时代精神，就在纽约州北方的伍德斯托克小镇附近举办了一场"伍德斯托克音乐与艺术节"。演唱会的阵容包括那个时代大部分的民谣和摇滚巨星，除了最重要的三个：滚石、披头士和鲍勃·迪伦。歌手们在舞台上日夜轮番上阵。台下的年轻人在雨后的泥浆中歌唱跳舞，在河中集体裸身洗浴，在草地上实践"做爱不作战"。）

那段时间美国人出国旅游不太好过。小布什发兵伊拉克，让法国人十分不爽。全美的丹尼斯快餐厅和松饼屋开始卖"自由吐司"和"自由炸薯条"这件事更让他们恼火。那个时期美国人几乎不可能在法国租到公寓，即便你愿意预付上六个月的房租都不行。我是个混蛋老美，混蛋老美付预付款也不顶用，所以他们直接挂断了我的电话。最终，我在巴黎第三区找到了一个愿意租房给我的女房东，她喝醉了，但是明白预付款的好处。我在巴黎待了半年，在街上漫无目的地闲逛，法国人对我的存在完全无视。之后我在欧洲做了一次长途的旅行，最远跑到了俄罗斯，之后我回到巴黎，即刻收拾行李（还是那一个箱子），搬到了丹麦哥本哈根，一个我只待了两天就爱上的小镇。

我在丹麦过了一个长长的夏天。不过这里的冬天接近极夜（每天天空有两个小时的时间是灰灰的老鼠皮色，之后就又会暗下来）；而在夏天的时候，太阳在晚上11点半才落下，凌晨1点半就又升起。我和朋友们（在巴黎六个月，我一个朋友都没有，在哥本哈根待了十分钟我就结交了10个一辈子的朋友）躺在公园里，抽大麻，玩玩儿西洋双陆期，等着漫长的不可思议而又无比奢侈的下午慢慢过去。然后我们就骑着自行车去湖边，等着看日出，然后再吸上一支大麻。日子就这样重复着过去。每天下午，我们在阳光灿烂的公园里喝图堡啤酒，在草地上打滚，以手抓土，百无聊赖，屁事不做。丹麦当时全国都在倡导资源回收，所以每只啤酒瓶都可以卖一点钱。于是就出现了一些人，专门在公园里转悠，先是礼貌地询问一下，之后收走你的空啤酒瓶。由于他们显然明白自己从你这里得到了好处，于是他们也会捎带捡走你旁边的垃圾，像啤酒瓶盖或者烟头之类的，都是趴在地上捡的。导致的结果就是公园永远洁净无比。整个小镇都洁净无比。我在一个丹麦城堡的脚下看到一个免费供游人拍照的哈姆雷特王子雕像，完好无损。在丹麦什么都完好妥善，不过冬天就不是这副样子了。

之后，我的钱几乎被我花完了。我本来预留了回美国的机票钱，还有一些备用金，不过由于我在欧洲待得太久，钱所剩无几，我的旅行签证也早在九个月前就过期了，但我没法儿想象自己再到新奥尔良。那感觉就像你想要按住回退键，倒回带子。感觉就像如果带子倒回去的话，我这些日子以来去过的地方和见过的人就都会被抹掉似的。我在哈芬水道（nyhavn canal）坐了好久，这条水道也有"世界上最长的酒吧"之称（安徒生曾经住在这里），我喝得有点儿醉，看着鳞次栉比的彩色建筑，琢磨着自己到底想要什么，我到底想在哪儿得到我想要的东西。

纽约。这个地方冒了出来。小时候虽然经常搬家，但我们从来没去过东海岸的大都市。17 岁的时候，我曾经和初恋女友一起偷偷跑去了纽约。我们从当时住的北卡罗来纳州的家里出发，开车北上，那次我们大部分时间都待在时代广场，那里的灯光、霓虹和流动的人群让我们极为入迷。

我记得我们当时住在爱迪生酒店（Edison Hotel）。我还在打听电梯在哪里的时候，突然感到有人从身后拽下了我的包，我转过头去，正好和一位纽约的行李员面对面。他已经开始跟我们说话了。他一边说话一边带着我们往电梯走。他的语速很快，带着纽约口音，我们两个孩子手拉着手，有些害怕地看着他的方形下巴一开一合，他宽宽的额头上布满青筋，这些青筋把血液输送到他的方下巴上，他留着短短的寸头，一边说话一边带我们走进房间，我记得他那番长篇大论有个不可思议的生硬结尾："你们俩，至少也来了大城市，遇到了像我这样的人物。"

之后他就闭上了嘴，房间里突然寂静无声。是一种只有在酒店房间才能体会的绝对寂静，就好像夏日里的鸣蝉突然全体闭上了嘴。

他就站在那儿盯着我，额头上的青筋开始收缩。

哦，我想，他想从我这儿要点儿什么。对了，小费！我拿出钱包之后，他的脸色又变回去了，也又开始滔滔不绝地说话。我扯开钱包上的尼龙搭扣，给了他几美元。他即刻消失了，把我们的包留在了客房门口。

我一直记着他。当时不知道他是谁，但现在我知道了。他借助沉默的力量，让毫无经验的年轻人知道他这会儿应该做什么事儿（其实有的时候有些成年人也不知道该怎么做），该付小费了。亲爱的酒店客人，他真的称得上是一位地地道道的纽约行李员。全世界的行李员都很在意每一张钞票，不过在纽约，整个城市的人都在意每一张钞票，所以这样说来，每个纽约的行李员对每张钞票都更加乃至特别的在意。

我离开哈芬水道，把空瓶子都给了收瓶子的人，之后就跳上了飞往纽约的飞机。一夜没睡，我又站在纽约面前了。那件事又在我脑子里冒了出来，炯炯有神地注视着我，它无处不在。这件事情一直萦绕着我，是早上让我头脑清醒、晚上让我心情沮丧的一件事。

这件事就是，我没钱了。

我在布鲁克林的一个带有四个房间的卧室公寓里，当时那个地方还叫布许维克（Bushwick）。当时的房租已经不便宜，在那个地方相继改名叫东威廉斯堡和威廉斯堡之后，价格更是涨得离谱。不过不管名字怎么改，房租还是该什么时候交就什么时候交。头一个月我付了房租，第二个月我向家里借了钱，从此就算是欠上了账。纽约好像挺喜欢穷人的，因为穷人到处都是。

相信我，我在拼了命地找工作，但我不想再在酒店干了。我曾经以超快的速度进入酒店业，可之后我又给自己放了个长假。虽然在我的简历上看不出什么变化，但我仍认为离开酒店业是正确的选择。现在我在纽约，我可以挑自己想做的事。所以头三个月我一直在找自己能做的其他事情。任何事情都行。现在是该用上我之前积累的经验的时候了，我可以从此转上另外一条职业轨道。

等一下，我究竟积累了什么经验？

这个时候我真的开始慌了，从心底里感到害怕。我有一种感觉，时间在流逝，可我什么都没学到。我有哲学学位，但我并没有用我的哲学学位找到任何工作。我甚至不能肯定我的大学学习和生活给自己带来了多少影响（其实这不是真的，我他妈变聪明了）。不过从十六岁到现在我究竟干出了什么名堂？可以肯定的是，我做了、看了一些烂透了的事情：欧洲、脱衣舞、酒店厕所、可乐派对、死在街头的流浪汉、一块硬狗屎、一场持刀斗殴、后台、在俄罗斯的一场轮盘赌、帽衫、地下室、阁楼、住宅区、市中心，以及其他地方。可这些究竟有什么意义呢？如今我待在这座仿佛预示着什么的繁华大都市里，但它不知道我来了，也不在乎我离开，无论是坐巴士离开这座城市，还是永远地离开这个世界。

我还是得赶紧找到一份该死的工作。

我把找工作的全部劲头都用在了向出版业进军上。纽约有好多出版社，在曼哈顿遍地都是。我之前的部分经历，以及我对阅读的持久的热爱，对于我来说是进入出版行业的一块敲门砖。而事实显然不是这个样子的，我连面试都拿不到，甚至连得不到面试的通知都收不到。我连出版社的大门都进不去。天寒地冻的时候我只能站在出版社大楼的外面往里面看看，这件事他们倒是允许。

　　我仍然住在那个有四间卧室的公寓里。现在这里改名叫威廉斯堡了。我有三个女室友，我没跟任何一个上床。与此同时我上个月、这个月，以及下个月的房租都付不了。天寒地冻，我喝着99美分一罐的24盎司的啤酒。

　　我站在大大的窗子前，像落魄的盖茨比，俯瞰公寓大楼的中庭。这个中庭现在当作院子在用，其实更像个垃圾场，或者是老鼠的中央车站。所有的东西都被一层薄薄的雪毯盖着，又大又厚的雪花还在不断飘落，让这层毯子变得越来越厚实。我的室友们，总会不爽地看到我待在我们共用的客厅里，放着唱片，喝着黄色高罐子里的啤酒，把额头抵在飘着雪花的窗户上，旁边的沙发上放着一美元一份的炸牛角饼纸口袋，这是公寓附近我唯一买得起的食物。开始的时候，推着小车卖炸牛角饼的男人没认出我。后来我去的次数多了，他才不情愿地承认我的存在。后来，他明白他的炸牛角饼是我吃得起的唯一食物之后，他开始表现出了同情，之后是恼怒，到后来他就装不认识。不管怎样，老天保佑好人。刮暴风雪的时候他也出来，还是在街口两家店的旁边。他卖了八年的炸牛角饼，价格只涨了四分之一。

"我们给你半个月的时间把房租交了，不然你就得走人，订金也不退。"

说这个话的是公寓的小头头，她在公寓的阁楼里支了一个宿营用的帐篷，她就坐在这个帐篷里。我得把腰弯下来才知道她在说什么。

"我不管你签了什么协议，15 天不交房租就走人，从这儿滚蛋。"

她叫吉尔（Jyll），不是"儿"，是"尔"。我们就是气场不合。她总是走在"流行的尖端"（其实是 20 年前的流行尖端）。她的男友，尽管比我大，不知为何总是穿得像个英国在校生。他戴领结，穿运动上衣，衣肘上有补丁，穿着卡其色短裤、米色袜子和棕色的皮鞋。我不喜欢吉尔，我发现彼此瞧不上也是纽约人普遍的态度。在新奥尔良的时候，人们总是努力彼此相处，寻找共同点并且经常跟朋友一起打发时光。而在这儿，可以很直截了当地表现出——我不喜欢你。

"我能再用一下传真机吗，吉尔？"

"不行，因为传真机在我的房间里。呃，好吧，只能发两份，跟我来吧。"她爬出帐篷说。

那个时候，牛皮纸口袋因为浸了炸牛角饼的油变得几乎透明。我喝空了啤酒罐里最后一口让人反胃的温啤酒，雪花继续狠狠砸向城市的地面。我没钱了，彻底一文不名。

我发了两份传真，发给了两家豪华酒店。

两天之后，我得到了两个面试机会。

一朝入错行，从此难脱身。

我仿佛是个从了良的妓女，想找份秘书工作，但是面试的人朝我走过来，近到让我不舒服的程度，然后把手抚在我的大腿上说："你听我说，你是个妓女，你是个很职业的妓女，别闹脾气了，回来站街吧，嗯？来吧宝贝儿，又坏不到哪儿去，对吗？"

第六章

Chapter Six

第一家面试的酒店是美国历史酒店联盟（HHA）的成员。也就是说这间酒店处于一种有待修缮的状态，换句话说其实是已经破败到惨不忍睹。面试的地方在地下室，一盏半死不活的灯泡发着淡黄色的光。

报纸上的广告没写清楚，他们打算招的其实是一个客房服务部经理，也就是每天早上要来酒店开晨会，处理一大堆乱七八糟事情的那个角色。我对这个职位毫无热情，即便在那盏昏暗的淡黄色灯光照耀下，也能看到我一脸的不情愿。我不想打这份儿工。酒店面试的人不紧不慢地问我问题，显然他也不在乎我会不会来。

"情况大概就是这样，薪水不怎么高，也不会涨。不过至少工作压力没那么大，工作时间比较长。你想不想来？"

不想。

实际上，我们俩都不怎么在状态，我跟他说不可能每天早上七点钟到岗，然后我多要了五千块的工资。

"我能每天十一点钟到岗么？"

"这个岗位的工资就这么多，给你再涨五块钱都不可能。十一点钟到岗你怎么让底下的人开展工作？"

"那……意思就是算了呗？"

算了。

第二个面试专业了许多，因为是一间比较大的酒店。我的第一次面试是在位于第一大道的公司总部进行的。比较奇怪的是，面试的地方在大楼空旷的大堂里。大堂的墙上挂满了巨幅的品位糟糕的流行艺术作品。给我面试的是一个极为活跃的韩裔美国人，整个面试过程她控制不住地笑，也控制不住地说话，她的膝盖一直在不停抖动，好像踩了电门。我们一起坐在一个有现代风格，或者可以说抽象派的艺术沙发上，我们坐的角度也相当有创意，有点儿让人尴尬。我向她抛出了一系列豪华的词汇（"顾客忠诚度""卓越服务""移情和反应""关注细节"，等等）之后，她显得特别高兴，不停地咯咯笑着，然后就带我参观了酒店。

我坐了几站地铁，走上第九大道，这里和市中心区（上帝啊，救救我！）只有半步之遥。酒店距离时代广场有两个街区，不过两个街区还是不够远。冬天并没有冷却这里游客们的热情，人行道和熟食店里都是游客，到处都是按快门的声音，游客们在习习冷风里打开纽约市地图看着，父母用牵引带拉着自己的孩子。他们让整个旅游业繁荣。在这个地方，不是游客就是服务员。这就是我对纽约市中心的第一印象。

在去人力资源部报到之前，我穿过酒店门口的旋转门之后就径直向右拐，从前台接待员面前走了过去。我注意到他们的制服都皱皱巴巴的，有些人的黑色制服显然已经很多年没有换过，因为洗了太多次，制服已经松垮，料子已经发亮。整个酒店环境都显得有点儿过时：酒店的装潢主色是深棕色和黄色的大理石，很像那种可以用微波加热的牛排和配餐的黄油土豆泥。大堂的沙发看上去来自 20 世纪 80 年代，已经松垮变型。大堂的背景墙，也就是一进门直接就能看到的地方，挂着一块镶着银框的大镜子，由于挂得很高，所以只能照见你身后墙上那个落满了灰尘的皇冠造型。镜子下头是一束小小的艺术插花，摆在一张看上去毫无用处的桌子上。我看到左手边的酒店餐厅，里面几乎没有什么客人在吃饭，也许因为午饭时间还没到。走过右手边的酒店前台，我找到了电梯间，以及旁边一个小得像耗子洞似的礼宾部。开始我还以为是客人存包和衣服的地方。三个礼宾部服务员肩并肩站在那个小小的"耗子洞"里，像塞在纸盒子里的三个铁皮发条玩具。除此之外，大堂里就没别的了。前台在酒店进门的右手边，影壁墙前装饰着花儿，就是那种你去朋友的朋友的同事的晚餐派对时会带去的花儿，那块不知道干什么用的镜子，松垮的大堂沙发，左手边食客寥寥的酒店餐厅，然后就是电梯间和像个耗子洞似的礼宾部。就这么些了。

行吧。

虽然酒店的名字已经昭然若揭，我们还是叫它美景酒店吧。

欢迎来到美景酒店。

我自己在酒店大堂里溜达了一圈儿之后，后面的一切事情都以加速度向前推进。人事部开始让我进行一系列的入职手续，就在我往一个药检杯里吐口水的时候，我开口问他们到底让我干什么职位。

"职位？哦，是前台。制服已经给你准备好了。已经离职的那个人，嗯，他不在纽约了。他其实已经不在人世了，哈哈，开个玩笑。好消息是你们俩身材差不多。药检结果怎么样？"

"没问题，先生。"

"你是不是喝排毒茶了？那玩意儿可是会影响监测结果的。希望你是喝了。哈哈，开个玩笑。不管怎么样，呃，你胸卡上怎么写？"

胸卡上怎么写？听上去好像典狱长问我的橘色囚服上要印什么号码。但眼下我需要钱，即便只是让我当前台接待，我还是不敢相信他们开出的薪水。酒店业的起薪都很具有吸引力。如果酒店的起薪点没这么高，他们的营业额可以赶上麦当劳了。如果仔细研究一下你会发现，麦当劳并不是以服务质量而闻名的。如果你希望得到好的服务、热情周到的招待，不想让服务员翻你的行李然后偷走你的 iPod，那就得多付点儿钱。

那么，胸卡上写什么？是变一变的时候了。

"员工 X958B27"

"写什么？"

"就叫汤姆吧。"

"好的，汤——姆，好了。"

我看了看我的新老板（"跟我以前的老板长得差不多"——The Who 乐队的歌词），他也看了看我。

"好吧，欢迎加入我们。"

是不是所有行业的老板在新员工入职的时候都会说这个？或者只是酒店业的人这么说？欢迎加入我们。好像我不是入职，而是参加一个什么游艇派对之类的活动，显然不是这样。（除非你是去那艘游艇上刷厕所的。）

好了，我加入了。在用了三个月时间寻找其他行业的工作但一无所获之后，我从一文不名到让人在胸卡上刻下我的名字仅仅用了 48 个小时。好吧，管他的，我得交房租。不管怎么样，谢谢你，纽约。

吉尔挺失望，我相信她希望我会就此滚蛋，然后让她那位穿奇装异服的男友搬过来，享用我的房租押金。

搞定了工作之后，我回到公寓，一罐接一罐地喝啤酒，盯着窗外出神，看着天慢慢亮起来。我认识的人都远在天边。我的家人分布在美国各处。那些曾经的朋友，可能已经不记得我了。我在新奥尔良结识的那仅有的几个朋友，随着我在纽约慢慢扎根下来，可能也会慢慢把我忘掉。现在我在这间公寓里，公寓里有三个人，希望我及时交房租，而且最好别在家待着。我看着天色慢慢亮起来，我关上门开始睡觉，我得睡，我的工作从这天晚上开始。

我开始工作了。穿着制服，戴着胸卡。从夜班开始是新员工上岗的标准程序，等到员工编制有了变化，比如什么人被开了，你才有可能逃离苦海。夜班也是培训的理想时段。因为前台没客人，你可以有很充裕的时间来学习、熟悉你还陌生的酒店系统。客人在凌晨三点通常也不会对前台的服务质量有什么太高的预期，只希望服务员不要疯疯癫癫的就好。

所以我给自己定的目标就是熟悉酒店的物业，我觉得自己有点儿经前恐惧症（原谅我的用词），我打算熟悉那些即将要对客人重复很多遍的答案。比如："洗手间在哪里？"好吧，洗手间到底他妈的在哪儿？酒店健身房的开放时间是几点到几点？大陆式早餐多少钱一份？电视里有高尔夫频道吗？拨打国际电话要先按几？制冰机在哪儿？客房里的保险箱怎么锁？你们的枕头好舒服，是哪个品牌的？电话机上一闪一闪的灯怎么让它灭掉？附近哪儿有卖袖扣的？酒店传真号码是多少？你们有没有这样的房间——带浴缸，朝北的两张床，窗台前有办公桌，这样就可以边用无线网络看黄片儿边欣赏哈德逊河上的景色。抱歉，先生，这种房间只存在你的幻想里，而且我们的无线网络是要收费的，每24小时9块9毛5。

在熟悉酒店业务的同时我自己也变得有点儿神经兮兮的。这种吸血鬼过的昼夜颠倒的工作真让人吃不消。睡也睡不好，吃也吃不好，连想痛快醉一场都不太可能。持续几周，有可能整个人都处于一种昏昏沉沉的状态里。但是也有一些人喜欢值夜班。酒店喜欢也需要这样的人。也许这样的人白天需要去上学，而且不能缺课。也许他们有孩子，值夜班可以白天带孩子省掉保姆的费用（但是这样的话夫妻就见不到面了）。也有可能他们就是那种更喜欢晚上的怪人。不管出于什么原因喜欢，这些人简直是上天赐给酒店的礼物。有的员工一到周五晚上该值通宵夜班的时候就请病假，这样的话，之前的那个倒霉的值周五晚班的人就得接着替他接下这个通宵夜班。（周五晚班比周五通宵夜班稍微好一些，也是在新员工级别升高的时候，往往会从通宵夜班改成周五晚班。）

不过，我很靠谱。我总是很准时，每天晚上十一点到岗（周五晚上的时候我甚至会提前到，因为那些上周五班的家伙们总是想着能早点儿走），凌晨两点的时候我双手抱肘支在柜台上，凌晨三点的时候我用凉水冲脸，凌晨四点的时候吃块巧克力喝罐红牛，凌晨五点的时候我冲进后区办公室猛扇自己的脸，凌晨六点的时候我为早起退房的客人们办手续，凌晨六点零五分的时候我口干舌燥，凌晨六点零六分的时候我开始掰着手指头数时间，凌晨六点二十一分的时候怀疑人生，凌晨六点三十一分的时候神游太虚，六点四十三分的时候盯着斜射进大堂的阳光，六点五十一分的时候大脑空白，眼睛不由自主望向电梯旁边的员工更衣室，满心期待接班同事准点出现，七点零一分的时候我在更衣室用软绵绵的手指对付右脚上那条似乎总在找麻烦的鞋带，之后搭火车回家躺在朝思暮想的床上。阳光在我的眼皮上涂上一层明黄色，我的身体不由自主想要起来干点儿什么。但是我深深吸气，把枕头闷在脸上，直到坠入又热又让人神经紧张的短短三个小时的梦乡。

我觉得夜班经理有点儿不太对劲儿。夜班经理名叫胡里奥（Julio），尽管所有酒店对男性员工的要求都是胡子要刮得干干净净（奇怪的是留在上唇的小短髭却可以），胡里奥却留着拉丁式的胡茬儿。我还注意到，他和顾客交谈的时候，往往会向我的方向投来怪异的一瞥，然后带着客人到沙发区去。这些客人有的是用现金付款的，有的带着妓女回来，或者是想尽快完成工作赶紧退房的。我和胡里奥以往的交谈都是寥寥数语（总是他想尽快结束谈话），然后他就会从大堂消失掉几个小时。

夜班行李员也不太对劲，不过我倒很中意他的这种不对劲儿。他是个彻底的急脾气，好像天生就是当夜班行李员的料，干劲儿十足。不知道到底是什么让他这么干劲十足，我猜也许是可卡因。但不是，他不吸毒。他叫菲利佩（Filipe），但所有人都叫他"野人"。即便是他的一头又乱又黑的头发也充满了生命力。我们相处得特别好。如果我正在接待口齿不清、晃来晃去的醉酒客人（大多数凌晨两点来前台办理入住的客人都醉得不轻），"野人"会站在客人身后，学客人的醉态，身子也跟着客人的节奏左摇右摆。我得使劲忍住了，才不会在客人面前笑出来，继续帮客人办完手续，其实喝醉了的客人这个时候根本顾不上这个了。

可是有一次他给搞砸了，我接待了一个乘坐红眼航班飞过来的德国游客，这位客人在预订的时候出了点儿问题。他到达酒店时累得筋疲力尽，却发现没房。于是他就开始对我大吼大叫起来。

在解释我们怎么把事情给搞砸了之前，我先来说说你预订的房间究竟是怎么从今天挪到了明天的。

每天凌晨两点左右，酒店就会关掉预订管理系统，进行信息的更新整理。预订管理系统重新启动之后，会发生三件事。首先，系统这个时候会显示明天的时间；其次，所有已经住了人的房间会自动加收一天的房价和税金；最后，所有当晚早些时候客人预订但却没有办理入住的房间会被取消并且在系统里显示为"放弃"。

如果有客人计划凌晨三点以后来酒店，想有个房间（就像我接待的那位累得筋疲力尽的德国游客），就得懂得其中的关键。你需要提前一晚把房间订好，而且需要在到达酒店之前跟前台做一个确认，这样才会避免出现系统视为你放弃了预订这种状况。所以你需要提前打电话过来告诉我们，我们会在头一晚帮你保留房间，并且将它标记为"干净空房"（空的但是未打扫的房间我们标记为"脏空房"），并且在你的名字后面备注"已确认"。尽管你是凌晨来的，我们还是会向你收取前一晚的含税房费，这笔费用就是空房预留的费用。

所以，这位德国客人完全不知道其中的奥妙。他订了星期六的房间，但是他到达酒店的时间太早还没有空房。重点是他比预订入住时间早了11个小时，这让他火冒三丈。他开始在我面前猛打手势，并且唾沫横飞，试图就到底是谁把事情搞砸了这件事上跟我争个高低。"野人"听到声音，顶着一脑袋触了电似的乱发跳了出来，悄悄跑到客人后面，客人这个时候还在对我怒吼。"野人"一头乱发的脑袋不时从客人身体的左边或者右边冒出来，手肘伸着好似跳舞。这些都还好，但是等到他握拳放在自己眼角，佯装哭闹婴儿的时候，我绷不住了，我咧开嘴大笑，唾沫喷向客人。我笑得弯下腰，捂住嘴巴。由于对这情景完全没准备，我迅速跑到后勤办公室让自己冷静下来。

我能听见德国客人在对"野人"说话，显然他搞明白了我刚才突然大笑不是病态反应，而是我在笑他。我们打了夜班经理的手机，我很少有什么事情需要他处理。胡里奥下来了。我觉得他在下来之前一定在哪间客房服务储藏室里待着偷吃东西来着。不管胡里奥如何道歉、解释，客人仍然怒不可遏。于是胡里奥迅速检索了一下酒店系统里的房间入住情况，找到一个"已预订"的房间，虽然这个客人已经在来的路上，胡里奥还是取消了那个客人的预订，于是房间变成了"干净空房"，然后他给德国客人办理了入住手续送他上了楼。胡里奥转过来看看我们，脸上什么表情都没有，然后他什么都没说，转身进了电梯。话说回来这个办法不赖。至于另外那个客人，胡里奥只是撒了个谎，告诉客人虽然他在前一晚订了房，但由于没有迹象表明他会在第二天早上办理入住，所以酒店直接把预订取消了，然后把房间给了一个在早上五点钟直接来酒店办入住的客人。客人把他可怜的助理狠批了一通，实际上她的工作完成得很到位，之后他又为自己发脾气道了歉。胡里奥给客人提供了一顿免费早餐，客人心情愉悦地离开，远比他对这家酒店应该有的满意度高出更多。这晚总算是熬过去了。

　　清晨的时候办入住手续也不是总这么麻烦。根据我数千次观察积累得出的经验，我的建议如下：如果你必须在早上七点钟入住，那你必须在前一晚就把房间订上，而且需要和前台确认。但如果你想冒险一把，省下前一晚的房钱和税钱，那就得在前一晚给酒店打个电话，问一下当天客房的入住情况。如果酒店的入住率是 65%，也就是说即便在凌晨四五点，也有大概 35% 的房间是可供预订的干净空房。在这种情况下，前一晚上的入住率不高，你就大可以在第二天早上到酒店办理入住。最佳的办法就是在早上直接给酒店前台打电话，跟他们说你会在早上到，而且已经在路上了。即便你的火车上午十一点才到达，或者即便你早上六点钟还在飞机场没有登机，也要告诉他们你七点钟到酒店，而且要求他们把一个干净空房间备注为"已确认"。这样就可以保证你在早上一到酒店就有房可住，其他的客人只能排着队，把行李存在酒店大堂，等着当天下午再办手续了。

　　德国客人事件发生之后的两天，我刚刚到酒店接班，走过保安室准备去更衣室换工服交接班的时候，看到两个保安都在盯着监视器看。他俩全神贯注地都顾不上看我一眼。这种情况时有发生，因为在显示器上有时候会出现极其具有观赏价值的内容。我曾经看到过一些监控录像，比如两位客人深夜在酒店的公共商务中心的投币复印机上来个 69 式；或者是发生在正在运行的电梯间里的斗殴（电梯间里的斗殴极具观赏性，特别是看到与此无关的可怜人也在电梯里，他们通常把后背牢牢靠在墙上，双手高举挡在面前）。当然，还有醉醺醺的客人走在走廊里，像颗保龄球一样在墙壁上弹来弹去。那天晚上，保安在看的监控画面和最后这个场景很相似，但喝醉的不是客人，而是经理胡里奥。他正沿着走廊歪扭前行，手臂抱在胸前，手里满满的拿的都是东西。

"他手里拿着什么？"

"汤姆，快看，他拿的是迷你吧里的酒。他可真是个白痴。接着看，接着看，后面还有精彩的。"

胡里奥的肩膀蹭着墙壁和门上的装饰线，然后他走到紧急出口，推开了门。

"好，现在我们调出那儿的监控来，快看，快看。"

第二个监控画面显示着楼道，画面宁静，仿佛被按了暂停钮。之后走廊的门被推开，胡里奥走了进来，他弯腰把迷你吧里的酒瓶摆在墙角，然后他坐在楼梯台阶上。夜班保安莱纳德（Leonard）按了快进，于是监视器里的胡里奥快速地喝着酒，一瓶接一瓶，他的头也跟着一上一下地点动着，整个画面看上去有种喜剧效果，直到保安把播放速度恢复正常，看上去才无比的丧气。

"哦，快看，快看呐。"

胡里奥站了起来，酒瓶滚得到处都是，他用手扶着墙，然后开始对着楼梯尿尿。

"不会吧？！他开什么玩笑？"

"真不敢相信！快看，快看，他尿到自己鞋上了。这白痴真他妈的恶心。"

我得说，我是从新奥尔良的五星级酒店过来的，绝对没有见识过这般场面。我看呆了。恺撒里兹酒店里到底出了什么情况？纽约的酒店都这个样子吗？还是只有这间酒店是这个样子？这事儿本身倒是挺有娱乐性，但我必须得不断提醒自己，这事儿跟我没半毛钱关系。我来这儿就是为了能按时拿到薪水，把所有欠债还清之后慢慢存上一些，再去其他的地方换个工作。我对自己承诺，要保持自己一贯的高水准服务。这间酒店可能住满了罪犯和瘾君子，但这并不意味着我就不再和客人说"乐意效劳""晚上好"，并且向客人提供高质量服务了。

除了对优秀服务的自我要求，当没人在盯着的时候，我也会偶尔自娱自乐一下，而且夜班期间管理人员从来不盯着你。连续三个晚上，我和"野人"在凌晨三点的时候，把销售部暂放在走廊里的老年电力机车（使用这辆机车的客人要一周之后才到）开起来，用床单把办公转椅拴在机车后面。轮换着骑着机车大轰油门，一个人坐在转椅上，另外一个骑着机车在走廊里穿行、拐弯、撞墙，或者猛踩刹车制造个小型追尾。至少"野人"的头发能当头盔，我可是毫无保护措施。

如果不是胡里奥尿到了自己鞋上，我们可能还会再玩儿第四个晚上。不过看到视频的那天晚上，我们就有了个新经理。在找到新的夜班经理之前，他们先调了一个白班经理过来。

"你他妈的是谁？"他问我，权当打个招呼。

"我叫汤姆，"我说，用手指敲了敲我戴的胸卡。

"你这个倒霉的新来的。听着，菜鸟，给我写份报告，明天交上来。有事儿找我，就给1402号房间打电话。我得休息一下，看个体育节目然后睡一觉。这班上得太糟糕了。"

当天的夜班没什么事儿发生。只有几个同样也是夜里上班的女性在酒店外徘徊，面如菜色，不敢和人有目光接触，然后迅速跑回街上。

风尘女和酒店的关系就像牛奶跟麦片，绝佳搭配。

美国小说家威廉·福克纳（William Faulkner）在接受别人关于他所写的1959年《巴黎评论》采访时曾经说："别人给我提供的最好的工作就是妓院老板。在我看来对于一个艺术家来说这是最好的工作环境了。妓院会让他有充分的财务自由；他会远离恐惧与饥寒；他头上有屋顶遮风避雨，早上的时候十分安静，也是一天当中最适宜工作的时候。晚上又有丰富多彩的社交氛围，不会让他感到无聊。这个工作还让他拥有一定的社会地位。"

妓院发展到今天，就变成了酒店。你租下一张床，获得一段时间内的使用权。妓女你可以自带。我就是午夜时段的妓院老板，负责迎来送往。整个交易的过程都很小心谨慎。有的女人看上去很像妓女但不是（她们是想钓大款）；还有的女人看上去很端庄职业，但在女式西装下面穿了黑色的蕾丝。她们中有经验的从来不在前台停留，她们也不该在前台停留。我看到她们自信无比地走进酒店大堂，瞥一眼手机上的唯一线索：一个房间号码。然后她们望向我的方向——妓院老板的方向，我用一根手指告诉她们电梯在哪里，然后她们就径直走过去了。

有个繁忙的周五晚上，妓女来来回回地进出酒店，我做了些记录，给她们的着装分个类，还有她们上楼的时间和出来的时间，用来计算她们的服务时长。不过通常你计算不出来什么，因为有些人只是叫这些女人陪着说话的。而且其中有些以为是妓女的其实是已婚女性，只是过来和情人约会的。总之你没法儿搞清楚谁真正想要什么。

福克纳不是在前台、妓院或者其他什么地方工作的唯一一会写字的男人。纳撒尼尔·韦斯特（Nathanael West）在写《寂寞芳心小姐》（*Miss Lonelyhearts*）的时候就在一家曼哈顿的破败酒店值夜班，甚至还能给他一些作家朋友如达什埃尔·汉麦特（Dashiel Hammett）和埃德蒙德·威尔逊（Edmund Wilson）提供住所。作为回报，他们给他介绍工作。不过那是20世纪30年代。在我值夜班的时候我给自己找把椅子坐都不行。

值了两个月的站坟岗似的夜班之后，有天晚上，一个厄瓜多尔男人走了进来，站在我身边，穿着和我一样的制服、一样的领带。

"你是谁啊？"

"赫克特（Hector）。"他说，摘下他的胸卡放在我们面前的桌上。我们两个人一齐低头盯着看。

"你来这儿干嘛？"

"我来替您的，您调到白班去了。"

"我调去值白班了？"

"您还不知道？这帮人真是谁都不告诉，跟他妈军队里似的。"

第七章 🧳

Chapter Seven

行李员是第一个跟我撂狠话的：

"听好了，菜鸟，以后别让我再看见你把房卡直接给客人，别去问客人什么'你需要帮忙拿行李吗？'你最好什么都别问。直接把客人的房卡递给行李员。如果客人打算自己拎行李，让我的宝贝女儿没钱买面包吃，他们最好亲自告诉我。我看见你把房卡直接交给客人，看来你是想让我的女儿饿肚子。再让我看到的话，甭管你是从什么鬼地方来的，我能让你打哪儿来回哪儿去。"

这是发生在纽约的鼓舞人心的第二次对话。第一次是在布鲁克林，我的同屋跟我说如果不交房租就把我扔出去。这会儿回想起来，那女孩子对我挺温柔的。吉尔口头上的那番"鼓励"逼着我不情愿地回到了酒店行业，然后又让我阴差阳错此刻获得这番言语欢迎，就在我刚刚换完班一分钟之后。三个行李员带我到大堂角落，其中一个跟我口头走了一遍晚班的工作流程，另外两个不断点头表示肯定。跟我口述流程的看上去像这三个人里面的头儿，他的胸卡上写着本（Ben），现在我明白了，本只是想帮我。

"说这些是为了你好，你可别把这个搞砸咯。"说完这句话这三个人一起走掉了。

这就是我换到下午四点的班之后受到的欢迎仪式。下午四点的班要上到午夜。晚班是一场华丽的秀。我的精神头也从午夜班上还魂归来：凌晨三点空旷大堂的寂静之声，有真空吸尘器的嗡鸣重叠其上，间或传来午夜站街女的咳嗽，我一个人持续站在前台后面八个小时，思绪缥缈。

如今我不再孤独了。前台后面站着一队等待的客人。这儿不像新奥尔良，没人给我分配什么岗位任务。在纽约，管理层不在乎我是不是来上班了。

我站在前台，调整自己到工作状态，让自己平静下来。不管怎么样，在给客人分发房卡这件事上我可是经验丰富的老手。

很快我就意识到在这个新工作环境下最重要的东西了：速度。在新奥尔良，你就像生活在一罐子浓稠的蜜汁里，没人着急。而在曼哈顿的酒店值晚班，你可能需要来点儿白粉儿再加喝上五个钟头的能量饮料才行。换班一个礼拜之后，我的工作效率提高了三到四倍。我已经明白当信用卡（我们称之为卡，没时间说信用卡三个字）得到银行系统的识别之后，我们得用那五秒钟的时间在房卡信封上写好房间号，确定房间价格，或者对客人说一些住店须知——每个住店客人都需要了解的。而在新奥尔良，我可能会用这整整五秒钟的时间喝一口喜力啤酒？或者冲客人微笑一下？在曼哈顿，你把这宝贵的五秒钟时间用来冲客人微笑？这人八成是脑子进水了。

晚班也让我明白美景酒店在曼哈顿的名气。美景酒店名头很大。不幸的是，这是十年以前的事情。住店客人里面有一些工人阶级名人，比如托尼·丹泽（Tony Danza），他很喜欢美景酒店的欢迎方式，因为每当他大摇大摆走进大堂的时候，行李员会冲他大喊"嗨，托尼……"而且你能看出来，托尼特别受用。我们也有很多商旅客人，他们来自世界各地。这让我感受到多文化的风气，这在新奥尔良可完全没有：从南非坐飞机来的澳大利亚人准备从这里坐玛丽女皇号邮轮到英国去。从加泰罗尼亚来的犹太人在他们的神圣安息日（犹太人的安息日从每个星期五的太阳落山开始，到次日的天上出现三颗星的时刻截止。在这一天，犹太人不允许做任何工作，只能专心休息和学习经文）需要非犹太服务生的陪同：有人帮他们按电梯按钮，打开客房的门，也许，只是可能也许，在离开那个神圣的房间之前再帮他们打开体育频道。还有大批的日本游客，他们都要标准间，这样就可以不必跟老婆睡在一张床上，此外他们还需要浴缸，以及足够大的房间用来鞠躬（一个普通的日本生意人每天鞠躬超过 500 次，他们打电话的时候也鞠躬）。

然后就是行李员，我换到夜班两周之后他们还是在找我的麻烦。每天至少两次我都得给一个突然冒出来的行李员闪开道路，不然他手里拉的新秀丽旅行箱就会撞到我的要害。不过时间一长，我也对他们心生同情。

行李员是什么？不过是老旧时代的产物，现在已经过时了。客人拉着自己的行李走出自家的房门，走下车道，自己把行李放上车子，自己把行李拉到航空公司行李托运柜台，自己搬下机场的行李转盘，放进出租车的后备箱，穿过旋转门，来到酒店前台，然后从现在开始，突然冒出来一个理着平头的家伙要帮你拿行李？你已经自己拉着行李走过了两万五千英里，现在这个戴白手套的家伙要跳出来帮你拿最后这 20 英尺，然后你还要付他小费？"不用了，谢谢，我不需要帮忙。"

所以行李员本跟我说："你可别搞砸咯。"阿布扎比公主随身带了 14 件行李，她的贴身保镖拿不了这么多，公主需要帮助。我可没说她不给小费，我是说她需要帮助。需要帮助的还有那些随身带着七个枕头的家庭旅行团。（你可能不知道，酒店客房里有枕头，酒店工作人员最不能忍受的就是看到带着自己枕头来的客人。这是酒店，不是什么夏令营。）不管怎样，另外98%的客人会礼貌地拒绝帮助，剩下那2%给小费的客人完全不够行李员分的。后来我发现行李员有两个必杀技：给客人制造负罪感和恐惧。如果我问客人：你需要帮助吗？每次的回答都会是：不要。但如果我冲一个行李员打一个手势，或者只是简短发出口令：前台。然后把客人的房卡交到行李员手里，再跟客人说一句语气比较强的话，比如："行李员会带你去你的房间"，那么那个百分数就会提高很多。你能看到客人眼里升起的负罪感和恐惧。如果他们拒绝行李员的帮助，他们会显得很小气，他们也不敢对已经拿着他们房卡和旅行包的行李员说他们可以自己来。他们尤其害怕直接面对行李员，通常会转过来跟我说："呃，其实没事，我可以自己来。"我尤其喜欢这场景，我仿佛听到他们在心中大喊："求你了，先生！可以把你的狗拴好吗！"我这个时候就会仁慈地冲行李员一点头，他则会放开扼住客人喉咙的隐形手爪，默默隐退到丛林深处，等待下一次捕猎的机会。后来我又发明了一个说法儿，我会跟客人说："这是我的好朋友本，他会带你去你的房间。"这会让行李员的小费着落有了更多的可能性，还把客人的负罪感和恐惧提升到一个新高度。最后，这句话的终极版是："这是我的好朋友本，是我孩子的教父，我老婆的闺蜜。"不过我只对日本人和完全不明白我在说什么的人讲这句话。不过本后来很喜欢这个版本。后来这句话被我们翻过来调过去地说，总说不够似的。*我老婆的闺蜜。*

门童，这些人可以接触到所有客人的包。代客泊车的服务员总是在车子还没停稳的时候就把后备箱的盖子弹开。不管你乐意不乐意，在你的车还没进车库的时候，门童已经摸到你的行李了。如果他也用我刚才那招儿，让你内心升腾一股负罪感或者恐惧感，你就会主动给他小费，让他的手离你的私人物品远一点儿。相比之下，行李员得付出更多努力才能拿到小费。

这是个竞争激烈的世界。是的，我建议你永远不要拒绝服务生，并且永远给他们小费。当然，有的时候客人并不希望有一个戴白色手套的人在你旁边喋喋不休。可能你的日子过得正不痛快，一定不会对旁边一个陌生人问你"您打哪儿来？"这样的话题感兴趣。把房卡（还有你的自由）从白手套那儿拿回自己手里的最好办法就是直截了当地说："我可以自己上去，不管怎样还是谢谢你。""不用了，谢谢，非常感谢。""如果可以的话，我自己上去就行了。"

当然可以。只要说得比较有礼貌就行。有一次我竟然看到一个客人对行李员说"不用费心，谢了"，为了感谢他没有提供帮助，还是给了他两美元的小费。从此这个客人在我们这儿出名了，像个明星人物，走到哪儿都被人指点："这就是那个客人，他给了本两美元的小费，因为他不需要人给他拎行李。"想要制造更好效果的话，他其实可以接受行李员的服务，然后在房间里塞给他20美元。

不幸的是，不只是美景酒店的门童和行李员给我找麻烦，酒店客人也是麻烦事一桩。我在新奥尔良参与过一间酒店的开业过程，从酒店服务人员到酒店客人都是从零开始。在美景酒店，我对这里的了解要想追上某些常驻客人对酒店的了解程度，恐怕还得不少年头。桑德伯格先生（Mr.

Sandbourg），每周都要在酒店住上三晚，他已经连续住了十五年。他不会有耐心听什么新来的人假装对酒店很了解的那一套。桑德伯格把这间酒店的所有房间都住了一遍，所有的房间。我把酒店能住的房间号都给他念了一遍，给他摇签似的抽取了一遍。1503 房间？不要。702 房间？不要。4104 房间？不要。不然我们随机摇号怎么样？

另外一个常驻客人有个怪癖，他拒绝住在房间号码加起来不是 9 的房间。这个特殊要求已经被明确注释在客人备注里了："房间号加起来必须是 9。"于是我还得做个算数。我特别不擅长这个。而且他睡起觉来很轻，容易被吵醒（我猜这是他一系列心理问题中的最不起眼的一个），也就是他不能睡在靠近电梯的房间。1503 房间？ 702 房间？ 4104 房间？不然我们随机摇号怎么样？

我的新同事常常给我一些基于经验的指点，他们会当着某些客人的面，提醒我这位客人的某些特质。凯拉（Kayla），一个 30 岁刚出头，有着一头漂亮黑色卷发的哥伦比亚女人，有一次我帮一位客人办理入住手续，由于客人的挑剔，整个手续办理过程无比艰难，她把我叫到她的工作电脑那边，说："嘿，汤姆，你看看要不要把这个房间给她。"她用做了美甲的手指指着搜索窗口里敲进去的一段话，搜索栏里写着："不用跟她废话，她只是在柜台抱怨，就跟她说你觉得这个房间挺好，其他的房间也都挺好，然后赶紧让她离开大堂。她不会下来投诉的。"我们常常借用酒店房间系统的搜索栏这样对话，特别是想要偷偷谈论某些客人，而他们又站得很近的时候。有时候我们也在搜索栏里面敲："问问你的客人我可不可以跟她睡上一觉？"看到这样的话，你的嘴角上扬，脸上会挂着一丝古怪的微笑，然后继续回到客人面前。与此同时客人对此一无所知。

我第一次从凯拉那儿见识到这种玩儿法之后，我就迅速把这招儿学会了。

"哦，简直太完美了，兰斯女士（Mrs. Lansing），你一定会爱上这个房间的。我保证。前台。这是我的好朋友本，他会带你到你的房间去。"

"这房间最好能合我意。不过我不需要行李员，"她脸上明显流露出鄙视的神情，"我的行李箱上有轮子。"

伯纳德·萨多（Bernard Sadow）是让所有行李员咬牙切齿的人，尽管他们可能从没听过他的名字。1970 年，伯纳德发明了带轮子的行李箱，一个和行李员势不两立的东西。在这个东西出现之前，行李员是必不可少的，行李员给你减少麻烦，带来轻松，是社会中不可缺少的一分子。1970 年 10 月，萨多把自己设计的带轮子行李箱的原型卖给了梅西百货公司，从而引发了服务业环境的一场大变化，导致了这个曾经高高在上的贵族岗位不得不隐退，经过重新思考，再次出现的时候，从业人员已经把身段放低了很多。除了发明带轮子的行李箱以外，萨多八成也发明了一句话，一句行李员都不爱听的话，这句话一说出来，就意味着拿不到小费，可能圣诞节都因此黯淡不少："不用了，谢谢，我自己能行。"或者是那句天真无邪的话："我不想麻烦他。"不想麻烦他？这人也有家要养。这儿没人怕麻烦。

所以，这些个可怜又不合时宜的行李员在世界各地的酒店大堂里咆哮，如同猎人们咆哮在猎物难寻的荒原上。所以，面对已经变聪明的、拖着带轮子的行李箱的猎物，猎人也需要调整狩猎手段。每个行李员都有自己的套路。我注意观察了一下阿兰（Alan），他在美景酒店当了十九年的行李员，资历排行第二。我观察了他的方法，终于看出了门道。阿兰大概五十出头，有花白的板寸头，戴着银边眼镜（让我想起我第一次来纽约的时候见到的那个行李员）。阿兰会蹲下来，让你的孩子喜欢上他。阿兰会和你的孩子击掌，问他们的掌上游戏机里有什么游戏，告诉小女孩儿们她们的打扮有多"曼哈顿风"，问问孩子们要不要尝一些纽约特有的纸杯蛋糕之类的话。如果阿兰在周五帮你们一家人办理了入住，那么周六的时候，你就可以看到你的孩子们在大堂里和阿兰击掌，然后兴奋地告诉他昨天晚上他们看到了什么。

就在父母准备大大感叹阿兰是多好的一个人，同时也是一位多好的父亲的当口，阿兰会突然用银边眼镜背后冷冰冰的眼神震慑住他们。他们甚至都还没有想到，阿兰提供的这些优质且独特和值得记忆的服务是需要以经济形式给予补偿的。这时候的阿兰眼神里充满深意和力量。他会用不需要讲出来的方式让他们明白，他应该为提供这种水准的服务拿到相应的小费。父母去ATM机取钱的时候，阿兰会继续逗你的孩子玩儿。

他们给阿兰起了个外号叫"灰狼"。

纽约的行李员们靠一美元和五美元攒起来的小费，盖起了房子，攒出了子女的教育经费。这种不稳定的现金收入，决定了他们的整个世界。我举一个例子。我们就叫它：一百美元钞票小费挑战。

"别好像你分辨不出来似的，汤姆。"阿兰跟我说。

"是吗？有这么神秘？一百美元的钞票自己会说话还是怎么的？"

我已经当了三个月的晚班，表现很好。我和这儿的人相处得也十分融洽自然。阿兰靠在前台上冲我倾过来，右手捏着一把足有三明治那么厚的一沓一美元钞票。"现在数数这沓有多少，我准备下班了。"

我低下头，开始一张一张地把一美元的钞票排在桌子上，打算尽快不被打扰地完成计数工作。给"灰狼"换整钱不是我的工作范围。如果这个时候有客人来前台，我就得把数钱的工作放下来，先处理完客人的事情，然后再继续数数。"47，48，49。"

"怎么之前没人教过你怎么数钱？你得握住一沓钱的一半，然后用大拇指数。"

"62，63——闭上你的嘴——64，65。"

这个小小的兑换过程对于任何一个门童和行李员来说都是每天的大事。这个领域里的佼佼者每年可以挣到十多万美元，而且都是以现金的形式进账，而且所有的现金都是小面额的钞票。你认为他们的房间角落里会放着装满一美元、五美元小面额现金纸币的黑色垃圾袋？不是的，他们得把小面额纸币换成一百美元的票子。在他们的世界里，一百美元的票子就是金锭。他们最后成捆收起来的也是一百美元的纸币。打算打劫一个行李员，打算跟踪到他的住处然后抢走他的现金？想都别想。警告你：行李员和灰熊很像，如果你动了他们的五美元小费，他们会掐住你的喉咙然后把那五美元和你的血一起挤出来。对着你的尸体仰天大笑，然后跑去大喝啤酒。

"98，99，100！"

"很好，"阿兰轻哼了一下，冲我伸出中指，然后接了我递给他的一百元钞票。他嘬了嘬牙缝："你瞅瞅这张皱巴巴的钞票，留给客人吧，有没有嘎巴儿新的票子？"

又来了，这帮人在这方面有癖好。我在桌上排开五张新票子让他挑。你真该看看他脸上的表情，兴奋的眼神从银边眼镜后面透出来，就像一个八岁的男孩站在糕饼店里。

"这张就是我的，真的，你难道看不出这张票子散发出来的能量吗？你知道嘎巴儿新的一百元票子是从哪儿来的吗，小子？"

"哪儿？"

"从上帝后脊梁削下来的。"

"老天啊。"

"我说真的。给我一口袋钞票，我能从里头把一百美元的摸出来。怎么着我都能把一百美元的票子从一口袋一美元的票子里摸出来，蒙着眼睛也行。"（美元钞票面值不同，钞票大小相同。）

"别胡吹了。"

"敢打赌吗？"阿兰问，立刻来了劲头。

"那咱们这么着吧，"我说，从酒店给我工作用的装有两千美元现金的信封里抽出 5 张一美元和 5 张一百美元的钞票。"跟你打 20 块的赌，你得蒙上眼睛，我每次给你 1 张一美元和 1 张一百美元的钞票，让你猜哪张是一百美元的。5 次猜中 3 次，我就输给你 20 美元。"

"你小子想跟我打赌？我正等着呢。但是要蒙眼睛的不是我，我们让门童杰（Jay）来猜吧。"

五分钟之后，杰从各式高低拉杆行李箱组成的海洋里穿了过来，像穿行在丛林的蒿草里。之后他走进了后勤办公室。"灰狼"已经把钞票放在了经理办公桌上。我已经摘下领带握在手里，那架势好像我打算把杰勒死。

"你们他妈搞什么鬼？我进来这会儿小费可都让外面的人挣走了。"

"淡定淡定，杰，你在这儿也能挣钱，"阿兰轻声地说，好像在安抚一头打算捕猎哺育幼子的灰熊。杰算得上是一头灰熊：高大、帅气，有一个典型的美式下巴，而且看上去很有震慑力。

我慢慢靠近他，把手里的领带拉到他脖子的高度，说："放松点儿，大个子。"

"坐下，杰，待会儿这个小子会把你眼睛蒙上，明白吗？然后给你每只手里各递上一张钞票。一张一美元的，一张一百的。你得把一百的那张挑出来。只要5轮里面你猜对了3轮，20块就是我们俩的了。"

"行啊，不错啊，'灰狼'"。来，把我蒙上吧，汤姆。我们得快点儿。"

"这招儿是这小子自己想出来的。"阿兰说，把一只肥手拍在我肩膀上。

我把领带牢牢系在杰的头上，遮住他的眼睛。第一轮开始了。我从一美元和一百美元里随意各拿了一张放到杰的手里。

这会儿我仔细观察杰，仿佛看到一只被蒙住眼睛的灰熊，如何动用它的所有感官，来闻嗅它的猎物。观察他的头如何微微向后仰，鼻孔翕动。他把其中一张票子拿到"爪子"里，碰到鼻子前，闻着，摩挲着，用鼻子尖儿细细蹭着。

"这是一百块。"

"不会吧？"我大叫，"另外那张你连看都没看呢！"

"嘿，"杰说，像所有眼睛被蒙住的人微微侧着头说，"小菜一碟，下一轮。"

第二轮我们挑新票子。两张都崭新得像刚从"上帝的后脊梁"上削下来的，只不过其中那张一美元是从级别不是那么高的什么神祇后背上削下来的。

很显然，灰熊喜欢这种挑战。崭新的票子让他兴奋到几乎发狂。他猛嗅着钞票，脑袋晃着，两张纸币都靠在他的鼻子尖上。在鼻子尖前，像揉两团生菜一样把两张纸币都揉皱。忽然他停了下来，好像听到遥远的树林边缘传来一个细小树枝断裂的声音。他把双手慢慢放下，让其中一张纸币落到地上。"这张。"他说，把另外一张纸币举高送到鼻孔前面猛嗅着。

"不会吧？你们是不是串通好了？简直难以置信。"

"跟你说过了啊，"阿兰安慰我，"我跟你说过我们会赢。"

"还没呢。第三回。祝你好运吧，杰。你这只贪财的猩猩。开始。"

第三轮阿兰和我把纸币都揉过了。我们把它们先揉再压最后再捏。总之最后两张摸上去都挺软。我敢发誓，它们摸上去真的一模一样。

一开始，灰熊不喜欢他这次摸到的纸币。很显然被我们这样蹂躏过的一百元钞票让他很不爽。但是快看，他的头从左边摆动到右边，两张纸币都要闻一闻，他对两张纸币的气味都嗤之以鼻。但是现在他的下巴绷紧了，他开始摩挲纸币的表面，用拇指的指肚同时摩挲两张纸币。他稳如泰山，全神贯注，接近入定，对话神明。

杰蒙着眼睛，开始展开其中的一张纸币，温柔地在膝盖上把它小心展开。那是一张一美元的纸币，我看了一眼阿兰，阿兰在摇头。把它展开之后，杰把它放回经理办公桌上，之后把另一张纸币紧紧握在手心里，然后向空中猛挥一拳。

"这张就是！"他大吼一声。

后勤办公室的门猛地被推开了，前台经理，凯莉·麦迪逊（Kelly Madison）冲了进来，正好看到这一幕：阿兰和我，一个喜形于色，一个垂头丧气，杰的眼睛上蒙着一条制服领带，握拳举在空中，仿佛宣告一场活人祭祀大典的开始。

"你们在搞什么鬼？等出租车的客人在前台都排起长队了，你怎么就这么把同事一个人扔在外面？你，把领带摘下来。你，把领带戴上。赶紧出去，你们现在是工作时间，领着薪水的！你们一个个在这儿干什么呢？该死！"

杰站起来，把领带从脸上揪下来。他瞥了一眼手里的纸币，确定他又猜对了，然后狠狠瞪了凯莉一眼。凯莉立刻向后退了一步。

杰走了出去。凯莉看看我又看看阿兰。我透过门向大堂望过去，排队等着办入住手续的客人快要排到旋转门了。

他妈的杰把我那一百块拿哪儿去了？

鉴于我们正好聊到了这个话题，我最近知道，一百美元的钞票有好多种叫法：如"上校鸡块""手枪""红头发""脏家伙""大狗""砖头""叶子""本""本尼"，等等。每种叫法都有使用的语境，比如："我打算拿着这5个二十块去喝上一杯。"

所以，作为这场赌局的输家，我至少从中学到了一百美元的不同叫法。行李员慢慢喜欢上了我。钱的麻烦逐渐烟消云散。我有钱付房租了。纽约的收入在一开始就比在新奥尔良高一倍，而且在这儿经常加班。有个大堂服务员同事（他的工作范围包括给客人送传真，擦拭行李车，在客房服务员出去抽烟的时候帮他们放风，擦掉大堂地面的狗屎，深夜给客人送安全套，派发客人快递之类的）跟我一起当了一个32小时的超长夜班。下午四点的时候我去休息一下，看到他在行李车后面对我摆手，一只眼睛闭着，另外一只盯着我。

"你是谁？"

"我是汤姆。我们见过。我来这儿大概五个……"

"你他妈把嘴闭上！"

"抱歉了。"我说。

"你刚才说什么？"

"没什么。"

"很高兴认识你，"他倚着行李车说。

"我们见过，不过没关系。"

所以，显然，认识我这些同事得花上点儿时间。通常，认识他们的最好方式是在下班之后，跟着他们去酒吧一起喝上两杯。在这种高强度工作的行业，比如像餐饮业，每晚都有这样的机会。别忘了，在新奥尔良，还是门童桑福德带我去喝的酒。但是在纽约，并不是每次跟同事一起喝酒都会开心。凯莉·麦迪逊，也就是上次让我们的一百美元赌局草草收尾的值班经理，每逢有压力，总是靠酒精解决，甚至工作之外的压力也是。总之，我第一次跟夜班经理打交道就明白了，不是压力就是毒品，不是毒品就是小偷小摸，不是嗑药就是嗑更多的药。

好，现在来说说酒店的运营管理：一团糟。一旦我的同事对我打开了话匣子，我简直难以相信他们一个个都正在经历着什么。我每天都处在什么样乱糟糟的环境里头。

大多数批量订房的大型企业会把房费和税费付掉，但不负担在此之外的费用（电影点播、迷你吧消费之类的），所以，客人往往会选择使用现金支付这部分自己的额外支出。我留意到，在前台工作的其他服务员，在向客人收取现金之前，都要问一下客人要不要收据。一旦客人回答不需要，他们就收下现金，对客人说再见，等着黄色出租车一溜烟向机场出发之后，他们立刻在系统里把这笔付款抹掉，输入"客人申诉"，然后把所有的现金都装进自己的裤兜。我之前解释过，由于迷你吧和电影点播费用是客人经常提出申诉的部分，所以这部分费用抹掉之后，没人会去找客人核实。但是这也不能成为把账目抹掉然后现金装进自己口袋的理由吧？简直是抢钱。任何一笔交易，只要客人不要收据，都可能有此结果，简称盗窃。

这就是我的新家，纽约的环境。当你拼了命地在挣每一块钱的时候，如果这钱没有拿到手，你的经济状况真的有可能因此受到影响。行李员对此极有发言权，每一次面临小费到手的机会，他们的情绪都因此波动颇多。因此每当希望落空的时候，他们有狠狠回敬客人的想法也在情理之中。

对于那种看着行李员站在门外等待拿到区区两美元小费但却选择狠狠把门关上的客人，他当天晚上就不该有牙刷刷牙，或者永远都别想有牙刷用了。他也会在大约凌晨三点的时候接到一个莫名其妙的电话，对方用淡定的语气告诉他，趁他不在家的时候，别人正在干他的老婆。你知道，有时候，这种打错的电话其实并没有打错。

"你喜欢怎么喝咖啡，汤姆？"行李员特雷（Trey）问我，"加奶加糖，对不对？"

纽约人喜欢在咖啡里加大量的糖和牛奶。另外一个我比较喜欢的纽约人常用的词儿是布里克（Brick），除了形容百元大钞，也常用来形容天气，而且是极冷的天气。"靠，外面太他妈的布里克了。"

"你要出去买咖啡？"我问，伸手去掏我的钱包。

"咖啡钱我付。大家都知道你干得很不赖。别以为大家都看不到。听着……那个新来的女孩儿，屁股特大的那个，你能带带她吗？你懂的，就是喊前台的那一套。你能不能教她说，这是我的好朋友特雷。她现在还在问客人需不需要行李员帮助，搞得我们现在都挣不到小费。"

"没问题，特雷，这事儿交给我办吧。"

"太好了。"

"你老妈在床上被人家干得很爽。"

"该死的，汤姆，我觉得得给你再买个甜甜圈了。"

我只不过是口头上让某人的老妈被人侮辱了一下，就吃到了免费的甜甜圈。

我慢慢融入了现在同事们的社交圈子。现在想想看，这其实有点儿像被关进监狱服刑，你总想着自己用双手从号子里挖出条路逃出来。我选择低调一些，有一段时间总是一个人在咖啡厅吃午餐，别人爱说什么就说什么去，但如果别人对我指手画脚过了头，我也要让他知道我不是好惹的。几个月之后，当我漫步在监狱广场上的时候，狱友们可以跟我开玩笑了，他们开始把我算作他们圈子里的一员，而其他人都算是圈子外头的。

在这儿干下来的人、待得住的人，都是讨生活的。行李员特雷在这间酒店遇到了当客房服务员的老婆。他们在美景酒店举行了婚礼，应邀前来观礼的人和他们一样，也都是美景酒店的员工。他们生了三个孩子，三个孩子都是大家看着长大的。被人接纳的感觉很好，慢慢地，一步一步地，融入他们的生活。

整整8个月之后，我才明白在那场一百美元的赌局上，我被阿兰和杰给整了。

其实在一百美元的钞票上有一个特别设计的安全识别标识。就在钞票正面的右下角，有一个可以随着转动在光线下从绿色变成红铜色的数字100。

你猜怎么着，不但能看到，还能用手摸出来。也就是说这些家伙只要简单地用手指一摸，就能分出一百美元和一美元的区别了。他们那次可是给我演了一场大戏。

后来本好心地把秘密告诉了我，我去找阿兰，要求他给我解释一下。

"阿兰，当时那二十块你怎么不自己挣？"

"这事儿是这样的，汤姆，"他说，从银边眼镜上头看着我，"人年纪越大，就越觉得生活需要跟别人分享。你太年轻了，孩子，那机会也太合适了，我怎么也得叫个人跟我一起分享这个乐趣啊，明白了吧？"

"好吧，那为什么选杰？"

"哦，两个原因。第一，我知道他可以演得特别传神。你马上要输掉二十块，所以我需要保证演出质量。第二，1997 年的时候我曾经赢过他不少钱，让他一直糟心到 1999 年。所以我想让他找补回来一点。"

你看到这里面的同事情谊了吧？还有战友精神？现在我的家人离我十万八千里，在美景酒店这儿阿兰算得上我老爸般的人物。感觉我跟女朋友之间出了问题可以直接找他去聊，我也会告诉他他感兴趣的那款新手机怎么使。本可以当我的哥哥或弟弟，酒伴，或者是当我抱怨纽约的冬天有多他妈冷的时候能说几句话让我宽心的人。

从很多方面来看，行李员们就是酒店。新老板换掉了旧老板，新经理换掉了旧经理，新地毯也换掉了旧地毯。只有行李员们让酒店永远是那副模样。和这一群有趣又可爱的人共事，我感觉到幸运。美景酒店随时在发生各种变化，也是行李员，他们的存在，让那些讨厌的变化不再难捱。

我说的人里面不包括杰，这可是个危险的家伙。

第八章

Chapter Eight

一周里的每一天都像是在按照设计好的模板运行。

周一，通常是商旅客人到达酒店办入住的时间。其中有些人的家其实就在坐火车一小时车程之外的康涅狄格州（Connecticut），但他们还是会订下整整一周的房间，让自己尽量离家人远点儿，并且有精神处理即将到来的95个小时的让人头皮发麻的工作。霍克斯泰因先生（Mr. Hockstein）是美景酒店的常客，每个礼拜一他都会带着很少的行李来办理入住，然后在整整一周的时间里我会时不时地看到他。霍克斯泰因先生很安静，安静到让人感觉不舒服，他对聊天这件事从来不感兴趣。相比之下其他的商旅客人就好相处多了。我碰巧因此认识了某个大型电缆公司的首席财务官（CFO），因为他总在每周一的晚上八点十五分到八点三十分到达酒店办入住手续，把行李送到房间之后，他永远从街对面的酒吧订同样的食物，然后带回房间吃。如果我连值两个班，我就会看到他在早上七点三十五分离开酒店，然后在晚上八点钟回来，带着从同一间酒吧打包的同一份食物。除了担任这个大型公司的高管以外，他从不抱怨投诉，从未要求过房间升级，给他什么额外关照，或者让我们给他送什么东西到房间去。就是因为这样，我们反而常常给他的房间升级，给他额外的关照，并且给他送去房间里没有的东西。当我发现，他喜欢在每天晚上喝一瓶百威啤酒之后，我就开始叫人每晚事先冰好一瓶放在他的房间里。

周二，更多的商旅客人到达，间或有来自欧洲的散客或者旅行团。

周三，到达酒店的商旅客人数量变少，周三的时候可能会有一些来自中西部的美国人入住，他们是来看时代广场的。他们把参观纽约的行程订在一周的中间，这样能省钱。

周四，预备长住酒店的游客大批到达，商旅客人开始退房离开。

周五，来的全是游客。穿着埃德·哈迪（Ed Hardy）服装的家伙们用周末纽约观光来安抚他们装着假胸的太太的情绪，这样就可以在这周剩下的时间里继续偷偷在建筑工地上跟他们的女秘书乱搞。

周六，更多的游客到来，间或有纽约本地的一对对男女情侣或者搞婚外恋和偷情的来酒店度个短时假期。

周日早上，所有的客人都要退房，行李房里装不下那么多行李，只好摆在大厅，保安用红色天鹅绒线绳把行李围起来。所有客人退房完毕之后，我们则把整个酒店房间收拾整理一番，准备迎接下个周一。

周日下午能把行李员搞疯掉。因为周日的早上，几乎所有客人都把行李寄存在酒店大堂。下午三点的时候，他们就开始回来取行李了。有一个星期日的下午，我看到特雷一个人对付一大群等着拿行李的客人，他们所有人手里都挥舞着行李票，所有人都得在五分钟之内赶上出租车。特雷提了两件行李出来，一个女客人一把抓过来，径直奔出酒店叫车去，没给小费。第二个客人如法炮制，也没给小费。第三个同样如此的客人跑掉之后，特雷站在那儿不动了，像一只五英尺高的杜宾犬，用冷冷的眼光扫视着那一大群客人。

所有的客人都奇怪他怎么不继续拿行李了。就在下一位客人打算开口说话的时候，特雷仰着头轻哼了一下。

"又一个不给小费的，我现在等于是在白干啊。"

他说话的音量所有人都能听得见。之后我听见自己轻呼一声："该死。"

特雷平静地接过下一位客人的行李票，转身去取行李了，我盯着那群客人的反应。特雷的这句话好像瞬间把那群人给速冻住了，之后他们互相交换眼神，摇着头说："天哪！""他怎么能这么说？"还有人说了一句："我就从来不给小费。"

就在他们彼此抚慰情绪的时候，特雷拎着一堆行李从后面冲了出来，他一左一右拖着两个巨大的硬壳行李箱，上面各放着一只登机包，然后在他的胸前还反挂一个双肩背包。

客人私底下的嘟囔声消失了，像被吹熄的蜡烛。每个人，包括站在队尾的客人，都纷纷掏出钱包来拿出几张绿票子。之前由于第一个客人没付小费，所有的客人都打算如法炮制了，但特雷将整个局面扭转。就像赌场里最后一轮摸到的一张必胜牌。现在，所有的客人都把小费准备好了，并且乖乖闭上了嘴。

我亲爱的客人，这，就是纽约的行李员。

在当周二和周三班的时候，前台的工作节奏没有那么紧张，我和同事凯拉就会对着每一位走进大堂的客人评头论足一番。这事儿我很擅长。只要我挑一个刚刚走进大堂里的客人（随便一个就行），然后说，"看看这——个人"，之后再随意挑上另外一个，说"哦，快看看这——位吧"，就能让凯拉笑个不停。然后我会继续说："天哪，等一下，看见那——位了吗？我的老天！"然后凯拉就得回到后勤办公室坐一会儿，免得笑得缺了氧。

显然，大家都很享受美景酒店这种轻快松弛的工作氛围。在这儿没人讲废话，更没人把什么3A酒店放在心上。

AAA是酒店评级的标准。美孚石油公司曾经也有一个给酒店评级的"星级标准"，但酒店业的人谁也不怎么在意这个标准，现在已经没人提它了。但是对于一个奢华酒店来说，赢得五枚钻石，也就是评级标准里的最后一颗钻石，确实是可喜可贺的一件事。五颗钻石可以立刻带来更多的房客，也可以让酒店的单间客房收入（RevPAR）有大幅度的提升。（总的来说，你用平均房间单价乘以销售出去的客房数量，经年累月，你就可以知道你的年收入了。）在新奥尔良的时候，酒店的管理层每天都要折磨我们这些手下的，警告我们AAA评级师就要来了，而这些评级师是不会事先打招呼的。然后管理层会用各种道听途说的办法，猜测走进酒店大堂的这些客人里头，究竟哪位是评级师：比如通常他们会在酒店住上两到三个晚上，通过酒店的官方预订系统订房间，而不是通过什么大型酒店搜索引擎。大多数情况下客人的名字也是第一次出现在酒店的客人名单里，而且通常已经在酒店餐厅订好了一餐，同样是通过酒店的官方预订系统预订的。有的时候某些客人受到了"波斯国王般的款待"，只是因为他们的某些预订行为让我们觉得可以列入"可能的 AAA 评级师"之列。评级师永远需要行李员帮忙拿行李，永远会叫房间服务，而且通常会以某种理由拒绝入住前台分配给他们的第一个房间，而且他们永远记得住服务生的名字。而在退房的时候，当前台服务生将退房的一系列手续完成，评级师会做一个很有趣的动作：他会先像普通客人一样离开前台，之后他会再转头回来，拿出自己的 AAA 评级师名片，并且要求见酒店总经理。这个时候，整个酒店就仿佛拉响了空袭警报，所有人都会瞬时紧张到要疯。评级师会在总经理的陪同下，随机查看五个打扫干净的房间。总经理在旁边会极尽马屁之能事，不过在把房卡滑进卡槽，打开房门的瞬间，总经理自己也会吓得要死，可千万别看到什么妓女横尸床上，或者撞上偷吃迷你吧食物的内部员工跟客房服务员正在做爱这类的画面。

在几个星期之后，AAA 评级师会发来一份详尽的评测报告，评测报告里会记有员工的名字，而且，甚至还有他和各种员工之间的对话（就像他是大文豪莎士比亚似的）。通常，里面会记着客房服务员在工作时间打手机，或者评级师在给前台打电话的时候并未受到预想般接待这样的评价，这样，酒店里上上下下就都明白，究竟是谁把事儿搞砸了。可能搞砸的原因还有，前台接待员把评级师的退房时的结账单据直接放到了柜台上让他自己拿起，而不是递到他的手里。你得把所有的东西都交到他手上。这就是作为前台服务员面临的那种压力。

在美景酒店呢？这间酒店才不在乎。首先，实话实说，这间酒店已经很老旧了。房间里还不能无线上网。你得跟前台要一根网线，我们还会为这根网线收你的钱。现在，即便路边的汽车旅馆都宣称他们有 wifi。而且麦当劳也可以提供免费上网，如果你乐意的话，你也可以抱着笔记本到麦当劳的厕所里上网。

我还记得帮一位颇有名气的音乐人办理入住手续，这个音乐人曾经改良并创新了朋克与硬核的曲风，在音乐圈内外都颇受欢迎，但他还算不上一个娱乐圈名人。但我当时就认出他来，并帮他升级了房间，给了他一个可以看到中央公园的房间（是的，我们有这种客房，之后我会告诉你怎么弄到手）。跟我预想的一样，他对此表示感谢。但是仅仅 5 分钟之后，他就从楼上跑下来跟我说他需要能上网的房间。我跟他说，这个房间是能看到中央公园的，如果我帮他换到可以接网线的房间，就看不到景色了。

"我得上网。"他说。

"明白，嘿，我猜你可以登录中央公园的官网，然后从网上观赏那儿的景色，也差不离儿，对吧？"对方对我这个笑话没任何反应。

很朋克，很硬核，就是没什么幽默感。

对于美景酒店来说，有很多理由让它不需要对着评级系统里那第五颗钻石点头哈腰。疑似不能上网只是其中之一。美景酒店大费周折建了一个游泳池，这已经把其他很多纽约酒店甩出去几条街了。要想得到那第五颗钻石，酒店还得添加不少必备的设施，游泳池只是其中之一。另外就是需要有 Spa

芳香水疗。这个我们没有。除了 Spa 水疗之外后面还有一长串成为五钻酒店必须得有的东西（包括规定电视机最小不能小于的尺寸，以及精确到几乎变态的客房房门上插销的长度）。我猜这也是酒店员工状态如此松懈的原因。另外，酒店的管理公司似乎已经不想再对酒店有什么投入。他们不打算用哪怕是一块钱来改善酒店现有的设施，而且客人也看明白了这一点。而且我们客房里的电视机屏幕，说实话，远未达到纯屏标准。

这就是为什么我和凯拉在上班时间可以双手抱肘放在前台上，然后彼此交谈的内容是："瞅见那边那个二货了吗，快看，操。"

这儿几乎没人在操心什么事儿，甚至连酒店总经理也如此。他叫肖恩·里德（Shawn Reed），按照本的说法，他说："这家伙就知道喝酒，让人讨厌。"之后，本会做出他常用的加重语气的手势，如同空手道的一招横劈向空中："不过他人还是不错的。"

总经理里德只问过我一个问题。我的意思是，我们有过很多次谈话，但是他从头到尾只问过我一个问题，我们每次见面他都要问。每次他都会顺着连接电梯间和大堂的走廊晃荡出来，身子歪到快要倒地不起，头上抹了发蜡，有挑染成黑色的发束（于是"只为男士设计"的那句广告语，就成了他的外号）。里德的右手永远揣在右边裤子口袋里，而且，人永远是醉着的。他会把左手轻轻放在前台桌上，仿佛小鸟轻落枝头，清清喉咙，然后问出同样一个问题："嗯，今天晚上的入住率怎么样？"

"目前是73％，先生。"

之后里德会再清一清喉咙，释放一些压力到空气中，好像公共汽车进站，之后他的左手会再次起飞，飞回到他的口袋里，之后他会走着之字形路线晃荡到酒吧去。

"瞧这家伙，径直去喝酒了。"本说。

"本，他可能是过去问问酒吧的生意如何，比如，午餐的订座率有多高之类的。"

"汤姆，他要了一杯加冰的伏特加，然后他会让店员给他放在外带咖啡杯里，你看吧。"

我本来还希望里德叫的是一杯咖啡，但结果不是。

"这个地方简直一团乱。"我得出了结论。

"灰狼"看过来的时候，手里正在处理一车行李的寄存条，之后他走了过来。

"怎么瞧都觉得他不顺眼对不对，汤姆。但是，本，你还记得他在那次大停电的时候做的那些事儿吗？那事儿之后我就不随便对他评头论足了。"

"大停电怎么了？"

"他挺让人佩服，"本说，"整个城市都停电了之后，他立刻进入应急状态。他给每个员工都发了手电筒，然后让我们帮助客人从楼梯上下，把毛毯和折叠床拿到大堂，给客人免费提供咖啡和橙汁，他还给对面的酒店打电话，让他们打开酒店的货物装卸口，打开应急灯，这样他们的应急灯就也可以照到我们的大堂。总的来说他把一切照顾得井井有条。"

"当时你们也在酒店？"

"那可不么，对吧，狼？我们当时睡在大堂，打着手电筒护送客人上下楼。里德把一切都安排得井井有条。他一直没离开大堂，也一直没睡觉。'野人'倒是睡了，你还记得他的呼噜声有多大吗？睡在大堂的客人都觉得他不可思议。他也什么都不用盖，就蜷在前台像个流浪汉似的大睡特睡，呼噜声震天。"

这时候，整整一车的意大利游客涌进了大堂，嘈杂无比，意大利式手势乱飞。他们的导游嗓门更大手势更多。导游正赶着这一大群意大利游客往前台这边来。

门童爱德华多（Eduardo）费劲地穿过人潮走了进来。爱德华多跟游客向来不对付。有一次我刚刚走进酒店酒吧，好戏刚刚结束两分钟，爱德华多刚刚把一个纸巾盒砸到了一个游客脑袋上。

"刚才怎么了？发生什么了？"

"你错过了整整一场好戏。"本说，把杯子里的酒喝了个底儿朝天，然后重重地砸在吧台上。

但是现在，爱德华多走到前台的时候一脸烦躁。爱德华多留着小胡子，他烦躁的时候脸上倒像是在笑。基本上，他所有的表情（难过，生气，开心，垂头丧气，困惑不解，等等）看上去都像一种十分古怪的微笑。由于口音的问题，爱德华多说话很难让人听懂，更像在号叫。出于某种原因，他的指甲永远是脏的，指甲边缘有让人看了难受的紫色瘀血和红色。

"这个该死的旅行团，有没有人管？这个团的旅行车把我的路给挡了。总经理在哪儿？"

爱德华多遇到问题总喜欢向上投诉。其实他自己也知道很可笑。如果饮水机旁边没有水杯了，他就会说："也太差劲了，我得跟总经理严肃地说说这事儿。没杯子了。"说这话的时候他的脸上会带着一种别扭的笑容，他也会带着这种表情看着客人，期待客人把小费塞到他手里。他会把他那又黑又厚实的小胡子摆到客人面前明显的位置，然后像个精神病患者似的微笑，一直笑到客人受不了，只想快快用小费打发他打哪儿来的回哪儿去。然后客人一转头就会找我投诉，投诉他那种不得小费不罢休的劲头。跟我投诉啊哥们儿！我喜欢艾迪（Eddie，爱德华多的昵称）。我每天都跟他一起当班。我跟这个客人打交道可能也就 30 秒钟，而且从此之后这辈子可能就不会再见了。当然，我希望客人在酒店感到舒适，但是如果有服务生向客人磨磨唧唧索要小费，无论客人还是服务生都不会太舒服。我看到过艾迪举起沉重的行李箱，然后费劲地把那硬壳箱子塞到行李车的最上面，客人不给小费是客人的权利，这很正常，但客人为什么还要转过头来跟我说，好像我也赞成似的？我不赞成。我觉得小费是艾迪应得的，或者至少是一声谢谢，表达一种来自客人的肯定。可是有些客人的做法完全在把艾迪当空气。所以艾迪才会那么令人不舒服地让客人注意到他的存在，即便最后客人只是说了一句谢谢你。

"没杯子，汤姆？我们是狗吗？我们就该用手捧着水喝？"

"别用手接水喝，艾迪，求你了。别用手，不卫生。"

现在，艾迪被这一车突然冒出来的意大利人以及一车意大利人的行李弄得很恼火。他必须把行李装上行李车，便于待会儿让行李员分拣并送到客人的房间。这些客人从来不给小费，但这不是什么问题，因为搬运费已经算进去了，通常是一件行李 3 ~ 5 美元。搬进和搬出酒店都算在里头，门童和行李员会把这些小费平分。里德之前可能已经看到这一车意大利游客的车停靠在酒店门口了。他可能对着这一车意大利游客扬了扬眉毛，啜饮一口外卖咖啡杯里的苏格兰威士忌，然后一溜烟跑出城了。不过如果有谁能事先通知到酒店服务生们，一切就会顺利从容得多。和艾迪共事的门童在酒店酒吧里休息，这两个人要喝杯啤酒放松一下。前台只有我和凯拉在，凯拉的注意力放在她的电脑上，屏幕上显示着她不应该在上班时间登陆的页面——西班牙版的"脸谱网"。

这儿不是新奥尔良，谁也无暇闲情逸致。我一拳头砸在前台桌面上，大吼："把你们的信用卡准备好！把护照收起来。这儿不是海关，我只要信用卡！"当时整个大堂都是一片红色护照的海洋，其实办理入住手续的标准流程是需要看护照的，但在这种情况下，我觉得最好的处理办法，即便经理不同意，我也要以最快的速度帮这些人办好手续，然后就让这帮人从大堂尽快离开。任何在这个时候走进酒店的人都不会认为自己进到了一间豪华酒店，而是会恍然觉得自己身处乱哄哄的罗马火车站。

说实话，做登记的时候我从来不看客人的身份证件，但这是工作流程。另外一项工作流程就是如果发现客人以前在酒店住过，就一定要和客人说欢迎回来。这两件需要同时进行的事情简直要了我的命。酒店让我先说："欢迎回来！很高兴再次接待您！"然后客人的脸上刚刚浮现出一个舒心的微笑，然后我马上又要像一个查户口的似的要看他们的身份证件。我觉得这么干特别煞风景。我相信确实有信用卡诈骗的事情存在，不过我还是做了个决定，即便每一万个我让他们感到宾至如归的客人里面确实藏着一个信用卡诈骗惯犯，我仍然觉得不去检查客人的身份证件无论对于客人还是对于酒店来说，都是件好事儿。而且检查身份证件这件事儿严重降低了我办理入住手续的效率。让人心生厌烦，所以我宁愿不去查。

凯拉和我都在尽力尽快把这群意大利客人打发掉。我们把最不受客人欢迎的客房都分给了他们——吸烟房、靠近电梯间和制冰机的噪音房，等等。由于语言障碍的问题，这群客人基本上没办法提出异议。通常情况下，比较差的房间都出于特殊的理由分配给了非常特殊的客人。比如身处一群让酒店无法忍受的吵闹客人之中，你很有可能会被分到一个糟糕的房间。而如果你是在比价网站上订到的折扣房间，我保证你一定会拿到最差的房间。

这是为什么？你觉得不公平吗？让我从酒店经营者的角度来解释一下。首先，从这些客人身上获得的利润最低。因为这是一个追逐利益的行业，我说到这里其实你已经明白了。客人付给订酒店的折扣网站一定数额的房费，折扣网站再从中分给酒店一部分。举一个例子：酒店的房价标注为 500 美元，Expedia 在他的网站上以 399 美元的价格卖了出去（实际上是从我们这里拿到的团购价），客人通过网络下订单的时候已经付过房钱了，所以当客人到达酒店的时候，他根本没机会看到 Expedia 付给我们多少房钱——199 美元。我们卖出的团购价为什么这么低？首先，酒店的房间至少不是空置的，199 美元总比一分钱没有强。其次，客人在酒店总得消费，比如夜里叫个房间服务，吃喝迷你吧里的东西，点播个电影看看，或者在酒店大堂的酒吧里喝点儿什么之类的。所以总体来说，这类客人的消费相对来说少一些。谁在酒店消费的少，谁受到的待遇就相对低一些。那我们为什么给他们我们最差的房间呢？怎么说呢，这些客人选择我们酒店的理由并非品质。他们选的是性价比。我们列为价格排名的第一位。他们是看了折扣网站的介绍之后才订了我们酒店的。而对于另外那些支付全额房费的客人来说，他们付了 500 美元，他们真真正正选择了这个酒店。所以，除了我们主动给客人提供的折扣价格以外，我们没办法确定通过折扣网站预订房间的那些客人会有再次选择入住我们酒店的忠诚度，所以我们把好房间留给那些慕名预订的客人是理所当然的。

记住，完美的房间不存在，你总能发现更好的。

那通过 Expedia 之类的折扣网站预订酒店就意味着你只能拿到差房间吗当然不是绝对的，但是有很高的可能性。有没有让你从那些批量折扣订房的人群里面脱颖而出，从而拿到好房间的办法？当然有！第一个要诀就是，在完成网上预订之后，立刻打电话到酒店前台。从这一刻开始，你已经和其他那些拿折扣价格的房客不一样了。你现在是一个已经完成预订，下周即将入住，现在打电话过来询问房型的客人。前台可以在这个时候给你分配一个好房间，并且，放心好了，你已经进入前台在意且关注的客人名单里。但是，需要提醒一下，离你到达酒店还有一个礼拜，而在那之前，VIP 客人和付全价的客人也在向酒店要好房。所以如果那个时候没有别的房间，前台就会把你的房间先给出去。那现在怎么办？该是你和前台服务员直接打交道的时候了。如果你表现得十分有礼，非常友善地跟前台表达了你想要一个好房间的美好愿望，你到后来拿到的也就会是一个位于楼梯拐角的套房，也就这样了。

那怎么办？跟前台提要求的时候注意用语要有礼貌，态度要客气，多说好话？完全不必。

只要给前台递过去一张 20 美元的钞票，然后说"给我个好房间"，就行了。

在那个意大利旅行团办完入住之后，我们手里剩下的都是好房。大堂里又安静下来，行李员在根据我打印给他的房间号整理行李，行李车上行李堆积如山。

我们刚刚做的一系列工作没有人帮忙和管理。那可是 50 多人的一个大团。销售部本来可以提前告知前台，以便我们准备好人员配置和工作分配的。相关的销售人员本也可以在旅行团到达之后来到大堂，确保客人的入住办理顺畅。然而美景酒店在这方面人浮于事，着实差劲。酒店需要彻底整改才行，酒店的员工设立了极低的工作标准，对于他们来说，只要在上班时间出现在酒店就已经不错了。

就在我认为这里员工的惰性已经低到破表之后，酒店商务中心的员工之一奥莉安娜（Orianna）在让我出乎意料的场合吓了我一跳——她在男厕所里把我吓了个半死。

奥莉安娜当时正计划成立一个工会，成员包括前台和商务中心的所有员工。奥莉安娜非常认真，志在必得。她和别人不同的地方在于，她做这件事有两个目的：第一，她的"复印机女王"的地位岌岌可危。第二，管理层正在考虑究竟有没有必要在商务中心设置一个固定职位并且每月给这个职位发一份工资？只要换成按次信用卡付费的方式，不但可以节约人员成本，还可以带来一笔小小的收入。奥莉安娜的第二个理由显然更紧迫。我是过了一段时间才搞明白个中缘由。

她像个忍者似的跟着我进了男厕所。我吓得一跳三尺，转过身来面对着她，手指头捏住裤子拉锁（已经拉开了）。她的手里拿着一张小小的黄色卡片，然后她跟我说了一个词儿："工会。"

这事儿为什么要在厕所里说？因为任何人，在上班时间或者工作场合做拉帮结派、组建工会的事情，都会立刻遭到解职。

但是，不管用什么方式，如果你可以让超过半数的员工在工会卡片上签名，这个员工工会就可以合法走到明面上来，员工就可以光明正大地集会了。

在新奥尔良，没人弄工会，可在纽约不是。房间清洁工有工会，门童和行李员有工会，迷你吧的服务员也有工会，房间服务员也有工会。这意味着什么？首先是公平。在新奥尔良，我可以让我的员工拿到更多的房间去打扫，甚至可以为此付给他们现金。但是这在美景酒店是违法的。如果管理层需要额外增加人手打扫房间，他就会查看排班表，调动可以调动的人员。如果没人可以调动，那就新招聘一个，不但会让现有在岗的人都升高一级，并且意味着又有一个房间服务员有圣诞节假期可以休息了。甚至不同工会的员工都不允许帮助另外一个工会的员工做事。在我之前工作的地方，规矩是工作不分部门，所有人都有份。大堂地面有水？立刻擦掉。一只房间服务托盘放在走廊里，盘子里的荷兰蛋黄酱已经开始凝固，臭不可闻？立刻把它拿到该去的地方。但是这里不是。如果某个员工做了不属于他职责范围内的事，会导致严重后果。即便客人已经站在走廊上，双手抱在胸前让我把地上的托盘拿走，我也不可以去拿。我能做的只是告诉客人，我会告知相关人员让他们尽快处理。但如果这个楼层的房间服务员恰好在休息，那我的这句承诺兑现的几率比中头彩还低。所以我觉得这就是扯淡，相当于允许员工偷懒，毫无意义。

"在这儿签字。"奥莉安娜发出这般指令，递给我一张黄色卡片。

"呃，我正打算尿尿……"

"你多大了？十岁吗？就不能憋一会儿？先把名签了。"

"等一下，我还没想明白，我觉得工会助长懒惰，你不觉得吗？"

"那不是懒惰，是保证员工工作安全。"

"不就是这么回事儿吗？所有人都对自己的工作谨小慎微，那就没人干活儿了。"

"这么说你反对工会？为了工作安全，结果没人干活儿，对吧？现在说完了吧，说完了把字签了。"

"工会不是有悖于豪华酒店的服务宗旨吗？"我问。

老天，听听我当时都说了什么？我脑子进水了。我优先考虑的竟然是酒店权益，当然，如果酒店也优先考虑员工权益的话，这么想没什么问题。但是我很确定在这间酒店不是这个情况。

"听我说汤姆，现在他们想把我的职位撤掉。如果我们尽快成立工会，他们就会给我安排个新职位，甚至有可能安排在前台。不然他们根据我的工作年限给我补偿也可以。我在这儿干了好多年了，他们得赔一大笔钱给我。

如果我没有工会，又丢了工作，你能想象得到那个时候我会有多惨吗？"

于是我签了字，之后尿了尿。

"给，"我把签好的卡片递给她，"我只希望……"

"签了？太好了，什么都别说了。现在已经有六成的员工签字了。恭喜你，白人小子。"

"谢谢你。"

有的时候，正确的决定是别人逼着你做的。

事后有很多事情证明，支持成立工会是明智之举。明证之一：去年经济全球疲软。在美国经济衰退之前，酒店业的年营业额堪称传奇。你都不用费那个劲去认识新到岗的员工。这个人可能会有一个星期不到岗也不接电话，然后就会有一个新人穿着别有他的胸卡的制服到岗上班。我有个朋友曾经应聘酒店前台工作，只是为了挣一个礼拜的夜班工资。他们领到那张薪水支票之后，就会像个笨蛋似的去亚特兰大把钱输光。

不过当 CNN 开始告诉大家，我们都没钱了，没工作，没希望，只要你还有个擦鞋的工作干干我们就该谢天谢地了之后，我们酒店的人员流动才开始固定下来，变成了铁打的营盘和铁打的兵。不得不说员工工会在其中贡献了一份力量。

不管你是不是属于工会的一员，在美景酒店不会出现工作极大变动的情况。如果你应聘的是门童，除非你不能胜任，否则不会给你轮替到其他岗位。你永远会是一个门童，你会变老，变得更有经验，从而可以值时段更好的一些的班，你进来的时候是一个门童，出去的时候仍然是门童。你没办法用问的方式让门童告诉你他一年挣多少钱。即便他们自己的老婆也不知道他们每年往兜里揣多少小费。他们自己的老婆都不清楚。（50美分乐队是这样唱的："我把大票子都留着，一块钱的给媳妇儿。"）我跟他们是朋友，跟他们的家人一起吃感恩节晚餐，跟他们在纽约上西区街边抽烟，你觉得我知道他们挣多少小费？我只知道他们的收入挺高，像医生的收入一般吃香，不仅仅是因为他们工作的时候也戴白手套。

说起医生，如今加入了工会，我们有了免费医疗保健。这对于大多数美国人来说连见都没见过。这也是奥莉安娜这么着急弄工会的第二个原因。她和他老公一直想要孩子，但是试了很久都不行，她和丈夫尝试了吃药，尝试了容易受孕的各种姿势，规划做爱的时间到细致入微，但都没有怀上。他们最后的机会是人工授精。这个技术可不便宜，而且不能保证一定成功，但是这种人工授精技术的费用用工会医疗保险可以全额覆盖。人工授精会花掉奥莉安娜一年收入的1/3，但现在她也不需要有任何经济负担。总之，不久以后，她就怀孕了，后来生了个女儿。

不得不说，这是工会的女儿。

有了工会的保护，很多东西都免费。只要每周交了工会会费（相当于酒吧里一杯长岛冰茶的价钱），我就可以随时到任何一家工会诊所去看病（每个区都有一家），不需要提前预约。医生会对我望闻问切，不需要出示任何身份证明。唯一需要我拿出钱包时就是付药费的时候，而且每次从来没超过5美元。

尽管如此，仍然有一类的员工对加入工会完全没有兴趣。酒店服务台工作人员通常傲慢，而且傲慢到不愿承认他们在酒店行业工作。在美景酒店里就有这么几个。他们在最好的餐厅免费用餐，能拿到各种免费入场券，帮客人预订个旅游行程就有可观的小费拿，豪华轿车免费坐，免费的酒吧畅饮，等等。如果把这些个优惠都给到一个人身上，慢慢这个人就会变得傲慢自大起来。这些坐井观天的家伙每天就守着自己的一亩三分地，瞧不起其他部门的员工，瞧不起客人，也瞧不起彼此。他们是工会这把保护伞唯一没有覆盖到的地方，他们也不需要工会。他们要工会干嘛？不过这些人很快就会尝到苦头。

我的工作状态渐入佳境，现在又加入了工会，就在我觉得一切近乎完美的时候，有一天，门童爱德华多把我拉到一边，脏手抓在我的肩膀上。"汤姆，你看新闻了么？"他问，小胡子下还是他那种似笑非笑的表情，不过这一次，很显然这个表情表达的是担忧，"哥们儿，你老家，新奥尔良那边发洪水了。"

我径直朝员工咖啡厅走过去，所有人都在看新闻。而对于一家纽约的酒店来说，"所有人"意味着来自世界各地。员工咖啡厅有点儿像一个小小的联合国，大家讲不同的语言，几个尼日利亚人旁边可能坐着几个土耳其人，中国人和孟加拉人坐在一桌，几个俄罗斯人加大嗓门儿想压过旁边的几个法国厨子。通常情况下，所有人都坐在桌前讲自己的语言。但是在那天，所有人都站着，目不转睛地盯着电视机屏幕，看着关于飓风卡特里娜造成的破坏。在飓风卡特里娜刮过之后，我们又一起看了冲击印度尼西亚的热带风暴和发生在日本的地震。但是现在，电视机里说的是新奥尔良，整个新奥尔良都被淹了。

我在新奥尔良的时候，对那些个自然灾害的警报已经没那么紧张，我至少经历了五次飓风来袭警报，每次都是虚惊一场。每次飓风造成的破坏总是低于前期的预测，每次飓风都像扔歪了的保龄球，从新奥尔良擦过，一路滚到德克萨斯或者佛罗里达去。但这一次保龄球正中目标，我在新奥尔良有很多朋友，上帝保佑他们平安无事。飓风卡特里娜的追踪报道我看了几个星期，我觉得自己什么忙都帮不上。

第九章

Chapter Nine

"住在这间酒店我太高兴了！"她说。

"一个晚上，明天一早退房。"

"今天是我生日耶！"

"非吸烟、大床房。请把信用卡给我。"

"是个好房间吗？"

"是。要几张房卡？"

"我能要四张么？嗯，托马斯（Thomas）？"客人说，上半身放到柜台上，两乳间挤了条深沟。我最近有了张新胸卡，因为我故意把以前的胸卡报失了，其实我是把以前的胸卡偷拿回家了，纳入了我的收藏。倒不是说收藏胸卡多有乐趣，我只是觉得是时候换个名字了，是时候有个变化了。在美景酒店前台干了这么些年之后，我决定自己的第二个名字叫托马斯。为什么叫这个名字？理由多多。首先，我受够了客人随意用我的本名叫我，好像我们很熟似的。嗨，汤姆，听着，汤姆，我想知道，汤姆，你是否介意，汤姆，很高兴见到你，汤姆，我想找你的头儿谈谈，汤姆。他们又不认识我，即便念我的名字也不代表我们有多近乎。而且这辈子到目前为止还没有人叫过我托马斯，我妈都不这么叫我。所以我觉得托马斯（Thomas）的这张胸卡让如此称呼我的人传达了一种正式和尊敬。"你们好，现在是托马斯为你们服务。"而且，这也能让我分辨，哪位经理是真的认识我，而哪位只是在读胸卡而已。如果我让你叫我汤姆，表明我们的关系又近了一层。如果我让你叫我汤姆但是你继续叫我托马斯，我们就成了同事。如果我不让你叫我汤姆，继续让你叫我托马斯，说明我不喜欢你。

发生变化的不只是胸卡。有了工会的支持，我在酒店前台已经干了足够长的时间。我开始留意观察发生在这里的金钱游戏，以及观察这金钱游戏是怎么发生的。酒店最近新招了一个前台，是个叫丹特（Dante）的古巴人。丹特最近在当晚班。显然他在来我们这儿之前在酒店行业已经经验颇丰。他甚至能带客人到我们的酒店来。一个前台接待能把客人领来？你不相信？

晚上的第二个班我们正好一起上，丹特溜了，把整整一队等着办理入住的客人甩给了我。我一个人在干活的时候，注意到他绕过柜台，把一张房卡交给了一个在旁边等着的人。之后他们握手，手里过了钱，就像汤普金斯广场公园（Tompkins Square Park）里交易毒品的那帮家伙似的。我敢肯定丹特这家伙深谙此道，因为走回前台的路上他也没有低头看手里的钱有多少。之后他发现我在看着他，微笑了一下，慢悠悠整理自己的领带，把领带缓缓拉平，做这动作的当儿，悄悄把钱塞进了上衣口袋。

一旦你发现了类似的事情，就会开始留意观察。之后我发现，如果你能成为某位客人在这间酒店里唯一认识的前台，你会收入颇丰。帮客人做提前预订，给他保留最好的房间，为客人办理结账等一系列事宜。做到上述这些你就成了客人的私人管家，也就是丹特现在的角色：为客人做了一些神不知鬼不觉的安排，还能获得丰厚小费。

酒店大堂里流动着现金，我正在学着如何把其中的一部分揣进我的口袋。我还是个新手，急需精进提高。

一个巴掌拍不响，只是酒店服务员乐于提供服务还不行，重点是客人也有如此需求。客人经常投诉，说出自己是某某名号，把蟑螂装在密封袋给我们看，那些蟑螂看上去已经在密封袋里保存了 5 年之久，差不多都快烂了。此外他们还有形形色色的招数，目的只是为了获得房间升级或者价格优惠。那些把证据装在密封塑料袋里带给我看的客人最让我生气。

所以，眼前这个过生日、冲着我挤乳沟的女孩儿，她只是嘴上说说好听的而已，不出钱，这招儿对我没用。而且今天可能根本不是她的生日。假装过生日或者结婚纪念日也是客人常用的招数。所以这一次她说自己过生日的同时，又加上了瞎子都能看出来的一招：挑逗。但我要的是现金，不是什么乳沟。她可能长得不赖，但是我一眼都没往她脸上看，我知道她不会给我钱，所以除此之外任何东西都不能引起我的兴趣。

"托马斯，人家今天过的可是个特别的生日哦，求你了，"她挤着乳沟，"你能帮我吗？"

上周我刚刚过完生日。我满 30 岁了。我过生日的时候你和你的乳沟在哪儿呢？

"是我 30 岁生日哦。" 她说。我从电脑屏幕上抬起头，她正在冲我微笑。好吧，笑得很美，很甜。而且我们俩都刚满 30 岁。这件事让我心软了。我决定给她特别的照顾。

其实我的 30 岁生日过得很糟糕。那时我刚跟几个行李员、几个大堂清洁工和一个礼宾员一起短途度假回来。我们去了特雷在宾夕法尼亚州波科诺斯（Poconos）的度假小屋。特雷这个面色苍白、脾气暴躁、身高不足 5 尺的纽约佬在宾州有一间带早餐桌、圆拱形吊顶和加热大理石地面的度假小屋。我们早餐喝啤酒，午餐喝伏特加，晚餐喝威士忌。度假结束我们返程刚刚进入荷兰隧道的时候，我觉得自己整个人都快废了。我的肾显然不满意我对待身体的方式，率先提出了抗议。距离我 30 岁生日还有 3 天的时候，腰疼让我无法正常工作。于是我看了大夫，大夫建议我去医院做扫描检查（也是免费的）。不幸的是，检查被约在了我 30 岁生日的那天。让我无比沮丧：30 岁的生日礼物只是一次免费的医学扫描检查，还有医生对我的告诫：你的身体在走下坡路，你离死不远了。所以我当班的时候一脸苦相，后腰剧痛无比，好像有谁在我的后腰捅了两把刀子。慢慢地我觉得刀子捅得越来越深，连带着我的肋骨也开始疼上了。我完全不能继续工作。然后，在我身体最痛苦最脆弱的时候，一个 21 世纪的 "妖精" 走了过来。她对自己的脸动了些手脚，八成打了肉毒杆菌之类的，看上去很像一只猴子。她流露出一副完全不在乎自己的脸能把所有人都吓个半死的样子。她关心的是如何能让自己的房间升级。她轻启猪唇说："呃，房间升级这种事情我一次都没赶上过，今天是我

53 岁生日，我有黑卡，给我升个级。"

美景酒店最近与美国证券交易所 AmEx 建立了合作关系，我们已经被列入他们的推荐酒店和度假村名单。这个合作项目只对白金卡和黑卡顾客开放，而每年在 AmEx 消费超过 25 万美元才能获得黑卡。而且还得交个 7500 美元的会员费。黑卡给了持卡人很多可以额外使用的权益，甚至包括餐厅。我深深怀疑，眼前这个女人获得黑卡权限的 25 万美元是不是统统花在了整形大夫那里。

"给我升级，我要房间升级。你不给我升我就找你经理。"我有点儿担心她嘴里喷出来的吐沫可能有腐蚀性。我就是在这一刻软下来的。我觉得后腰上插的刀子捅得更深了，好像有人在我耳边说："汤姆，你今天 30 岁了，你的身体也出了问题，你就是一个发房卡的，你就是干这个的，这个富婆要什么就给她什么吧。"意志薄弱者总会屈服于意志坚定者。我让同事先替换我，在眼泪掉下来之前，我赶紧从前台离开。是的，我那会儿特别想哭。我去了酒店二楼的储藏室，酒店在这里存放客人需要长期寄存的行李，还有自行车和婴儿车之类的尺寸特殊的行李。这里存放着需要长期寄存的行李，所以行李员上来撞见我泪流满面的概率不大，而且我常常在休息时间躲进来看书。"野人"会在夜班的时候上来偷偷睡觉，他每次都待在同一个角落。在行李房的另外一个角落，放着从迷你吧里偷出来的各种小吃，是我们员工自己藏的。

我拿了一块好时巧克力（Hershey's），坐在行李堆上放声大哭，边哭边猛吃巧克力,让眼泪纵横流淌。这绝对是我这辈子至关重要并且永生难忘的时刻之一。

我为什么这么难过?眼下我没有收入问题。不需要养孩子。但一切死气沉沉,看不到改变。我没法儿想辞职就辞职,我辞了职能去哪儿呢?去另外一家酒店?也许这家酒店是我所有痛苦的源头?这很滑稽。首先,我明白去另外一家酒店也是新瓶装旧酒。而且如果那样的话我得一切从头开始,我的工资等级会降到初级,而且我还得从值夜班开始,而且不知道得值多久。不行。离开酒店行业?我觉得现在的我还不如刚到纽约时候的自己。纽约已经改变了我。我旁边这么多人比我有钱,这么多机会,我一切都想要,我也想要黑卡,我想去看百老汇的演出。我也想威胁别人说找他们的经理。

我对升入酒店的管理层毫无兴趣。美景酒店管理层的工作时间比其他酒店的长很多,因为这间酒店留不住人,没听说哪个管理人员在这间酒店工作时间超过 6 个月的。在新奥尔良,管理层的人关心酒店的经营。忙的时候他们会留下来给夜班经理帮忙。对于那些在最后一分钟决定从拉斯维加斯改道新奥尔良的数百人的巨型会议团,新奥尔良的酒店管理层可以放弃自己的休息日。他们会把你拉到一边,问问你的工作进行得怎么样。而在美景酒店,他们自己就常告病假,和员工一样,他们会在接班前的最后一个小时说自己来不了了,本该下班的人就会不得不连续值上两个班。之后这个人会如法炮制,将负能量传递下去。美景酒店的经理会因为吸毒、乱搞、偷钱或者在楼梯上尿尿被当即开除。那么被开掉的这个人的工作就会由和他一起当班的人接替下去。另外，像我这样的普通员工挣得比他们多。我可不想把自己挪到那么一个位置，特别是我对搞清楚酒店大堂里面的现金流这件事渐入佳境的时候。但我现在到底有什么可骄傲的？因为我有了工会保障？因为我可以不用再当夜班了？这些理由都弱爆了。

不管怎样我吃掉了那块巧克力。我把剩下的巧克力慢慢吃掉，然后哭到哭不出来为止。之后我走下楼，回到自己的岗位，完成当天的工作。

之后，我的 30 岁就这么到了。

现在，一个星期之后，又有这么一位客人，以过生日为理由要免费升级房间。但是她看上去并不是那种一眼就瞧得出来的有钱人，而且她挺有礼貌。而且我们俩都刚年满 30 岁。所以我决定满足她的要求。

"明白了。"我对着她的胸部说。我敲了大概 10 秒钟的键盘，之后我给她升级到能看得到中央公园景色的房间，并且给她重新做了门卡。"带中央公园风景的，我会叫人送瓶红酒上去，玩儿得开心点儿。下一位？"

"谢谢，我叫朱莉（Julie）。"她说。

"祝你生日快乐。谁是下一位？"

5 分钟之后，凯拉跟我说有个电话从 3618 号房间打下来等着我接。

"晚上好，感谢致电前台。我是托马斯，很高兴为您服务。"

"嗨，我是朱莉。太感谢你了，我太喜欢这个房间了！"

这还挺让我感动的。显而易见她特别高兴。听见她尖叫着告诉我房间有多棒，让我心中升起一股暖流。

"那太好了，我也很高兴。"

"待会儿有几个朋友会过来，都是女孩儿，如果她们到前台，你能让她们直接上楼来找我吗？"

"没问题。我会把你的房间号写在我们的当日活动表格里，这样你的朋友即便没找到我，她们也能知道。"

"再次感谢。我真的真的很喜欢这个房间。"

"我也真的真的非常高兴。"我回答，脸上的笑容发自内心。

一个小时之后，又有电话找我。

"感谢致电前台，我是托马斯……"我是机器人，我是个机器人。

"嗨，托马斯，是我。"

"你需要什么吗？"

"你能上来吗？"

"什么？"

"你能上来一会儿吗？上来看看！"

"不能。"

"我们在开内衣派对，托马斯。八个姑娘穿着内衣……"

"真的不行……"

"你先等一下，听我说完。我们有香槟和沾巧克力浆的草莓。八个女孩儿都穿着胸卡内衣，托马斯。"

"是这样的，我在上班。我不能去客人的房间。"

"那你什么时候下班？"

"下班也不行，酒店规定员工不能参加在酒店办的派对。"

"哦，是这样啊，那我有点儿不开心了。"

我把电话听筒挂了回去，行李员本走了过来。

"你脑子进水啦？"

"八个姑娘，都穿着内衣，本，3618 号房间，八个姑娘都只穿了内衣。"

"那我得过去敲门问问她们需不需要冰块什么的。"

3 个小时之后，我当班结束，在后面的办公室里核对我当天经手的现金。丹特告诉我，3618 号房间的电话又打到前台了。我让他直接回复我已经下班了。

"她们这回要什么？"我问。

"问我们有没有《圣经》。"

"她们要《圣经》？"

"对啊，就是这么说的，老大。"丹特回答。

"这次又在搞什么？"我问。

"基督徒的派对？不过我觉得她们就是在开姑娘的派对而已。"

第二天我收到了一个信封。里面没有钱，留了一个电话号码。这也行。我打了过去，她约我出去，我们第一次约会的时候我问她要《圣经》干嘛，她说她们只是想用来卷雪茄。就这么简单。

美景酒店没有《圣经》。

在这之后的几年里，我和朱莉常常约会。她跟我生活在截然不同的两个世界。她来纽约就是为了风光的，她在最好的餐厅吃饭，看每一场百老汇演出，各种来自现代艺术博物馆的开幕酒会邀请雪片般飞来，她会去参加位于纽约上东区的肯塔基赛马俱乐部派对，参加那种活动的人都戴着旧式的帽子，开挎斗摩托车。她会租豪华轿车，喝香槟酒。

"我只喝香槟，而且我不会为任何人多等一分钟。"她就是这么说的。

可是我们相处得很好。她自己不是富家女出身，所以对于我没什么钱这件事看得不重。她心满意足地称我为她的男伴，我们在公共场所做爱，比如在货梯里，或者在米其林星级餐厅泛着香草味道的洗手间里。

"你本来的头发是什么颜色的？"我问她。我喜欢问她这种问题。"说真的，你自己的头发是什么颜色的？"

她那张漂亮的脸蛋儿就会立刻变成一副怒气冲冲的模样，然后她会用手指着自己头发说："就这个颜色。"

这句话很有一股子纽约味儿。你从哪儿来，或者你以前是什么模样，都不重要。在纽约你可以是个嗑药的，可以是个吸毒的，可以是个写歌儿的，可以是个牛仔，可以是嘻哈音乐的狂热粉丝，可以是画家，可以是任何人。

如果别人问你到底是什么样的人？只要指着自己的脑袋回答："就这样的人。"

我到底是什么样的人？我是有钱人的服务员！而且是一个对现状越来越不满的服务员。在跟同事共事的这些年以来，近朱者赤近墨者黑，他们的习惯成了我的习惯。该上班的时候我会请病假，我甚至开始连着两天都请病假，我能这么干是因为由于有工会的保护，两天病假只记作一天。之后我的胆子大了，开始在周末之前连休两天病假，周末之后再休两天，以两种不同的病作为请假理由，只要我愿意，任何时候都可以轻轻松松弄六天的假期出来。为此我的出勤记录里被记上了第一笔。管理层给我的标注是"惯用手段"。我确实就是这么干的。不过工会的保护是强有力的，他们对我毫无办法，还不能就此把我开掉。丹特在他第一年的出勤记录里的病休记录是破纪录的 45 天。他被开了么？没有。因此有丹特的先例在这儿摆着，标准被一降再降，我们都可以肆无忌惮地弄病假来休，只要注意不打破丹特的记录就行。

日子就这么过着，周复一周，偶有变化。

比如有天下午，我给"谁人"乐队（The Who）的罗杰·达尔特瑞（Roger Daltrey）办入住手续。达尔特瑞走进来，斜着眼睛看我，然后把脸凑过来，报了如下的假名：

道格·格雷夫斯（Doug Graves）
迪克·香乃瑞（Dick Shunairy）
蒂姆·泰森（Tim Tation）

之后他还有一个十分狡黠的化名，出于某种原因这个化名在摇滚音乐人当中颇受欢迎：

索尔·古德（Saul Goode）

所以，达尔特瑞给我报了假名，我不得不凑上去盯着着他的眼睛，与他核对信息。然后我把一张房卡从柜台上滑到他手里，好像这个4202房间的床单下面藏着3公斤毒品似的。他把脖子缩进衣领里，蹑手蹑脚走向电梯间。第二天，"谁人"乐队在麦迪逊广场花园表演结束之后，一个个子已经长得很高，但哭得像个傻逼似的男孩儿走进旋转门。他哭得十分伤心，眼泪颗颗砸向大理石地面。他径直朝门童走去，边啜泣边递过去一个信封。不得不说这幕景象颇有观赏意味。

10 分钟之后，新来的门童安妮（Annie），由于来的时间短，还未被培养出傲慢之气，把这个泪珠浸湿的信封拿了过来找我出主意。

"你也看到刚才哭的那个男孩了吧？"

"看到了，他怎么了？"

"看来他是罗杰·达尔特瑞的粉丝，说有重要的东西交给他，不知怎么打听到他住在咱们酒店，他把这信封交给我，让我发誓一定转交给罗杰。"

"他知道罗杰的化名了？"

"当然不知道。"她说。然后安妮低头看看信封，继续说道："我都想帮他递过去了。他特别伤心。我们该怎么办？"

我把信封拿过来，说："我们该做的就是读读看。"我把信封滑到工服的口袋里，之后，巧到不能再巧，罗杰正好走到前台，又像进行一笔地下交易似的悄悄把房卡交回给了我。

"很高兴为您服务达尔特瑞先生，希望能将来还有机会见到您。"

罗杰那边一上他的豪华轿车，这边我们立刻把信拆了。显然，那个傻逼去看了音乐会的现场，罗杰在音乐会上有一个动作，就是握住麦克风线在空中甩动，好像一台旋转推进器。结果麦克风脱离了电线，像个蒙古人的狩猎工具似的飞了出去，打中了这个男人的肩膀，然而"得意的感觉只是短短一瞬"，很快这个男人就看到"罗杰脸上的那种忧虑神情，以及罗杰对于演唱会中场观众安全的深深担忧"。之后他"很快为自己开始的得意感觉自责起来"，他感到自己"非常自私，并且觉得自己让罗杰一个人承受了那么沉重的压力"。当天晚上他哭了一夜，他明白罗杰一定会非常为歌迷的安全担心，所以他必须告诉罗杰，歌迷中没有人受伤，并且他非常、非常、非常爱罗杰。罗杰一定一定要给他回复，并且安排见面。很显然这事儿要是得不到解决他就会一直哭下去。这封信的末尾附上了八个联系方式，包括两个电话号码，三个电邮，两个邮寄地址和一个邮政信箱。

"天哪。"安妮说。

"这是一封垃圾。"

"这人病得不轻啊。"

"我读过的最恶心的信了，呕。"

"幸亏没交过去。"

"说的是啊，罗杰办入住手续的时候像个在逃通缉犯似的，所以我觉得他根本不会在乎这种信的。"

"那这信我们怎么处理？"

我停下来思考了一下："咱们写回信？"

就在刚才，丹特刚刚挂掉了一通超长又无聊的电话，电话里有一位对人缺乏信任的客人，反反复复和他确认，酒店是否提供代客泊车。丹特不得不发誓，是的，我们有代客泊车，我保证。我保证你的车会被细心照顾的。丹特把话筒狠狠摔了回去，然后插嘴说，他觉得这点子不错。我们不需要再把信和哭鼻子的男粉丝什么的话再跟他说一遍了，因为在话筒里和那位女客人就一件事反复确认了50多遍之后，他也在听我们这边发生了什么。从这个角度来说，前台服务员和酒吧的酒保有点像。我可以一边通知客房服务员给客人加折叠床，一边跟行李员打手势，在帮客人刷信用卡结账的同时，还可以回答客人关于健身俱乐部的若干问题，最后还能偷听凯拉和她老公在电话里吵架。我得分一只耳朵给凯拉，因为她挂上电话之后，她会再跟我从头到尾复述一遍，并且让我分析她是不是更有道理，即便事实上她不是。我们密切关注着大堂里的动向。这是我们的工作职责之一，其实一点儿都不难。这是一种自发的行为。就像篮球运动员可以把旋转的篮球立在指尖似的：打篮球不需要这个技巧，但是这个技巧是会慢慢自己冒出头来。

"咱们给他回吧，"丹特跟着说，"我们给他发一封手写信，落款是'罗杰'，邀请他去伦敦参加一场小型歌友会，怎么样？我们给他所有的歌友会信息和航班信息。告诉他要做的只是打好行李出发，在约定的时间出现在肯尼迪机场就行了。他的导游和飞往伦敦的机票会在那里等着他。这家伙会高兴得哭出来，然后他会在机场等到梦碎。或者，我们用罗杰的口气给他回信，说那个麦克风打歪了，本来就是要正中他的面门。落款我们可以写'去死吧，你这个烂粉——罗杰'。"

最后我们还是觉得第二种写法更有趣一些。

最后的最后，我们觉得两种写法都过分残酷，可能把死忠歌迷变成杀手歌迷，于是这件事情就此作罢。

"罗杰事件"之后，我很幸运地遇见了海滩男孩（The Beach Boy）的布莱恩·威尔森（Brian Wilson）。我开始算不上他的歌迷，只是偶尔会想起来听听他们的专辑，然后喝多了的时候也会想听几首高兴的曲子助兴。但当我真正亲眼看到他站在那儿的时候，他身高超过 7 英尺，穿着运动裤，像个青春期男孩儿似的弯腰驼背。可惜不是我帮他办的入住。我当时正在给一个老太太办理入住，她把旧的发霉的手提包里的所有东西都倒在柜台上，包括揉皱了的纸巾和眼镜盒。她在翻我要的一个被称为"付款方式"的东西。不过，布莱恩·威尔森也没在自己办入住。两个穿着很舒适的绅士正在和凯拉交涉，后者一副满不在乎的样子，完全无视布莱恩·威尔森和海滩男孩在流行音乐上的影响力：

"他为什么那个样子站在那儿，像有毛病似的？特别像我的叔叔雷蒙（Ramon），我叔叔跳舞跳到一半就会停在那儿不动，脸上是一样的表情，因为他刚刚把裤子尿湿了。"

像一个 7 岁男孩来到博物馆，我的偶像布莱恩假装淡定。注意尽量什么都不碰，身体前后晃着，表情拘谨羞涩。我面前的老太太终于成功把一张湿纸巾从她的富国银行借记卡上撕下来，我的工作终于得以继续进行。我用了"前台"的暗号唤来行李员，帮老太太把行李拿到楼上房间里去，以免她会觉得这些戴白手套的行李员要抢走她的行李。一旦到了她的房间里，服务生八成会向她施加压力要小费的。而且不是 1920 年代的时候人们给的小费，不是那种放在口袋里叮当响，像个擦鞋童似的拿的那种钢镚小费。小费千万别给硬币，硬币小费会被行李员故意丢在你的门外容易看到的地方，传递一种"你比我更需要"的信息（千万别用硬币给小费，你会走背字的。如果你连一美元的小费都拿不出来，那就承认吧，你就是个便宜货。记着别用硬币付小费）。

不管怎么着，我大喊一声"前台！"因为这些行李员显然昨晚上喝多了，这会儿还没清醒，忙着各自显摆手机拍下的性爱视频或者正在低头专心数着自己的小费。而且现在大堂里乱哄哄，我得大点儿声。所以我大叫了一声："前台！""前"字一出口，把乖乖站在那儿的布莱恩吓了一跳，我觉得他当时跳了起来并且双脚离地两英尺高，落地之后脸上一副惊魂未定的样子。他的眼睛变红了好像要哭似的。

"哦，上帝，很抱歉威尔森先生。"我说，我把身子倾过去，伸出手抚平他的恐惧，仿佛他会像小狗一样上来闻一闻然后从此开始信任我。"真抱歉，先生，欢迎您的光临。"我说，同时给了他的两个随从一个职业微笑。接待名人的时候我常说"欢迎您的光临"，或者偶尔也说"为您服务是我的荣幸"，不过我只有真有此意的时候才这么说，因为真正值得我这么说的也没几个人。

威尔森先生在后来的几年里把我们的酒店当成了自己家。我慢慢发现了他的习惯和规律，他从不会一个人出现，每次都至少有两个男助手陪在身边，而且从不跟任何人说话。他会把背一驼，然后站在旁边，通常会穿宽松运动裤，也不总是一副不开心的样子。他的情绪十分平静，如同一面巨大的湖水，偶尔有些小小波澜（除非他，你知道，被什么事儿吓着了）。

有一个迷人的春天早上，我看到布莱恩和他的助手一起从电梯出来，布莱恩走在他们后面，脚步轻快，手臂挥舞像钟摆，我听到他在哼什么曲子，一路都在哼着，显然这曲子让他觉得心情愉快。我一直跟着他，听他哼唱，我跟着他穿过大堂，甚至穿过了旋转门，我把工服上的胸卡摘掉了，以免他的助手发现他们有了尾巴。尽管这么多年过来之后，那些穿便服的先生们对我"富有同情心"的印象已经深入人心，或者是只有我真正关心他们的客户，又或者是一个终于能把他认出来的人。在那之后的几年里，安妮成了我的朋友，是的，一个在门童岗位工作的朋友（"如果我可以改变，你可以改变，那么人人都可以改变。"——电影《洛基》第四部），安妮在被酒店开除之前，教会了我去欣赏和尊重海滩男孩乐队的音乐。

（安妮被开掉的事件整个过程尤其令人难忘，并且已经成为历史性的一幕。有一天早上，纽约市前夜刚刚下了暴雪。在异常天气出现的时候——或者比如发生像以前那种的大停电——酒店会让员工在空房间里休息，不让员工回家，以保证第二天有足够的员工为客人服务，不至出现员工因为异常天气到不了酒店的状况。那么下了班员工们做些什么呢？直接回到房间里睡觉？不不不，我们开派对。我们把冰桶里装满冰块，然后塞进40支百威啤酒。我们用湿毛巾堵住门缝，然后尽情畅饮欢笑。那个时候，我的朋友安妮在做什么呢？她在凌晨4点竟然让人送毒品过来，送毒品的人径直走到前台，打扮成一个送可乐的人，然后报了安妮的名字。来交易的人连安妮姓什么都不知道。第二天早上，历史性的时刻到了，房间里的安妮吸毒吸得不亦乐乎——很显然她那个时候还在听着《飞行的女武神》那首歌，这是她后来告诉我的——吸毒之后她情绪崩溃，然后就被解雇了。就在当班前10分钟，安妮被解雇了。在电话里被解雇的，就在她要上岗的工位上面5层楼的位置。很遗憾，不过对于安妮来说，她被解雇是她应得的。）

在被开掉之前，安妮给我刻了好几张海滩男孩乐队的音乐CD，《朋友》《20/20》《野甜心》，还有《微笑笑脸》。我把这些歌都拷到我的iPod里面，连续听了两个月，到后来我一直处于一种疯狂阴暗的快乐之中。布莱恩·威尔森很特别，他是个天才。

我有时候会觉得布莱恩·威尔森后来是因为我们的罪恶而死的。

能跟一个我后来如此敬仰的人近距离接触简直太神了。很快，我会接触到更多我喜欢的名人。也接触了我不喜欢的名人。还有那些我听都没听说过，但却能让整个大堂里站满尖叫的小姑娘的名人。

一切从现在开始。

第十章

Chapter Ten

门童本走到前台来。酒店跟平日里一样死气沉沉，因此我这个时候正忙于创作一些新的被我称为 OSA 的东西，也就是办公室艺术品创作。上礼拜我用酒店的机打小票票芯儿创作了一副三联画。我拆掉一些蓝色和黑色的笔，把墨水笔芯儿的头剪开，然后把一根扭开的曲别针的尖端小心翼翼的捅进黏稠的墨汁里。随后我会把机打小票对折之后裹在曲别针"刷子"上，然后把曲别针抽出来，纸上就会留下枯枝般的墨渍。之后，我小心翼翼地拆了一根荧光记号笔，拿出里面的笔芯，用笔芯来给之前画好的那些干枯的枝干上色。之后我用免洗净手液直接喷在还没干的画面上，在画面上制造一些气泡和颜色的断层，然后再用荧光记号笔的空笔杆在喷过了免洗净手液的画面上滚动一下，之前的免洗净手液已经在开始发泡了，这样就可以在深色的枝干上留下一些大大小小的圆圈。最后，我再用涂改液在上面随意留下一些喷溅痕迹。大作完成，看上去很像出自一个精神病患者之手，或者说，出自一个前台服务生之手。不过这并不会削弱这艺术作品的，我是说，精彩程度。后来一个客房服务员花了 5 美元从我手里买走了这幅画。（像说唱歌手瑞克·罗斯"Rick Ross"唱的："每天我都在拼命赚钱。"）

不过，今天的艺术创作和以前的完全不同，今天我创作了手工艺品。我打算用一个针线包和两张餐巾做一个带花边的枕头，里面用纸巾填上。我把针线包里每个颜色的线都用上了，尽量把枕头的正面装饰得好看一些，所以作品称得上色彩丰富。

行李员本就是在这个时候打断了我的艺术创作思路。

"你丫看新闻了吗？"

木现在和我称得上哥们儿。对于纽约人来说，他们和你越亲近，就越会用这种方式称呼你。曾经有一个从日本调过来的经理，每次当班的时候看到我们这样肆无忌惮地嘲笑对方都会困惑不已，然后说："我们能不能至少有一天对彼此礼貌一些？"整个后区办公室里的员工都正处于闹哄哄的彼此贬损之中，结果我们不得不停下来告诉他，其实我们关系好才会这样。

"什么新闻？"我问，按一按我的纸巾枕头够不够软。

"这是什么？你的小老二睡觉用的枕头？"

"哈哈，没错，我的老二确实需要休息，因为它一整晚都在干——"

"你丫闭嘴。"

"它一整晚都在干你妈。"

"好吧好吧，它干了我妈。你听说了么，他们把酒店给卖了？"

"什么？卖给谁了？"

"一家私人股权公司，"本神秘地说，"谁知道他妈的是谁。"

酒店和餐厅在某些方面很相像：小道消息传播的速度比海洛因在血管里蹿的速度还快。一个人知道就意味着所有人就都知道了。无论是哪个经理搞大了服务员的肚子，还是谁被暂时停职了。只要有一个可供大家在茶余饭后评头论足的话题就够了，我们无聊得要死（究竟有多无聊，参见我的艺术创作历程即可）。

另外我们还特别喜欢对客人的八卦评头论足一番。我尤其喜欢听八卦，他们管我叫我"八姨太"。

"丹特，你听说霍克斯坦因先生（Mr.Hockstein）的事儿了吗？"

"嘀嘀嗒嘀嗒，这是八卦王来自美景酒店的现场报道。这么说吧，我的朋友，你就是个满嘴跑火车的主儿。"丹特说。

"我可是《美景观察消息》的主编来着。这条消息刚刚来自我们安插在酒吧的眼线：前台经理凯莉·麦迪逊那儿。又长口疮疱疹了？午间时间我会带来详细播报。"

酒店的客人霍克斯坦因先生，我之前曾经提过他，他打盘古开天地那会儿就住在我们酒店了。他身高和垃圾桶相当，一头中分的黑发，抹了发油。他和谁都不说话，跟行李员也不说，要知道行李员可是破冰高手，因为破冰了之后，小费拿的比较容易。霍克斯坦因通常在星期一入住酒店，带着很少的行李或者干脆就不带行李，然后常常在周五退房。退房的时候他本人甚至都不会到前台来，我们会在系统里帮他记账，然后之后的那个周一，他的秘书会打电话过来，把支票传真到酒店。在酒店工作了大概一两年之后，我开始能认出霍克斯坦因先生来，并决定给他一些特殊照顾，因为我觉得我们应该优先给他提供服务。我的方式是，如果前台有很多客人排队等待办理入住手续，而霍克斯坦因先生站在最后，我就会把他的预约提到最前面，然后和我即将接待的家庭游客说请稍后，我需要一些时间尽可能帮他们找到最适合的房间（我对他们撒了谎）。这样我就可以有几分钟，把霍克斯坦因先生的预定信息提到最前，给他一个好房间，然后做好房卡。

"请您稍等一分钟，'张三李四王二麻子'先生，我需要和行李员确认一下给你们一家人的房间。我需要看看给你们预留的是不是最大的套房。"就这样，我什么都没帮他干，可是"张三李四王二麻子"先生仍然深受感动。随后我溜到队伍的最后，把房卡交给了霍克斯坦因先生。

"我直接在系统里按您上周留下的付款方式帮您把房间开好了，先生。您是我们的忠实顾客，您不必和这些游客一起排队，祝您愉快。"

他有没有对我微笑一下？没有。他一把抓过房卡，弯腰拿起放在脚边的用订书机封口的购物袋，转身背对着我，径直走向了电梯。这什么意思？我刚刚提供给他的服务你可能只是听说过但没经历过。这种服务会让一些上了年纪的女顾客重温性高潮的滋味，不过，对于霍克斯坦因先生来说，他对此全然不在乎。

"我已经确认过了，'张三李四王二麻子'先生！你们一家一定会喜欢这个房间的。"之后我隔着大堂大叫行李员本的名字，他正在抓挠腰上新弄的一块扬基队的纹身："本，谢谢你啦！"本隔得老远看着我，完全不知道我在说什么。"'张三李四王二麻子'先生，本就是刚才和我确认你们房间的行李员，来，大家和他打个招呼吧，'张三李四王二麻子家庭'！"这一家人于是转过身去和本摇手致意。一大家子人转回来面对前台的时候，本对我竖起了中指，然后就乐了。而且本一会儿就会到前台来，尽管我什么事儿也没帮张三李四王二麻子一家子做，他们此时已经对本充满感激之情，本的小费也会多拿不少。

但是霍克斯坦因呢？木头一块！从那个时刻起，我决定继续为他提供顶级的额外服务，开始帮他做房间升级，永远帮他预留房间，然后把房卡装在我的工服口袋里，这样如果他突然从旋转门走进来，我就可以像变魔术似的把房卡交给他。谁不喜欢这样的服务啊？看得出他不想跟任何人有什么接触，所以我提供的这种神级速度服务会对他的胃口。

后来我很快就弄明白了他态度的来由。之后的周四，特勒尔（Terrell），美景酒店洗衣房的员工到前台来取客人的干洗衣服，他斜靠在前台桌子上，忍不住咧嘴乐了起来。

"告诉你个听了吓死你的事儿吧，汤姆。3215 号房间的客人把一个购物口袋留在了房间里，客房服务员打扫房间的时候把口袋扔到了垃圾箱，你猜里面有什么？都是性用品，各种假鸡巴，哥们儿。里头还有一个充气娃娃！天哪！你们这些白人脑子有毛病吧！住在这酒店里的可真是奇葩啊。"

其实他的八卦还没说完，我就猜出是住在 3215 房间的霍克斯坦因先生。

天哪。霍克斯坦因，霍克斯坦因，霍克斯坦因。"霍克斯蛋因。"你看吧，八卦已经开始了。

"嘿，特勒尔，我认识那个家伙。他跟谁都不说话。下次我见到他的时候……该死。"

说曹操曹操到，霍克斯坦因从旋转门进来了，他的手没放到横杠上，他是推着门玻璃进来的。整只手掌压在玻璃上，这让我有点儿不快，因为我的朋友唐雷（Tanglet）又得去擦。而且，谁也不知道那个男人手上沾着什么。（看到了吧？八卦这事儿一旦开了头，就会越变越糟，没完了。）他低头垂泪，向电梯间走去。

"哦，天哪，不。"我说。

"怎么？"

"他来了。"

"那个玩儿假鸡巴的男人？他要回房间？哦，天哪！这回可糟了。我得走了，我得去熨衣服了。"

5分钟过后，霍克斯坦因站在前台队伍的最后一个。他眼睛喷火，血管膨大，双手绞在一起，嘴唇紧闭，看上去很像一条快要干死的鱼。

"我可以帮您做些什么，先生？"我突然意识到这个时候不应该表现出我认识他。

"我的东西到哪儿去了？你们为什么把我的东西从我的房间拿走？"他像个疯子似的爆发了。我觉得他的脑袋瓜都要爆炸了。

"您说什么？先生？"

"我在房间里放了一个购物袋，我的房间里只留了一个口袋，有人进了我的房间，把我的口袋拿走了。我明天才退房的。"

这是他跟我骂脏话的绝佳时机。可是他竟然没骂脏话，这让我觉得尤为恐怖。这个家伙要爆发了，大爆发。我能听到他咬牙的声音。

"先生，也许因为那只是一个普通的购物袋，可能客房服务员觉得您也许打算节省今晚的房费和税费，已经提前退房了。"

"我每周都在星期五退房，我的西服套装都放在办公室了。我的，"他吸着气说，我又听到了咬牙的声音，"我的东西还在房间里吗？"

"八成是客房服务员把口袋给扔到垃圾箱里了，先生。"

他盯着我的眼睛，情绪开始平静下来了。他开始深深吸气，开始思考也许那个口袋没有人打开看过，即便有人打开看了，也不会把口袋里面的东西和他联系起来，至少不会在视觉上联系起来。同时，这件事已经开始在酒店疯传起来。我看到在大堂的另一边，丹特已经告诉了特雷。丹特趴在一个硬壳行李箱上，然后特雷开始用一把酒店雨伞假装往他屁股里插。

上帝啊。我抑制住了笑喷的冲动。现在我已经修炼得很好：我可以一整天都笑在肚子里，即便客人冲着我尖叫，做蠢事，或者讲无可救药的愚蠢笑话，我都可以把我的笑憋在肚子里。这些天我总是在心里笑（我在行李房里哭的时候不算）。

丹特一扭一扭地走回前台，表情痛苦，好像屁股刚刚受了重创。

"再次抱歉，先生。"我大声说，好让丹特听到。之后我又出了精彩一招，我拿出笔记本和铅笔："您能告诉我口袋里装了什么东西吗？我们会在一个小时之内把东西放回您的房间。"我这么说纯属装腔作势。

霍克斯坦因已经看到了丹特，他明白现在我们的谈话可以被第三个人听到。"算了吧，没事，不用了。你只需要备注一下，以后再不要帮我提前退房了。也许我需要换一家酒店。"他一字一顿地说完就走了。

他最后也没换酒店。他后来一直住在美景酒店。也再没有什么事情让他觉得不舒服了。我们一直给予他 VIP 客户待遇。这就是酒店的秘密。所有人对所有秘密都了然于心。他以为我们没发现，但是我们已经开始在暗地里叫他"霍克塞蛋因"，所有人都觉得这事儿越来越有意思。当天稍晚的时候，特勒尔回到前台告诉我们那个充气娃娃已经经过了消毒，他们给那个娃娃穿上了客房服务员的工服，放在酒店十层的储物间里，可供观瞻或使用。

所以，当时我的手里正握着用纸巾制作的袖珍枕头，我知道我一定不是头一个听到酒店即将易主且将由私人接手这个消息的人，而且我相信短短 5 分钟内，酒店所有员工都会知道。我们只是不知道这个消息对于我们每个人来说意味着什么。

3 个星期之后我们才慢慢对这件事有所体会。

酒店总经理里德看上去心碎了一地。他走进酒店大堂，看上去无比沮丧，甚至连把自己灌醉的劲头都没有。看上去让人真想冲上去给他一个拥抱什么的。

星期一的时候他们关闭了酒店的大堂。通常情况下，一间酒店需要装修或者施工的时候，一次只会在几个楼层进行。如果酒店需要在 20 到 22 层进行重新装修，那么 19 和 23 层就会用作隔音层。对于我们酒店来说，这种办法行不通，因为这家私人公司打算让整座酒店焕然一新，他们只打算保留酒店的名字。所有的原有酒店的东西都要去掉重装，谣言四起，他们说员工可能也会被统统换掉。重装开业通常的做法是让我们这些老员工都失业，然后新老板会在这一切完成之后重新开业，一切都要快。但这帮狗娘养的这次不是这么干的，抱歉，这帮他妈的狗娘养的，在意的只有一件事：底线。这个公司最重视的就是钱，这是一台赚钱机器，根本不把我们这些有可能受到影响的员工视作人类。他们连客人的利益都不放在眼里。

他们把餐厅给关了，然后是酒吧，之后再也没有客房服务员了。然后是内部的洗衣服务，在最后的最后，他们把大堂也给关了。

没有了这些，酒店还剩下什么？只剩下房间了。所以你会想，或许他们也会把整个酒店给关了。但他们其实另有盘算。

最后，我搞明白了。他们很清楚一件事：一旦酒店重新开业，房价会翻倍。曾经 299 美元一间的客房现在可以收 599 美元了。会带来完全不同的客流。在过去 20 年里，曾经住在美景酒店的衣食父母们，那些生意人和家庭游客，会很快发现他们住不起酒店了，不得不在可承受的经济范围内另觅他处。将来他们再打电话过来预订房间，并听到房间报价之后，他们会说："什么？但我以前住在这里的价格一直都是一半啊？公司不会让我住这个价格的房间的。这个价格我肯定不能住在这儿。你能帮我想想办法吗？"

不能。

好吧。这很合理。世界离了谁都转，酒店也是，房价一涨，客人就会离开。不过，在酒店重新开业之前，当员工因为酒店暂时修业而大量撤岗，客人连叫份炸薯条吃的可能性都没有的时候，这间私人股权公司了解，很快客人就会来一场大换血，并且不认为把酒店重装的计划告诉在装修期间仍然来住店的客人是件多么重要的一件事儿。

"是的，我们可以按照以前的价格帮您预订，下周见，先生。"

客人推着旋转门走进装修中的大堂，四周包着三合板，像是走进了什么游乐场的游艺项目。钢锯和风钻的声音是游乐项目的背景乐，然后他们乘电梯上二楼，来到临时搭建的前台，前台只是个不起眼的桌子。这儿没沙发，没音乐，没艺术装潢，什么都没有。一张会议桌，一个孤独的酒店服务员，眼睛望着窗外的第九大道，场面如此凄凉。从这个简易前台开始，一切将越来越糟糕。

"这是大堂？"

"是的先生。"

"你们现在没大堂了？"

"没了，先生。"

"没有餐厅和酒吧？"

"没有了，先生。"

"那健身中心还开着吧？"

"呃，关闭了，先生。"

然后客人就开始发飙了。"为什么没人告诉我？你们现在还收一样的房间费？我预订的时候为什么没人告诉我酒店在装修？这事儿谁负责？我要见你们经理，我要告诉他我以后再也不会住你们酒店了。"

现在他们明白了。这就是目的。他们觉得反正涨价之后以前的客人不会再来，不如趁着有机会再从他们身上收一把房费和税费好了。之后他们就可以哪儿凉快哪儿待着去了。

在酒店装修期间在前台当班可不是个容易的工作。我对这些常客当中的很多人都很熟悉，而且成了朋友，看到他们被这样搞，跑来跑去，遭到如此对待让我感同身受。这不公平。不过从那以后，这些客人得到的是更不公平的待遇。

早上6点。

电钻开始响。

我们仿佛身处战区。

确实，我们从此接到的客人投诉大大减少。唯一的原因就是客人离开酒店的时候不经过前台了。他们坐着电梯直接到大堂，一出门就看到游乐项目的走廊。我都能想象，九成的抱怨会是在路过前台的时候那种"我也能当一把无赖"的心态，你会发现他们瞟一眼前台，然后他们的脚步会慢下来，像劲量电池兔子快要没电了似的，然后他们转身180°，把中指猛戳向空中然后说："这是给你们的。"

我们站在会议室的大厅里，现在我们离那些我们通常称为"酒店蜥蜴"的人很远，那些人好像一整天都待在酒店大堂等着一个永远不会出现的人。他们看着报纸，偷听酒店服务人员之间的谈话，偶尔会和行李员吹牛，大肆吹嘘纽约的新鲜事，其实他们自己也不懂。

"那是布鲁克林最有名的比萨店，叫格里嬷嬷（Grimomo）。如果我没记错的话，就在麦迪逊和第31大道的交叉口。布鲁克林我太熟了。"

现在，由于我们待在一个改过的会议室，会议室里有一面可以看到大街上的巨大窗户。我可以用几个小时的时间，观察大街上来来往往的人流。我开始注意到有一个流浪汉，看上去像一个发了福又浑身脏兮兮的耶稣，他每天中午的时候会拖着一个黑色垃圾袋往西走，然后下午两点的时候再回来。街对面有一个停车场，有一个西班牙老人每天都有几个小时站在来往的车流旁边，挥舞一个橘红色的塑料袋，试图让某辆车停在这个停车场，付每小时20美元的停车费。

一整天过去之后，你会发现他热情殆尽，挥舞塑料袋的动作直接变成把塑料袋提起放下。这画面在过去常常让我难过。

于是我继续投身到办公室艺术创作的道路上来，这次我研发了保龄球游戏。我用火柴盒当保龄球瓶，把他们摆在大理石窗台的一头。如果你把房卡在工服上细细打磨一番，则与空气曲棍球有异曲同工之妙，在大理石台面上滑得顺畅无比，可以当做保龄球。我们轮流把球扔向大理石窗台尽头的火柴盒球瓶，制造一些欢乐气氛。火柴盒保龄球运动被证实非常受行李员的欢迎，果不其然，后来这个活动就带上了赌博意味。

行李员有大把时间消磨打发。现在酒店可以让客人住的客房不到 50 间。其中的 40 位客人会拒绝行李员帮忙拿行李。剩下 10 位客人中的一半会拒绝付小费，因为他们入住之前没人告诉他们酒店在装修。

不过每一天，行李员都能获得这样的士气鼓舞：别总低头盯着自己的钱包，要往前看。很快酒店就会重整开业，房价翻番，将来住店的客人分不清二十美元和一百美元的票子：他们不需要分清楚。

几个月之后，新的管理层把所有员工聚集到酒店一层，给大堂揭了幕。梦幻般的音乐从看不见的喇叭里汩汩流出，我们都吃了些冷切自助，喝了不含酒精的饮料，开始参观我们的新酒店。

杰在酒店开业的时候就在这里。"我可是一块砖一块砖把它盖起来的。"杰如此说。他一边踱步一边嘬着软饮，拿了一块冷切，然后又扔了回去。

"乖乖，伙计们，看上去这个大堂至少花了 1000 万美金啊。"

整个大堂是黑色大理石的，有红色灯光的照明，显得光滑又性感，不过有点儿容易刺激到幽闭恐惧症患者。大堂里只挂了一张巨幅画作，成了你视线焦点所在。尽管这幅画看上去像是一大堆闪闪发光的金色棉花团，但我第一个看出来的是里面的一个死人头。一颗金色的死人头，这让我想到了钱。想到了私人投资公司的钱，他们只在乎自己，不管别人。他们把钱囤积起来，不用到慈善公益上，不用来购买发给孩子们的免费迪斯尼门票上，而是将邪恶的钱不断囤积，直到这些钱变成了一颗超级恐怖死人头，亮瞎我们的眼睛，让没有食物的孩子们继续挨饿。

第二天，裁员开始。第二天，孩子们开始挨饿了。

新的总经理来了。这个不知道打哪儿冒出来的总经理叫巴里·崔布雷（Barry Tremblay）。他八成有些背景，但他只是一个超重又爱钱的私人投资公司的傀儡。显然，他有过餐饮的服务经验，不过他的经验也到不了哪儿去。我们本来期待能来一位老练一些的总经理，一个像新装修好的大堂灯光和皮具那般滑溜溜的游刃有余的人物。可崔布雷看上去就是那种在高中时期受够了同学嘲弄，现在弄到这个职位不为别的，只因为他终于可以转过头来尽情嘲弄别人的那种角色。他走路的时候双脚往前伸得很远，后背驼着，看上去好像是膝盖牵着整个人走路。他的西装看上去很贵，但是我觉得再好的马鞍也救不了他这匹癞马。他说话的时候含糊不清，好似舌头肿大，他的话从嘴里蹦出来好像一条刚蹦上岸的鱼，湿漉漉的噼啪作响。

·

他讲出的第一句话显然是："开掉他们，能开多少就开多少。"

那张小小的，我在小便池旁边签字的那张黄色工会卡片，在这个时候救了我的命。所有没有工会保护的人立刻卷包袱走人。

大堂重新开业之后的第一个周五，所有员工回到酒店一层就位之后，崔特雷在下午3点把所有安保人员召集到会议室。所有人都以为他只是想作个自我介绍，并且告诉他们对于这间酒店来说他们的安保工作有多重要。

结果崔特雷把他们全开了，给了他们每人两周额外的薪水。感谢你们20年来对酒店的付出，这些钱够你们付半个月的房租，去找份儿新工作吧。

好多人都哭了。莱昂纳多（Leonardo），曾经把他的胡里奥磁带借我听，刚刚在波科诺斯（Poconos）买了房子，开始付按揭。他哭了。拉斐尔（Rafael），体格健壮温文尔雅，他走到崔特雷面前，握住他的手说："干你娘，你这杂种。"从此之后离开了酒店。他们都跟着出去了，一个接一个。由于物业防火安全要求，酒店必须备有安保人员，因此在门外，站着老员工们的接班人。一大排从保安公司找来的18岁上下，毫无工作经验的年轻人，他们不到一个小时就能挣到8美元。我猜没人再在42街给人当收票员了，现在他们都在酒店的大堂里，穿着大号的工作服，心中祷告美景酒店这儿别出什么火灾或谁往这儿扔个炸弹之类的事儿。

从服务质量的角度说，这么干完全没有任何道理。拉斐尔可以告诉你在

20 个街区为半径的区域内最好的餐厅在哪儿，还能详细告诉你餐厅的主厨，另外还有纽约市中心区的有趣历史。

莱昂纳多能告诉你前往洋基体育馆的最佳路线，还能告诉你网上订票跟观赛视角之间的玄妙关系。所有这些知识和经验都从酒店大门走了出去，代替他们的是一群什么都不懂的愣头小子，一群对所有问题都回答"什么？呃，我不知道"的小子。

没人觉得他这么干有道理。新管理层的这动作让我们都来不及和老同事道别。20 年的交情瞬间随风而去，除了省钱，这么干没有任何其他经营和管理上的道理。在酒店业，如果你提高价格，意味着你必须同时提升服务水准。一家餐馆不会投入数千美元进购水晶醒酒器，然后往里面倒葡萄果汁儿。你也不会盖一座漂亮的音乐厅，然后里面的座椅全部都是从沃尔玛超市买来的。

显而易见，即便酒店的新管理层还不能开掉我们，但他们迫不及待地希望我们滚蛋。特别是前台。崔特雷的黑眼珠里有掩饰不住的厌恶。我们每一个人他都不喜欢。我们也投桃报李，把厌恶眼神投向他。

你有没有遇见过在第一次见面的时候就恶意用你的私生活开下流玩笑的人？有没有遇到一个行为上让人无法对他尊重，但却要求你尊重他的人？

从此之后一切都变了。现在是工会和酒店新管理层之间的抗衡，是一场仇恨之战。新管理层在酒店各处安装了摄像头，每周都要查账，还会不定期搜查员工的柜子。

目前让工会员工滚蛋的唯一方法就是将工会和工会成员整个买下，包括与工作年限有关的相应赔偿。于是新的管理层开始想办法找老员工的麻烦，觉得只要他们干得不爽，最后他们会自己离开。这个算盘可打错了。

别的东西也变了：我们的客人。经过了重新装修的客房里都安了平板电视，有用来插 iPod 的通用底座，双人沐浴间，豪华长毛绒沙发，房间面积也比曼哈顿酒店的平均面积大很多。CEO 级别的客人开始来入住了。明星名人们开始预订顶层的房间。狗仔队们开始在酒店门口潜伏，就连我们也开始需要签署授权协议书之类的东西，因为真人秀节目在我们这里录制，我们很可能都会出现在他们下一季的节目里。

在外表上的成功之外，也有内在的东西正在丧失（道德的部分）。经理们会跟着你到房间的浴室，然后站在走廊外面像个狱警似的看着你。休息时间的记录被精确到秒，他们也开始把客人的意见直接转达给服务员，打破了以往的规矩。要知道在古老且神圣的规矩里，我们和客人是对立的。酒店和客人是对立的。这并不意味着我们的主要目标不是提供服务，但开酒店是做生意，生意必须受到保护。这些客人当中有人是过来搞破坏、占便宜和撒谎的，还有各种各样其他的方式，我们在这里的功能就是跟他们对抗。有礼貌地和他们迂回作战，拒绝降价，并且拒绝这些客人在前台提出的各式各样的虚假要求。管理层完全明白这点。他们的职责就是站在我们这边，口头表示歉意，向对方出示名片，然后把满嘴跑火车的那群人送到大街上。但这样的事情再不会发生在美景酒店了。这些管理人员们绕过前台，在客人冲着我们大喊大叫的时候，他们就站在客人身后，给他们按摩肩膀，然后小声对他们道歉，因为我们的服务太糟糕了。

而说起装修质量，一切都是面子上的。装修房间的造价很低，镜子会脱落到薄薄的地毯上然后碎掉，沐浴的花洒会从水管上掉下来，砸到客人的脚。沙发看着很漂亮，但是坐上去跟公园里的长椅一样硬。我们的新工服穿了一个月就磨损了，我们都是自己补的。

再没有圣诞节派对了，没有本月最佳员工的表彰仪式了。我们都是有工作的幸运儿，如果我们不喜欢这工作，可以自己滚蛋，他们会很乐意用便宜的新员工替换我们。

我们的头上乌云笼罩。曾经让这座酒店骄傲的东西消失殆尽。工作只是为了挣工资，当工作变成了这个样子，服务质量就成了第一个被牺牲掉的东西。

上帝保佑纽约酒店工会。

美国劳工总会与产业劳工组织（AFL-CIO），婊子养的。

我们得出手，因为，为什么得让他们赢？

第十一章

Chapter Eleven

我就是这样修炼到了酒店服务业的博士头衔。

美景酒店变成了雷克斯岛监狱，由于不允许我们在院子里散步太远，于是我们想，那不如还是回到号子的厕所里酿酒去吧。

没人再有什么动力把服务质量提升到更高了。更高的服务质量？没必要了。在第一个星期我就收到了新管理层写来的警告信。（如果类似的警告信积累到一定数量，最后的结果就是把你开掉）。我收到第一封警告信的理由就是，我在工休的时候超时十分钟。这十分钟是因为我在走向员工休息室的路上遇到了一位客人，她抱怨说她房间里的 iDock 出了点儿问题，前面一位客人在上面上了个凌晨五点的闹钟，每天都会那个时候闹醒她。我和她乘坐电梯到了 47 楼，她在她的第五大道购物袋里翻了一通，然后在考虑了一下之后，把留在小桌上的钻石手链挪走，不要"碍了我的事"，然后我琢磨了一下，帮她把闹钟关掉了。新的管理层甚至都没有就这些房间里的新设备做员工培训。新装修的客房里还安装了触摸电话，有的时候前台会接到客人打来的电话，因为客人不知道怎么在晚上灭掉电话上的背景灯。可是前台服务人员连见都没见过这个新装置，所以我们的对话就变成了："您看看电话上是不是有个调节亮度的按钮？或者屏幕上有没有一个小太阳的图标？您点一下菜单，看看出来什么？"太棒了，为我们的服务水平鼓掌吧。如果你想到新客房里学习一下如何操作新设备，对不起，你只能占用自己的休息时间。我多休息了 10 分钟，是因为在我休息期间，我帮助了一位酒店客人。可是我的新前台经理，对我的"过度描述的借口"毫无兴趣。他真是个好人。我跟他说他可以调监控录像看，他可以试着重走我的路线，从大堂一直到

4715 号客人的房间。

"没用的，汤姆，那些录像不是你能调用的，在这儿签字吧。"

我拒绝签字。这是我作为工会成员的权力：可以拒绝签字。工会成员的宗旨是，除了签收支票以外，什么都不要签。可是即便我不签字也不会改变什么，因为这个东西要进入我的档案，我的档案越积越多，像海绵吸水似的，把我犯过的所有小错儿都记录在案。管理层把我们工作中的表现都记录在员工档案里。如果管理层想开掉一个有工会保护的员工，他们必须让某一栏里的记录持续积累，直到他们可以自自然然地解除与你的劳动合同。所以他们现在把能纳入的东西全都纳入了"工作表现"。以前，如果我负责的账户里面少了三美元，审计员就会在这个时候"去喝口水"，给我足够的时间让我自己把账面平掉。如果账面数额问题较大，审计员只需要提交一份说明报告，然后交给财务手续去处理。因为每天办理几百笔入住和退房手续，难免有些数字出入。可现在这些都不复存在了，只剩下"工作表现"，所有人的表现上都被记录了无数笔。

让你负责的账户收支平衡不是件容易的事情。德国游客以签名支票 25 美元面额的旅行支票预付了 1000 美元。但是医生上门问诊服务和在房间里的 20 分钟 250 美元的美容服务则以现金形式支付。还有以现金形式支付的电影点播费，迷你吧里的消费，退押金，等等。也有的流窜犯以 4000 美金的现金付了账（你知道如果有人付现金的数额超过 10000 美元就要上报吗？我知道。）而且，有客人会用欧元结账，或者是日元，这样需要上报的总数额就变成了 50 亿日元。所以每天各种形式的钱进进出出，而且永远有人希望我帮他把一张 20 美元的钞票换成零钱。（有种说法你可能从没听到过，现在我来告诉你："一套"。如果你希望换一张 10 块，一张 5 块和五张 1 块，直接说换"一套"就行了。这可以节省掉我们双方的很多唾沫，而且还有可能会对气候变化有积极影响。）

我们的工作开始发生变化，我们不再讲求质量，只讲求速度。而且我发现我们的新客人们深谙酒店服务业之道。他们明白如果想得到房间升级或是什么优惠，就得付出 20 美元的票子。

我的第一张 20 美元票子就是来自一位聪明的客人，他让我明白解决问题其实对于我们双方来说都是件多么简单容易的事情。那是一位旅行经验丰富、穿着橄榄绿套装的生意人。他办理入住的时候一言不发，递上来一张白金运通卡（AmEx）卡。经验丰富的酒店客人知道，只要递上印有姓名的卡片，我们就不会在各种报姓名和拼写错误之间浪费掉那些对于双方都如此宝贵的时间。

不过当那个穿着橄榄绿套装的男人一言不发地递上他的运通卡的时候，我发现卡片上裹着什么东西，那是一张 50 美元的钞票。毫无疑问，那 50 美元是给我的。有些客人会把 20 美元的钞票拍在前台柜台上，但那只意味着他想换零钱。一张包在信用卡外面的钞票意味着他想升级房间。

哦，上帝啊，你想知道这招好用么？我们先来说说怎么给房间升级的事儿。为了升级房间，客人什么都能说，什么都能做。不过通常光说是没用的。在酒店里，钞票是老大，讲废话只会导致我们把你"遛"到另外一家酒店去。

你说今天是你生日？——谁在乎啊！

第一次来纽约？——跟我有关系吗？

今天是你结婚纪念日？——能不能说点儿新鲜的？

正在考虑为我们的酒店投资？——对不起，酒店股票里没我的份儿。

打算在女朋友面前显摆一把？——不好意思，我没打算配合你。

你来到纽约实在太高兴了？——嗯，那给你老妈写张明信片吧，也许她感兴趣。

你从来没得到过免费的房间升级？——其实你应该反省一下为什么从来没有过，反正今天我也一样不会给你。

行李员对此有条精辟语录："谢谢不能顶钱用。"

还得是钱。给前台现金小费。大多数客人把小费给错了人。如果你真的想拿到房间升级，你觉得小费应该塞给谁？行李员？门童？还是礼宾员？

223

如果你把小费给了这些人，这些员工会百分之百到前台这儿找办法。为什么把小费给了中间人，有些客人的做法让我百思不得其解。这是生意场上的黄金定律：尽可能别把中间商扯进来。

不如这样思考一下：谁来把你的个人信息录入系统？谁给你分了房间？谁给你做房卡？谁了解酒店今天、明天，甚至三个月之后哪些房间的入住和预订情况？我，我知道，前台服务员知道，我们才是你的小救星。

我们敲一敲键盘就可以改善你的居住环境。我们可以保守你的隐私，还可以给你的房间送去红酒——只不过你得明白小费要给到前台服务员这个道理。

所以现在你，亲爱的客人，走进了酒店。你首先是门童的猎物，他会从你这儿拿到 5 美元，就好像你天生就欠了他 5 美元似的。接着是行李员，伺机把你拖进丛林，从你这儿拿到 10 美元。这些野兽追逐小费。所以把小费放进他们手里是再自然不过了。所以除非你喜欢绷着脸，只需要对他们微笑并且说谢谢就行。

但是如果你给前台 20 美元的小费，从此一切都将不一样了。20 美元的小费会带来不一样的结果，因为对于我们来说这是一个承诺。我们欠了你的情。这就是我在拿到那 50 美元小费，并且假装随意地把它塞进屁兜之后的心理感受。现在这 50 美元是我的了。我会先感到十分愉快，之后油然而生的是一种责任感。不会有服务业的人员收到小费之后只说一句谢谢的，有脑子的人都不会这样。我们的小费得收得理所当然，为了让你满意我会做任何事情。行李员连接入客房系统的操作权限都没有，但是我有，我会立刻让你觉得小费带来的回报物超所值。即便系统里没有可以用来升级的房间，我也会在同类型的房间里给你找最好的。

这是一句你会从前台服务员嘴里听到的谎话："所有的房间都是一样的，先生。"

这是句鬼话。永远有位置在拐角的房间，永远有带有更大平板电视的房间和带有更大的浴缸以及两个独立洗手池的房间，有那种宽敞到可以轻松放进两张折叠床的房间，有那种叫标间，但能看到部分哈德逊河景的房间。我们永远能给你找到一个更好的房间，而且我有 20 美元小费进账之后，我会帮你弄到一间更好的房。即便当时没有更好的房间给你，我还有很多替代方法：我可以帮你延长退房的时间，让你免费点播电影，免费享用迷你吧里的食物，或者让你有更多的浴室用品。我会让你觉得这小费给得值，而且愿意再付一次。

有些人对给小费这件事感到焦虑。千万别。这又不是毒品交易。有些人会把 20 美元的纸币折成一块巧克力那么大，然后藏在手掌里给我。大可不必，只要大方递过来就好。在别人看来你只是打算换零钱而已。而且，我们也十分感激。我们有在特殊情况下为客人房间升级的权限。而这个特殊情况就是我拿到了 20 块，晚上我可以扯下胸卡，到酒吧喝个不醉不归。这个情况对于我来说已经足够特殊了：一位慷慨的客人入住我们酒店，他获得了房间升级，这位客人值得拥有一个看得到中央公园的房间，而且不必额外因为房间升级而付费。

另外还有件事让我难过，该死的美景酒店。在这间酒店服务多年之后，我对美景酒店感情深厚。之前我可能抱怨过酒店服务员如何散漫如何消极怠工，但现在看来，就像一座城池遭到一支军队长驱直入的占领，然后他们开始在城池大兴土木。军队的占领激起了我对这座城池以前宁静美好的怀念，更厌恶它如今被改造成的样子。如果塞给我 20 美元就能解决问题，谁还愿意多花一百美元去补房间差价呢。我们只需要向上面解释为电脑误操作或别的什么讲得通的理由就行。而且这有点儿像监狱里面的潜规则，我们很多事情都掩盖着进行，很难抓到把柄。管理层在查升级行为的时候，我们立刻改为客人免费发放早餐券；等他们开始来查早餐券，我们转头去帮客人把退房时间推迟到下午四点；当经理们开始查退房时间的时候，我们开始帮客人免掉迷你吧里上百美元的消费。他们醒悟过来开始要求 50 美元以上的免单需要经理授权之后，我们又转了回来，开始为客人升级房间并发放免费的早餐券了。

对于我来说，我重新制定了游戏规则。我不再守株待兔似的等着懂行的游客把一张 10 美元的票子塞到我手里了。我现在深谙游戏规则，我会主动出击，我已经知道如何让他们主动想要给我小费。我从小做起，最先掌握的是一种悄悄话式的升级技巧。我会向前探身，用足够让客人的女伴（管她是夫人还是妓女）能听到的音量说："也许我能给你一些特别的照顾。"如果我能让这位客人明白我所指的特殊照顾是什么，他们就会顺顺当当地把小费掏出来。100 美元的小费，刚刚从一打钞票里抽出来，稳稳当当地塞到我手心里。我们管这叫＂过手＂。

我的技艺日渐精湛。我开始看出客人给门童小费的数额与给我的小费数额之间的连带关系。如果你对门童慷慨，你就真的是来享受消费的。

那我就站在你那边儿。

最后，我列了一张常客名单。这些人出手大方，门童手里也有这么一份名单。即便有了这份名单，我还是会把所有新到店的客人视作"出手大方"的一员并且在他们那儿寻求机会。在大堂里戴着墨镜，老婆刚刚注射了肉毒杆菌？——出手大方；从新泽西来纽约度假的意大利人？——出手大方；体重超标的人？出于某种理由，他们也是——出手大方。

"别忘了 20 块的票子，汤姆。""灰狼"有天这样跟我说。他从不会忘记 20 美元的钞票。如果客人办完登记手续离开前台，行李员过来问客人的名字，并且认真记在他口袋里的小本子上，这意味着这个客人至少有能力给 20 块的小费。他会牢牢记着这个客人的名字，并且在客人走过大堂的时候尽可能多和客人打招呼。有些行李员会索要每天到店的客人名单，然后将客人名字与他们自己的常客名单彼此对照一番，然后在大堂里耐心等待那位客人的出现，以便适时提供适当的服务。他们甚至开始让我帮忙。如果一个喜欢给 50 块小费的客人正在排队准备办入住手续，行李员就会特别叫我加快或者放慢速度，以便把这个大方的客人分配给早已经虎视眈眈的某位行李员。行李员都喜欢我，因为我愿意配合他们。天啊，我觉得这超级好玩的好嘛！现在我的登记手续办理时间可以在30秒内搞定，所有登记手续都流程化了，所以叫我放慢或是提速都易如反掌。只要对客人讲一些诸如餐厅、健身房的位置和开放时间之类的话来拖延时间，我就可以让凯拉正在服务的那一家五口人分配到行李员本的手里，然后让特雷接手他想要服务的那位客人。而且，从行李员那儿得来的内部消息也给了我直接的好处。我一目了然地知道，可以跟哪位客人提出对他给予"特别照顾"的建议。

"汉森先生（Mr. Hansen），我看到您已经是第五次选择入住我们的酒店了。"这个时候，下一位等待客人的大堂行李员是本，我看到他在对我比画着加速的手势。就像一个站在三垒的教练打手势叫跑垒员迅速跑回本垒。"您对我们酒店的忠诚选择我们十分感谢，您该得到特别的待遇，先生，至少在我当班的时候不能亏待了您。"房间升级。然后我们过了手，我拿到100美元的票子。之后房卡交给行李员本，本在房间里拿到了50块的小费。

我们还协同合作。"帕莱先生（Mr. Palay），门童马里奥（Mario）在前台留了话，让我们一定对您给予特别照顾。行李员的建议我们一定得重视。所以我刚给您升到了一个可以看到中央公园景色的套房，请允许我以行李员马里奥的名义为您送上红酒。"客人转头往街上望去，因为他不知道这个马里奥究竟是谁。但是行李员马里奥知道他是谁。马里奥说，就在五个月之前，这位客人平白无故给过他100美元的小费。如果帕莱先生给了小费之后看看行李员马里奥，就会发现对方正一副愁容，目不转睛地盯着他的脸看。其实马里奥只不过在记住他的脸而已。五个月之后，帕莱先生望向窗外，看到门童马里奥正在冲他打招呼，显出一副很熟的样子。

"帮我换开这张 100 块。"帕莱先生说。

"您想怎么换，先生？"

"都要 20 块的，你自己留一张。"

"谢谢您，先生，"我说，从五张 20 块的票子里拿了一张，剩下的四张交回给帕莱先生。我做房卡的时候，帕莱先生走出大堂走到街边，给了马里奥 20 美元的小费。

灰狼把这一切都看在眼里，帕莱先生走出去的时候他立刻凑过来说："开始跟门童合作上啦？你这个狡猾的家伙。我可是一直把你当亲儿子啊。还有的剩吗？"

这话的意思就是，如果他待会儿帮客人把行李提到房间，客人还有多少给他小费的可能。

"房间已经升了级，还送了红酒。你还可以给他来个延迟退房啊，狼。"

"他回来了，你来安排我。"

"帕莱先生，这是我的同事阿兰。他会带你到你的套房去。您的房卡信封里有我的名片。如果有任何需要请告诉我，祝您愉快，欢迎您再来。"

现在回想这套拼命挣小费的情景跟说辞都叫我兴奋得打冷战。

五分钟之后，阿兰乐着下来了。从他的小费里分了我五块钱，我猜他也拿到了 20 块，不过你永远不会知道他到底拿了多少。到现在为止整套流程结束，我最后拿到的 5 块钱就是蛋糕上最后放上去的樱桃。阿兰很懂得有来有往这一套，其他行李员下来的时候会说："抱歉，他没给小费。"你相信吗？不，我完全不信。

你觉得我们这么干有悖道德？不如我们换一个角度思考：客人在十分钟之内花了 60 美元，他为此得到了房间升级、红酒，以及延迟退房的权利。他对此非常满意，而且我们也是。酒店得到了什么？我得说，美景酒店，整体装修之后的新美景酒店，会因此而开掉我。但即便如此，相信我，这位帕莱先生从此不会再考虑住在别家酒店了。这些客人在曼哈顿的各个酒店之间住过来住过去，他们想要找的就是一个让他们花大钱，能感受到宾至如归的地方。他现在已经找到了。现在帕莱先生每年会在我们这里住上 50 个晚上，与前几年入住寥寥数次相比可是天翻地覆的变化。可以说我们刚刚为酒店未来的收入多挣了 40000 美元。酒店付出了什么成本？一次房间升级，清洁成本和其他房间是一样的，基本不花钱。一瓶房间内标价 75 美元的红酒，批发价不过才 4 块。延迟退房会让房间服务员的工作"撞车"，但对于酒店成本来说没有额外的增加。

我们把 4 美元变成了 40000 美元。

你明白了吗？从某种程度上说我们就是在完成工作。现在帕莱先生爱死美景酒店了。他不会想住在什么别的酒店。两年之后，我们会见到他的孩子、老婆和情妇。他等不及要回到酒店，给出去几张 20 美元的票子，跟马里奥聊聊体育运动，然后甚至会跟"灰狼"一起探讨育儿话题。

你可能已经从我的服务方式的变化上看出了我的进步：我现在也有名片了。崔特雷有没有把我们每个人的名字印在名片上让我们感到属于集团的一分子？他显然没能做到这一步。其实那只是一张空白的美景酒店名片，我的姓名、前台电话、邮箱和当班时间，还有手机号，都是手写上去的。这是江湖规矩。

现在我可以随时把手伸进衣袋，从之前准备好的五张手写名片里拿出一张，递给客人然后说："乌泽曼先生（Mr. Uzzaman），如果您有任何事情需要帮助，请找我就好，不要客气。如果您愿意的话，我可以帮您把以后的预订都做好，帮您拿到最合适的价格。我可以在手机上收发邮件，所以如果您需要临时取消预订，或者想要我们送赠饮到您的房间，即便不是我当班，我也能找人帮您安排。"

你觉得这种服务值多少钱？反正我挣得和建筑承包商一样多。而且我也不总是为了挣钱。对 CEO 们我总是给予特殊照顾，因为他们是 CEO 啊，而且你永远不知道他们乐意掏多少小费给你。我的电邮联系人里都是各个行业的佼佼者。有一次我坐火车回到布鲁克林，看到门口放着一个巨大的带有企业 logo 的纸箱，里面装着数百袋各式口味的薯片。里面是某 CEO 的手写留言条，表示只要我愿意，他任何时候可以把这样的纸箱送到世界任何地方。

各式口味都有。这么多的薯片办聚会派对的时候能派上用场。我甚至拿了些卖给了酒店同事，一美元两包。

今年服务业特别奖项将授予——"客房价格上涨问题难不倒他"的汤姆·雅各布斯。

我重写了游戏规则。于是我开始受邀参加整个城市的电影首映礼以及映后庆功会，都是环球影业公司的客人帮我安排的。

我也接待了一些稀松平常但就是极其富有的客人。我帮贝克两口子（Bekkers）办完了第一次入住手续后我们就成了朋友。发生了两件很巧的事儿，我们也因此结识。第一，我们都喜欢过南方。尽管贝克先生和他的未婚妻已经不住在南部了，但是他们在北卡罗来纳州相识相爱，刚巧我也曾经在童年时期在这个州居住过一段日子，我对那里有深深的情感。现在他们住在南非的开普敦，那是一座让我非常神往的国际都市。实际上贝克先生就是在那儿出生的，因此他说话带点儿南非口音，但他的未婚妻是地地道道的北卡罗来纳人。第二个巧合是什么？他是个非常有钱的老头儿。

因此我们迅速成了好朋友。

贝克先生给我的小费干脆利落地滑进了我的裤兜。贝克先生的预订也顺利升级到了酒店的 60 层：一个免费升级的豪华套房。作为豪华套房的特殊服务，很快就会有深色瓶身的红酒、松露巧克力跟新鲜水果一道被送进套房的餐厅。

所以，当然，给小费是原因之一，但另外我也非常喜欢这两位，他们也喜欢我。他们也彼此相爱。有年秋天的一天，贝克先生给我发来一封紧急电邮，他问我酒店酒吧里的一款鸡尾酒是怎么调制的。情况紧急是因为他的未婚妻很喜欢这款鸡尾酒，因此他打算在他们即将在北卡罗来纳举行的只有亲属和朋友参加的婚礼上给她一个惊喜，将这款酒作为婚礼的主调鸡尾酒使用。贝克先生列出了他记忆中的这款酒里的调配原料。带着他给的线索，我跑到酒店酒吧去对酒保开始死缠烂打。这款酒是配合春季推出的，而且已经从酒单上撤掉了。所以我只能等到下周调酒员休假回来，才能知道调配方法和比例。她走进大堂的第一分钟就被我逮到，我说出这款酒的基酒和大概的果汁和香甜酒，两分钟之后，完整配方就写在了一张餐巾纸上。她告诉我这款酒叫"美丽邀约"，堪称完美。我感谢了她，并且告诉她这款酒将作为主调鸡尾酒用于一场大型且私密的南方婚礼上，我想让她知道这个配方对于某些人有多重要，而且他们的婚礼将被媒体大肆窥探和报道。

"我知道。我就是南卡罗来纳人。"

当时的情况就是这样。南卡罗来纳州人有时候可以冷若冰霜。对于她调制的这款酒在重要客人心中念念不忘，她完全不以为然。而且她的工作就是调酒，她是个调酒师。这就是她一辈子的事业。我甚至向她保证，贝克夫妇再来酒店的时候介绍他们认识。

"我不在乎。"她说。

"呃，你可能会在乎的。他非常慷慨，而且很可能会给你100块的小费，有可能更多，因为你设计了这款酒，而且你还把配方给了他。"

"无所谓。"

这女人脑子进水了。不过，这事儿跟我不相干，和我的钱包也不相干。我把鸡尾酒配方敲在电邮里发到了开普敦，贝克两口子都非常高兴。婚礼之后，我收到贝克夫人的一封信，在一张印有漂亮首字母花压字的信纸上，贝克夫人感谢了我的帮助。她特别提到，由于我说过对南非很感兴趣，她说只要我去了南非，她乐意盛情招待我，我愿意住多久就多久。这也太棒了吧！她人太好了，而且，那个时候我真的动心在考虑，是不是该出去度个假！我给她回了一封手写信，感谢她的好意，并且表示真的有此打算。我告诉他们，我眼下正在攒钱，等再多攒一点儿，我可能要暂时移居开普敦去，在城里租间价格合适的房子，把我之前攒下的钱好好消费掉，就像当年我去丹麦和巴黎似的。

一两个月之后（国际邮件总是如此速度）我收到了回复：贝克太太开心极了，她愿意帮我找房子，而且在找到适合的房子之前，她很乐意让我住在她那儿。

天呐，我太爱贝克两口子了！他们真是好人。

现在：我已经有逃跑计划了。

第十二章

Chapter Twelve

狗仔们，一群衣着肮脏的神经病，酒店门外站着 20 多个，互相推挤着彼此荡漾着汗味儿的身体，把照相机高举过头顶，指望着能拍到什么卖得出价钱的照片。

　　我们整个大堂里到处都是走来走去的明星。我的所见所闻能写成一本 250 页厚的书。我曾经听到一个瘦得像电线杆子似的电视节目小明星向她的妈妈抱怨，自己每次去电视节目录制现场他们都只给她吃黄瓜三明治。天呐，这还是真事儿。那姑娘都快饿死了，我当时差点儿送一包薯片给她。

　　现在，猜一猜，酒店翻新提价之后谁仍然选择住在美景酒店？我们的布莱恩·威尔森（Brian Wilson），海滩男孩乐队的成员。也许因为他已经习惯了美景酒店的感觉，不想再去换一个新地方，不想重新经历一遍适应过程所带来的精神压力。我很确定，房价的调整对于他来说不算什么。

　　现在酒店正准备给巨星埃尔顿·约翰（Elton John）开 60 岁生日派对，而且这会是一个大型的基友派对，有一大批明星要住到我们酒店。巨星们纷纷来到大堂准备参加派对的场面，让酒店看上去很像一个大马戏团。我们手上有受邀客人名单，还有并非明星的普通基友，以及天鹅绒黑手党，我猜他们是这么叫的，这些人从我的柜台前熙熙攘攘而过，他们穿的运动帽衫后背上都装饰着人造钻饰：闪闪发光的豹头和熠熠生辉的猫。

　　不管怎么着，我的老伙计布莱恩（Brian）过来了，布莱恩的请柬是 VIP 级的，他穿着合体的燕尾服，非常精神。虽然看上去很像参加大学舞会的一年级新生，但他确实不赖，尽管有点儿害羞，但还是摆出一副"如果有哪个幸运的年轻女孩儿在吧台旁边看到正在轻扭身体的他，他也会和她在餐厅角落里干个天翻地覆"的模样。他的助手们带着布莱恩来到前台，要了一张备用房卡，以免布莱恩自己不小心把唯一的一张房卡掉到抽水马桶里。我当时正在忙着接待其他客人，所以他们找了我的同事，那个同事是新来的，应对所有事情都紧张到手心出汗。他的手永远到汗津津的，经他手递出去的东西总留着湿手印。有时候你午休之后回到前台，会发现前台上有各种潮湿印痕，就像有蜗牛刚刚爬过。而且他当时甚至还在问"哪位客人？什么房间？登记到这个房间的客人叫什么名字？"之类的问题。

我是怎么干的？我当时立刻让正在接待的客人自己站在那儿，然后半途冲出来帮忙。我对客人说，"不好意思"，客人很不高兴，因为他当时正在不停地问我附近哪儿有好餐厅，可这并不是我的分内事，就像叫一个门童去扫厕所。我们有训练有素的礼宾员可以回答此类问题，而且他们每小时还领着五块多的薪水。

我让我手头的客人稍等，主要原因是布莱恩正盯着我看，更准确地说他当时正凝视着我，目光像是穿越了一团浓雾。他穿着燕尾服，看上去无助又可爱。我给他做了三张新的房卡，而且我连房间号都不需要检查，我记得他住在哪个房间。我非常快速地做好了新房卡，然后他还在看着我，好像明白我正在为他服务。

之后事情就发生了。

我把房卡装进卡套，递给了他的助手之一。这时候布莱恩冲着我笑了，好像我们以前就认识似的，又好像他知道我已经为他服务了五年多。然后他向前走了一步，在黑色学生领结上方的脸上，慢慢浮现出一个笑容，他向我伸出手来，好像在表示：我们认识一下吧（"我们做朋友好多年"——海滩男孩的歌词）。

　　我握住他的手，然后他说："你好，我是布莱恩·威尔森。"

　　"我认得您，威尔森先生。"我摇了摇他的手，因为他只是捉住我的手不动，"你看上去特别精神，先生。很荣幸为您服务，希望您在派对上玩得愉快。"之后我放开了他的手。他的脸上掠过一丝难过的神情，不过他还是保留住了愉快的心情，我明白那一刻他的脑子里可能浮现出了某支曲子，让他感觉很好。我认识的助手之一给了我一个诚恳的笑容，然后扶着布莱恩的手肘，带着他离开了。

　　大堂现在空空荡荡的，只留有漂浮的古龙水味和散落在地上的人造水晶。行李员用勺子把人造水晶盛起来，然后跑出去往彼此脸上扔。大堂里空无一人。突然有一颗人造水晶重重弹到了我的脖子上，我冲着特雷笑了。特雷说："你小子要是敢扔回来，我就打断你的腿。"我用笔头把掉进键盘里的石头抠了出来，我盯着那颗石头看，心想，妈的，这没准儿真是一颗钻石。如果真是钻石，我可以卖上个几百几千美元，然后辞掉这个该死的工作，拿着钱在南非买一栋别墅。这一刻，我突然醒悟了。

布莱恩其实根本没认出我来。我之前以为这个快乐又哀伤的家伙在那个当口突然认出我来了，但其实不是。他的帮手们之前可能让他坐在一个不太舒服的沙发上，一边替他整理领结一边对他说："嗨，布莱恩，今天晚上会有好多人，我们不会待太久，但这些人里头有些认识你，他们可能会要跟你打招呼。但是别担心，我们会一直陪着你，你要说的只是：'你好，我是布莱恩·威尔森。'现在你来说说看，很好。你看，你要说的就是这些，好吧？别担心，我们很快就会回来，我们不会让任何人烦你的。你可以再说一次试试看吗？"

"你好，我是布莱恩·威尔森。"

我知道你是谁，布莱恩。这一套寒暄的办法是别人教你的，对么？你还没到派对呢伙计，你还在大堂里，但我希望你到了那儿之后会玩儿得开心，我也希望那儿所有的人在和你握手的时候跟我一样感到荣幸。很抱歉你会因我们的罪恶而死，布莱恩，太感谢你了。

两周之后我遇到了金吉·史密斯（Ginger Smith）。

金吉·史密斯。鉴于此书的写作初衷，因此这是个假得不能再假的名字。也就是说这位客人用假名登记入住，然后我现在又帮她换了个假名。金吉是个尤物。模特般纤细的身材，金发，五英尺十英寸高，总是穿着紧身的商务套装，是那种打扮得有点儿太完美，因此看上去可能是色情从业者的模样：色情影碟中的那种工作场景里的女性模样。她总是一副赶时间的样子，也总面带微笑。

事情有点儿奇怪。首先是她用了假名。如果你要看她的 ID（你懂我的，我从来不看），她会给你一张 20 美元的钞票。如果你说不看 ID 不行，她就会取消预订转身就走。这个女人充满神秘感。她永远用现金结账，永远。如果这些还不够奇怪的话，她永远在入住的同一天退房：下午一点左右上房间里，然后在下午四点回到前台来。

她永远一副赶时间的模样，甚至连等找零的时间都没有。如果房费和房间税加起来总额是 459 美元，她会给你 500 美元，剩下的 41 美元就是留给前台服务生的小费，因为服务生接过钱的一瞬间，她就会说："谢谢你亲爱的"，然后一阵风似的从大门走了出去。

有一次我在前台见到金吉·史密斯，她正史无前例地给在场的四位前台接待员每人一张百元钞票。这是我这辈子再没见过的情景。如此性感，如此美丽，而且，招所有人喜欢。

史密斯女士，她看上去光彩照人。服务这种客人的策略就是一定要把她抓得死死的。成为给她服务的不二人选，也就成了她慷慨大方的唯一受益对象。因此我做了一番努力。每次只要赶上我接到她的电话，通常是她到店前一个小时，我就会把一切她需要的东西准备好（包括一张房卡套里的打印纸，告诉她房费和税费的总额是多少，这样她就可以在下来退房之前把钱准备妥当。而且，在房卡套里，你能猜得到，我还塞了一张汤姆·雅各布斯的名片，上面有电邮和电话号码，还包括一张小小的字条，上面写着："你哪天回来住，一定要给我发短信，我会为你安排一切。"）连续几个月的时间她都没有给我的手机发信息，我就会在她面前重提此事，然后她会说她把我的名片丢了，同时表示有一个我的私人联系方式会很方便。

"史密斯女士，现在就把我的号码记在你的手机里。美景酒店的汤姆。站住三秒钟，现在就存上。"

她照做了。"给，"她付 60 美元房费的时候又留给我 20 美元的小费，"你真是可爱。"

她才真是可爱。第二个礼拜我就收到了她的短信。

"我要到酒店了哦，亲爱的，中午到！"

"没问题，史密斯女士。税后房费是 429.50 美元。我会提前把房卡准备好的！"

（笑脸）

从此之后她一进大堂就会直接冲过来找我，然后我会像给一个马拉松运动员递能量饮料似的把房卡递给她，然后她就马不停蹄地转身上楼去。

"史密斯女士今天会来吗？"我的同事贾内尔（Janelle）问，显然因为没接到客人的预订电话而有点儿泛酸。

"是啊。"

"她总是找你，你得给大家分点儿。"

"是啊。"我才不会跟大家分。现在金吉是我手上的人了，我爱上了关于她的一切。

我爱上了关于她的一切，除了她是个性工作者这个事实以外。她是个妓女，对吧？我猜不出来她还能是干什么的，而且，相信我，我也希望她是。她在房间里最多不会待超过 3 个小时而且总是用现金付费（虽然用预付款的方式会更方便一些，但她每次都是在退房的时候结账，因为这样跟前台服务员就只会交接一次。但是从一个妓女的角度来看，她得干完活儿才能拿到钱，你懂我意思了吗？）不过，就像我之前提到的客人霍克斯坦因，在你真正看清楚她之前，一切都只是猜测。有些人就是喜欢没理由地花钱。而且，我见过做这种工作的女孩儿，她们才不会预订房间呢。通常嫖客已经订好了房间，然后老鸨就会把妓女送到指定的房间去。

最后，让她的神秘气氛更添色彩的是，她提到她可能会需要一些浴室用品（剃刀和剃须乳液，以及额外的肥皂）。我猜无论房间里发生了什么事情，但事前或者事后她希望自己的身体干干净净。于是我开始给她准备酒店的礼品包，里面装着浴盐、肥皂、乳液、迷你体香剂和粘毛器等，所有我能在酒店客房服务储藏室里找到的东西。我会把她的房卡钉在礼品包的侧面，她穿过大堂"飞"到前台，光彩照人并且语速飞快，之后她会把礼包拿走，并露出优雅动人的微笑。但后来，换了新的客房服务经理之后，这些礼品包给我找了不少麻烦。新的客房服务部经理是从一个"荒蛮的封建领地"招来的，她看上去就像从泥浆里滚过的怪物史瑞克。有一天下午我正在拿浴室用品，她突然神兵天降，挡住储藏室的门不让我走。

"你拿这些干嘛？"她问我。

"呃，我是给一位常住客人拿的。她住咱们的酒店只是为了洗个澡，清爽一下，但她每次都按整天的房价给钱，所以我觉得比较好的做法是提前把她需要的东西准备好，让她能节省一些时间。"

"这个客人没理由白用这些东西。"

"呃，可这些东西对所有客人不都是免费的吗？"

"除非他们提出要求。"

"这就是她要的呀。"

"不对，你在偷东西。让她直接给我们的部门打电话，我们会送上去。"

"啥？不会吧？不然这样吧，你给我找一张纸，我来把这些东西都写下来，然后你就当她已经打过电话了，然后立刻叫人把东西送到她房间去。立刻就送，她就在来的路上了！这样大家都满意了吧？"

（"写下来"的另外一种定义：越职越权同时预期客人的需求时需要进行的一种规范行为）

礼品包事件就此结束，不过这并没有影响金吉给我小费时的大方阔绰。

我欠了史密斯女士很多。或者说，有人因为那几个小时在房间里的事情欠了她很多。一年的频繁交道之后，在她冲出大堂门，回到曼哈顿之前，我们能在前台聊上一会儿了，内容轻松随意，不涉及什么具体话题。曾经有一次她说她卧室的浴缸正在修理，所以她觉得还是在酒店洗漱更方便快捷一些。还有另外一次，我直接问她在哪儿工作，她说他的老板是对冲基金的CEO，经常让她在上午工作，然后在晚上参加晚宴活动什么的，所以她老板宁愿她不要回到 20 个街区以外的公寓，其实是打车十块钱就能到的地方，于是老板给她现金让她在酒店休息，也不需要发票。好吧，为什么用假名字？其实，金吉就是她的名字，但她的姓太具纽约上东区特色了（纽约上东区是富人聚居区），而且用起来很麻烦，因为不是常见的拼法。

金吉是妓女？她是妓女吗？我不知道！她人这么好，又慷慨，看上去又十分……正常。到底她是干什么的，还是由你自己来决定吧。我吗？为什么一个上班族女孩儿会住在酒店最好的套房里？我见过不少奇人怪事，不过对于她我仍然不敢说自己判断准确。

我决定为她做点事情。有一次，在她人不在酒店，但还没有退房结账的时候，我去找了前厅经理，向他稍稍说明了一下史密斯女士的情况：她给酒店带来的稳定收入来源，她如此不挑剔好相处，以及她每次只待三个小时，都可以让酒店有机会收取双倍的房费。也就是说同一间房，同一天，收取两次房费。通常情况下，二次收费是违法的。比如：有一群客人订了 20 间客房，其中一位客人因故未到，但是房费已经付过了，于是酒店把这间已经付过房费的空房又给了另外一位客人住，也向他收了房费。这就是二次收费，酒店足赚。在金吉这边，我询问前厅经理能不能只收她半价，因为她只待三个小时，房间没有什么损失，打扫和重新销售也尤其方便。

"可以啊。"前厅经理说。

我在经理办公室外面就给金吉发了短信，告诉她我已经帮她把房费减半，所以会找给她 200 美元现金，而且这次我可以帮她把钱存在酒店的系统里，她下次再来就不必支付房费了。

你真是好人！不，不必给我留着！你拿着吧，是你的了！

现在再看，你还觉得她是个性工作者吗？"我那 200 美元你拿着吧！"

当天就我带了 250 美元的现金回家，这得感谢史密斯女士。

你问我爱她有多深？

我这么告诉你吧：我爱她 20 块、40 块、60 块、80 块、100 块。

两周之后她又订了一间房，她离开之后，我如法炮制，又帮她省了一半的房费，这次我当然是跟另外一位经理说的。她立刻就给我回短信了：

你拿着吧！

靠！我不拿，这是你的钱。

拿着吧，亲爱的。

不。我会把钱放在信封里留在礼宾部，信封上写你的名字。别再争了，用这钱给自己买条漂亮裙子吧！

你真是好人！我今天晚上会去拿的。

就是这样。一个小时之后我看了下手机，发现她又发来一条：

你真可爱。希望有个好女孩儿照顾你，你值得拥有一个好姑娘。

我当时就在楼梯井站住了。这是什么意思？我没有好姑娘陪伴，事实上两个星期之前，我和朱莉刚刚分手。分手之前我们不定期地约会，在这个孤独寂寞的城市里，这些不定期的约会会让我远离漂泊之感，并且我享受那种有人知道你的卧室是什么样子，知道你在哪儿出生，以及知道你的人生转换轨迹的生活。对于我来说，这就是一种男女朋友关系。分手对于我来说并不好受。每天晚上我都要听埃尔顿·约翰的歌，并且感到自己无比可悲。坦白地说，我仍然疯狂地爱着朱莉。但现在，我从一个不同寻常的女人那儿收到了一条不同寻常的短信。这个女人希望我身边有个好女孩。

我现在没有了，金吉。但我希望有个好男人来照顾你。

我现在也没有了（挤眼）。

在进入员工餐厅之前我在楼梯井坐了一会儿，我想看看她会不会回复。她回了。

我们得一起喝一杯！

汤姆，问问你自己：你确定她不是妓女吗？

我给她回了短信：

好的！！

确实该喝一杯。

我们约定在哥伦布环岛附近能看到中央公园的一个酒吧见面，我穿上了最好的衣服，一个前台服务员在公共场合可以穿上的最好的衣服。15 分钟之后，她飞也似的进了酒吧，看到我坐在角落里，然后冲了过来。我当时都不敢相信她马上就要坐下来跟我聊天了。她以前像一头鲨鱼似的需要不停游动，而现在，她马上就要在我身旁的沙发上坐下来了。她的金发有点凌乱，脑门上冒着可爱的汗珠。

她安安稳稳地坐着。

之后我们就开始喝酒。我每喝一杯加冰威士忌，她就喝下一杯马提尼鸡尾酒。她喝了七杯该死的马提尼，我从没见过哪个女人这么能喝。喝了大概三个小时之后，我去了厕所，我回来之后发现她把账都付了（我也确实没法儿跟她争，因为在哥伦布环岛附近的任何一个酒吧喝上 14 杯酒都大概相当于我一个礼拜的工资）。

几分钟之后，我们沿着中央公园南的一条小径向下一个可以抽烟的酒吧前进（她脚步蹒跚，扶着我的手臂）。是的，在那个酒吧里，在室内吸烟是允许的，而且酒吧就在市中心区，不过我可不会告诉你在哪儿，因为酒吧属于我，不是你的。我把她扶到一个木制古董吧台椅子上坐好，所有抽着雪茄吞云吐雾的肥家伙们都盯着我看，我猜是嫉妒，那种看到我把到妓女的嫉妒。

她把镶满钻石的劳力士手表摘下来放在我面前，就在我酒杯的旁边。"你知道吗，我买这个是为了想提醒自己，钱什么都不是，钱什么都不是。"劳力士手表磨损划擦得很厉害，但是在酒吧昏暗的灯下仍旧熠熠生辉。"你把它拿走吧汤姆，你拿走吧。"

"你要把你的劳力士手表给我？"

"就一会儿。拿走吧，好吗？戴一会儿。"

我把劳力士戴在了右手腕上。我现在有两块表了。我们又叫了一圈酒，然后她拿出 iPhone 手机给我看她家人养的狗。

她醉醺醺的手指划过手机屏幕的时候，缓缓掠过几张裸照，有些是在晒黑床上拍的，诡异的黄色绿色灯光诡异地照射在她的皮肤上。但是，仍然非常热辣。之后她就慢慢放开了，但她对自己的职业仍然缄口不语。她讲了她自己，讲了她的问题，讲了她的心理问题，以及心理问题如何影响了她的行为，比如喜欢用眉钳夹自己胸部的肉，直到夹出血来。

我得说，在那个时刻，我活出了自我。我一点儿都不觉得无聊。这只不过是另外一种形式的垃圾。

我们后来又叫了一轮酒。

日子还在继续，所有的东西似乎都有上升趋势。每周我几乎都会被记上一笔，前台服务员也是，所有人的服务水准和质量都在下降。

所有我受过的服务训练此刻都消失得无影无踪。我说话又快又没有分寸，如果你没给我小费，那下一个，我等着拿钱呢。想问我酒店都有什么，回房间里看手册吧。

现在下一位。

但就像喝烈酒一样，这些个偷偷摸摸的事情让我胃疼。我提供的不是什么高质量的服务，因此拿到的是脏钱，我还用这些脏钱换马提尼酒喝。不过这些一百美元的票子也让我的账户数字不断升高。我开始幻想一个舒适干净的假期，远离这里的一切，尽快飞走。

开普敦，我可以去开普敦，在那儿把自己剥得干干净净，然后看看还能剩下什么。

我也抑制不住对新奥尔良的想念。我在那儿的时候不是更开心吗？我在那儿做人也比今天的我好，对吧？我为什么会在纽约待这么久？我应该很早就离开这座城市了，不过从某种角度上说，纽约对我施了魔法，这儿的引力太强，那种世界中心似的引力，让离开这座城市的念头消失得无影无踪——我连自己租下的公寓都离不开。

另外就是钱。让婊子继续当婊子的唯一原因：一张又一张的钱向你飘来，下定决心把这喷钱的龙头拧上需要一番勇气，特别是在这座各式穷人随处可见的城市。我想起了我在新奥尔良租下的房子，后院从没用过。我这颗旋转的陀螺开始倾斜了，梦想着我能在别的什么地方找到类似这样的地方。世界的中央，去死吧。我需要离开一阵子，回到新奥尔良。

第十四章

Chapter Fourteen

（酒店没有第 13 层，因此我也没有写第十三章）

酒店不让我休假（令人震惊）。不过这个时候我已经升职，并且可以在周末休息，周末休息这种事情对于酒店服务业来说相当惊人，而且让我的同事对我生出鄙夷眼神。因此另外一个出城一阵子的理由就是：可以离开我的同事一阵子。

我的休假申请被立刻拒绝了。于是我干脆利落地给自己放了假。我订了周四走周二回的机票，并且计划周末的前后各两天我都要休假。到了这个时候我完全不在乎，他们要记我一笔就去记好了。我知道他们会记的，像我这种休假方法他们会记我一笔的。

飞机降落到路易斯安纳州机场的瞬间，我就觉得自己变平静了，干净了，也变得更好了。提取行李走出机场的一瞬间，我被一团湿漉漉热腾腾的气团包裹住，就像给了我一个拥抱。出租车走在 1 ~ 10 号公路上，除了能看到飓风卷过的破坏性痕迹之外，一切看上去都很好。法国区的味道闻上去和以前一样，当地人还是在喝以前的几种酒，看着这些画面让我的身心无比舒适，我开始担心这些年来自己变成了什么样子。我的幽默感跟以前不一样了，现在我会跟亲近的朋友骂＂干你爹＂，这种说法在北边极具幽默感，但在新奥尔良没什么人觉得好笑，而且这儿的人听到会觉得受到了侮辱。现在我回到了小镇上，在手机诞生之前我一直待的地方。我的 iPhone 仍然不断收着从纽约信箱里发来的工作邮件。有一个小费给得一直很大方的客人问我能不能帮他拿到折扣房。另外一个行将就木的唱片租赁连锁帝国的 CEO 让我帮他搞定延迟退房。金吉·史密斯告诉我她中午到店（我给门童打了电话安排此事，这种事情我不能让她自己做）。

我关掉手机，走进阿力比酒吧，他就在那儿等着我。

"哈，看是谁回来了！"

他站在那儿，我们握了手。彼此微笑着上下打量。

"汤姆，你一点儿都没变。"

"其实只是外面没变，佩里，你看上去气色很好，伙计。"其实他已经老态渐露，眼神不再犀利，头发泛白。他戴着扬基队的帽子，几年前我绝对不会戴的东西。

"你先说吧。"他说。

"不，你先。"

"你先吧，汤姆，快说说你自己。"

"不，你的家人怎么样？"

"一切都好。你继续说吧。"

"继续什么啊，佩里？我没有什么故事可说的，你才有故事讲。"

"咱们喝几杯怎么样？"

我们去了酒吧。酒保没说话，直接在佩里面前放了两瓶喜力啤酒，然后他冲我点了点头。出于某种原因，佩里给我点了一杯轩尼诗。

"欢迎你回新奥尔良来，汤姆。"

"我也很高兴回到家。"

"所以，这是你的家，对吧？真高兴听你这么说。"

"因为这儿给我家的感觉啊。你刚才说你的家人都好，酒店其他人呢？"

"哦，呃，你指谁？"

"当然是指大家啊，黛博拉怎么样？"

"她回来了。她妈妈去世了。她的孩子还小，两个人好不容易才熬过来，你记得她儿子吧？他也很不容易。下一个问题。"

"罗伊呢？"

"他也回来了。跟以前一样疯，还在客房服务部干。弄了一个新纹身。"

"是关于飓风的纹身么？"

"才不是，这家伙不知道为什么又纹了一把枪！就在他的细胳膊上。这家伙实在难懂！"

"桑福德呢？"

"哦，伙计，他走了。"

"去哪儿了？"

"他死了，汤姆。飓风来之前就死了。桑福德在兰帕特街（Rampart）上被人开枪打了。"

"发生什么事了？"

"你也知道，警察什么都不告诉你。他可能参与了什么事儿，他们说他身上也有枪，但有枪又不是什么稀罕事儿，他可能只是从那儿路过。谁知道啊，不过他被打死了。但葬礼办得很不错，你真应该来，非常好的葬礼。我们都跳舞来着，葬礼办得很美。这都是飓风来之前的事儿了，但是葬礼的服务什么的真的都特别好，气氛特别好，铜管乐队伴奏，所有人都跳着舞。铜管乐队的钱是我付的。葬礼真的特别美。我的葬礼时候的音乐你得给我弄些好的，你听见了吗？听见了吗？不过那是飓风来之前的事儿了。"

我们在沉默中坐了很久。酒吧里还有别的客人，但比我印象中安静了不少。飓风和洪水给新奥尔良人心里留下了阴影，他们坐着喝酒，一言不发，在找到什么话题之前，回忆会像洪水一样突然袭来，在他们的脑子里制造着旋涡。

一整个周末我都和佩里还有其他朋友在一起度过。我像个游客似的在城里游荡，每个酒吧我都喜欢，每个飘着尿味儿的街角我都不讨厌。街上的法式建筑好像要冲着我翻倒下来，跟纽约大都会那种亮光闪闪的摩天大楼形成两极对比。我随意走上街头，超过一对漫步的情侣，赫然发现今天虽然是星期日，但是明天不必上班，于是我放慢节奏，开始享受室外那种又湿又热的空气的拥抱，以及飘荡着闻起来发甜的垃圾味的街区。尽管飓风在城外造成的破坏很严重，但是市区和住宅区完好无损，市里还出现了新的街头涂鸦，用色大胆跳跃。在城里我也听到了一种新的声音：西班牙语。墨西哥音乐随着新居民的重建工作定居而来，让新奥尔良已经有的街头艺术文化更加丰富。我觉得这让新奥尔良变得更好，更多元。

我带着一瓶酒走向密西西比河，除了这儿我再找不到能带给我独处感觉的地方了。在新奥尔良的最后一晚，我看着货船缓缓推动棕色的河水前进，奋力逆流而上。密西西比女皇号起锚，离开河口出航。来往的渡船上，游客靠在栏杆上，看上去都很开心，他们要么是在恋爱，要么是喝多了。无家可归的人沿着河岸的木栏杆慢慢地走，看到我之后冲着我微笑点头。骑自行车的人经过，吹鼓手沿着长凳后面走，缓缓吹奏着爵士乐的曲调，掩盖住浑浊河水的汩汩声。他们演奏并非为了要钱，他们是为了新奥尔良吹的，也是为我吹的。

不过我最后还是得回到纽约去，不是吗？我的客人在等着我回去，他们需要我，我的钱包也需要他们。我愉快地想到了朱莉，我想到我们一起待在房顶上，整座城市在我们身边爆炸粉碎，我们稳稳当当地在那儿啜饮着23美元一杯的鸡尾酒，与此同时建筑的碎片从我们头顶上飞过。这样想来我是很想念纽约。我知道那座城市不会永远属于我，终有一天我会离开它，也许我应该离开纽约。即便在新奥尔良花了一些钱，我账户里的钱仍然在不断增长，我又有机会计划下一次旅行。我疯狂地想回到纽约，纽约能给我提供的一切便利我都想要。我离开新奥尔良的时间越来越近，即将道别，我就更不想错过什么东西。新奥尔良、飓风、佩里、密西西比河：他们都提醒着我，没有什么东西是想当然的。想当然的东西都会随水而去，我们也会随水而去。所以当一切安稳，天气晴朗的时候，我们应当深深吸气，让肺部充分扩张，然后屏住气息，直到我们彻头彻尾地醒悟活着有多幸运，做一个人有多幸运。

我开始回想，自打"定居"这个念头出现之后，纽约如何改造了我。刚到纽约的时候，我像一件未完成的雕塑作品，我的性格还未成型。但是纽约这座城市继续塑造了我，砍削掉不需要的那些东西，打磨出我的线条，直到我变成一尊完美的艺术作品，像一尊完美的罗丹雕像。这挺好，像这种事情可不是在任何地方都能发生的。不过从那个时候开始，一旦你继续在纽约待下去，纽约就会继续消耗你，打磨掉你在这座城市获得的那些性格和特点，打磨掉你曾经如此喜爱的那些棱角和特点。如果你永远留在这里，总有一天你会废掉。

第十五章

Chapter Fifteen

"好，女士，你想跟我玩儿个游戏吗？好，现在我告诉你一个三位数的房间号码，如果你能猜中这个号码是美国哪座城市的区号，我就免费送你一瓶红酒。怎么样？"

"真的吗？当然没问题！问吧，我准备好了。"

"房间号码是 504。"

"呃……我不知道……该死，休斯敦？"

"噢！就差一点儿。504 是新奥尔良的区号。"

"新凹尔良！我喜欢新凹尔良，"她说，发音都念错了，"不过我不可能猜不中……"

"你喜欢新奥尔良？好吧，送你一瓶红酒，欢迎你来到美景酒店。"我面带微笑，把房卡交给了一位行李员。本皱着眉头接了过来。

他很快就从房间里下来了。

"你这是什么情况，汤姆？"

"我很好。"

"谁都看得出来，你最好调整一下自己。"

"我现在整个人焕然一新，你知道吗？我感觉很好，我觉得自己脚踏实地。"

"你感觉好的时候就是个二逼。"

说完这话我们一起大笑了一场。不过很快，工作就开始向我全面扑来，3 个小时之后，对着我的灵魂和心脏一通刀砍斧削。

就拿这个客人来说吧，他已经开始下手了："你觉得这很有趣是么？每年我在你们酒店住不下 10 次，我算得上你们 VIP 客户了吧。你最好现在把我预订的那间房给我，不然你就等着自找麻烦吧。"

我面前这个商人的思维方式有很多问题。首先，我们从来不会保证把具体的某间房给客人。员工犯的最糟糕的错误就是跟客人许诺一个房间号。这中间变数很多：之前的客人可能想多住几日，楼上房间跑水结果淹到这间房，房间发生凶杀案，或者有哪个客人给了我 20 块钱的小费，所以我把这间风景比较好的房已经给出去了。

其次，一年住 10 次酒店还上不了我们的 VIP 客户名单，要知道有的客人每年住 200 多晚。"霍克斯坦因先生"就是。眼前这位客人的"一年住10 次店"对我们来说就好像大堂地面上的一小块面积。对我们，特别是对总经理来说来说，算不上什么。

我眼前的这个白痴客人，显然是属于那种脑子进水，而且想进一步告诉所有人他是脑子进了水的类型。

　　"我再也不住你们酒店了，你明白吗？我以后会住到广场酒店去。你觉得怎么样？"

　　尽管我不能把话说出来，但我心里就是这么默念的："先生，我一丁点儿都不在乎！去吧，去住广场酒店吧，我们不需要你这种花钱不多，要求倒不少的客人。另外，你觉得这间酒店里有我的股份是么？你这么想想：可能麦当劳刚刚把你要的东西拿错了，他们可能把你点的薯条炸过了头，一根根都变成了黑炭。你想用对付麦当劳厨子的这招用来对付我们？以后你不吃麦当劳，只吃汉堡王了？不，你这样不行。因为麦当劳的厨子只负责炸薯条，麦当劳收入多少跟他们没半毛钱关系，先生。而在这里，尊敬的先生，我也只是个炸薯条的。愿意住在哪儿随你便，如果以后再也见不到你会让我高兴得不能再高兴了。"

　　你别指望通过威胁前台服务员达到任何目的。不不，我这种说法不太准确，准确的结果就是你反而会拿到更差的房间。曾经有客人提前预订并且已经确认过了，然而住进去的却是个很差的房间，就是因为客人对前台服务员的态度特别差。他们根本没机会想明白，实际上他们本来有机会住在能看到中央公园景色的房间，位于拐角，还带有一个大浴缸。我给他们换一个差房间是因为不巧我看到了他们对着自己的老婆大喊大叫，或者推搡她们，而碰巧我不喜欢这样对待自己老婆的客人。

听上去可能不太让人愉快，但这个理由挺重要的，这就是我惩罚客人的理由和方法。客人做了什么坏事，由我来立刻施报应给他，立刻实施。报应不会等 4 到 6 周之后再出现，报应立刻就来。如果一位客人对司机发表了种族歧视的高谈阔论，报应立刻就到。如果有客人觉得在我面前他可以大肆宣扬对同性恋的恐惧之情，我就会立刻来执行处罚：严厉、迅速、公正。

比如，我最常用的一招就是把这类客人分到 12 层的某个特定房间去。这个房间有什么门道？看上去和其他房间没有任何差别，但是，如果你住进了 1212 号房间，你的电话就会响个不停，全部是打错的电话。为什么？因为有很多客人就是记不住，从酒店房间往外打电话是需要先拨到外线的。通常的情况是，如果你要拨打外线，必须先拨 9。无论白天，甚至是晚上，酒店里总会有些白痴客人，拿起电话想都没想，就拨打本地的号码，在纽约这个号码是 1-212。不论他们在这四个数字后面再拨什么数字，他们都已经接通了 1212 号房间的座机。于是 1212 号房间的电话也许就会在凌晨三点钟响起，客人拿起听筒的时候，要么会听到继续按号码的声音，要么会听到某位喝醉了的客人在大喊："你好，你好！"

"现在几点钟？你找我要干嘛？你谁啊？"

"我要订一份辣子鸡丁。你好，请问这是合家欢中餐厅吗？"

不论白天还是晚上，客人就是会这样拨错电话。

我在美景酒店当班的第二年，发明了第二招儿——"房卡炸弹"，之后立刻变成了服务员都认可的一个标准程序。这个程序包括行李员在内的任何人都可以启动。

"嘿，汤姆，"比如特雷过来把我拉到一边，"给这家伙来个'炸弹'。他刚才跟出租车司机大肆宣扬了一番种族歧视，我可不想再听这家伙说这个。"

"包在我身上，雷雷。"

"房卡炸弹"的操作方式有所不同。客人收到的房卡是被我们称为"初始房卡"的门钥匙，只要用来开一次门，门打开之后，之前的开锁密码就会立刻被重置，一旦密码被重置，这之前的所有房卡就都不能用了。客人们似乎认为酒店房门的密码感应锁都是超级聪明的计算机，和酒店的系统之间依靠无线信号相连。所以他们在前台退房之后，如果发现把东西忘在酒店房间的保险箱里，通常就会问我房卡还能开门吗？我会告诉他们当然可以。然后他们会提醒我，我刚刚帮他们退了房。我会回答这些房卡会在这天设定好的时间自动失效（房卡的失效时间在登记入住的那天就设定好了，会在你退房当天的下午三点自动失效）。只要不超过这个时间，或者别用"初始房卡"开门，你之前的房卡当然还可以用。

所以，亲爱的客人，如果你需要延迟退房，前台服务人员可能会忘了提醒你（我们会忘的），是的，你需要新的房卡才能开门。（不用谢我，该谢所有的前台服务员们，我刚刚把秘密告诉了所有人！）

　　而且，亲爱的客人，房卡上不会记录你的私人信息，上面没有你的信用卡号码，没有护照号码，没人把你孩子的年龄记录在房卡信息上。到底这谣言从何而来，不得而知。你们也不想想，我们干嘛要把客人的个人信息记录在一张可以扔掉的卡上啊？

　　现在回到"房卡炸弹"的话题上。只要我愿意，我可以一直不给你把房卡做好，而是不断把以前的房卡交给你，让你一次次上楼去跟门把手上那颗小红灯战斗，然后你会拖着行李下来，让我给你做新卡。我仍然不会做新卡给你。尽管看上去好像我做了，我把卡划过机器，其实这张卡只能用来打开健身俱乐部的门。这会引爆气氛，也就是为什么房卡炸弹如此叫好的原因。我要做的只是做一张"初始房卡"，然后再重新做一张"初始房卡"。这两张房卡都能让你进房间。在门锁上刷一下，小灯变绿，房门开了。不过一旦你用了第二张房卡，第一张房卡的开锁密码就会立刻失效。毫无疑问，之后的某个时候，你一定会把自己锁在房间外面，不断在门锁上刷你的第一张房卡，但那个该死的小红灯还是小黄灯就是不会变绿（无论那个黄灯是什么意思，总之你进不了门）。这就是"房卡炸弹"。客人会想到是我在捣鬼吗？不可能。亲爱的客人，你会明白这一切都是因为你在前台登记的时候让9岁的女儿闭嘴然后猛拉她的小书包吗？你永远不会知道。

　　我还碰巧知道3217号房间的电动窗帘坏了，早上会阳光满屋。祝你睡个好觉。

最近，我给佩里打了电话，他跟我说起他一个在另外一家酒店工作的朋友告诉他的事。这个客人堪称极品。

佩里说："这个二逼随身带了14个包，我跑了三趟才把所有的包都送到他的房间，上来下去上来下去的。不过我当时感觉挺好，因为这个人是个非常有名的运动员，而且他还拍电影挣钱。我当时感觉他会给我不少小费，而且我上来下去跑了三回。我把最后一个包放到他的地毯上，从脑门上抹去汗水，我是真的出汗了，然后这个家伙跟我握了握手，手里是空的，之后他又冲我微笑了一下，就是在迪斯尼卡通片《美丽的一天》里你能看到的那种充满阳光的微笑，我差点儿没当时就崩溃了，然后他当着我的面关上了房门。我听说他挺抠门儿的，但是我不信，我不信我做了这么多劳动，他一分钱都不给。所以，我他妈就等着他从大堂走出去之后，我知道接下来四个小时他会在超级巨蛋体育馆，而且电视还会直播。于是我进了他的房间，他已经把东西都摊开了。我用他的牙刷刷了我的屁股，之后我把他的香水瓶拧开，倒掉一些，然后往里面尿了尿，颜色特别搭，然后我把香水尿混合物摇了摇，喷了几团香雾出来，走掉了。当天晚上当我在大堂里看到他，准备去参加什么派对，浑身闻上去都是我的尿味儿，我感觉十分良好。什么职业运动员，职业运动员你妹，丫就是一个二逼便宜货。"

要小心所有没有佩戴胸卡的酒店服务员，他们一定是准备去做点儿什么不愿被发现的事儿。

由于自作主张休了长假，我的档案立刻就被记上了一笔，这点我没什么可说的，我的工作继续，态度差劲的客人又来找我麻烦了。

崔布雷又出新政。在酒店行业，客人给为他服务的明星职员赠送红酒或其他什么酒作为礼品是一项特别传统。我的意思是，我们去谁家吃晚餐的时候都会带着红酒，赴朋友的生日会的时候也会带着一瓶昂贵红酒。所以有时候你也会想送一瓶给帮你办理入住手续的前台服务员，以感谢他那么多次帮你免费房间升级，而且这么多年来他看着你带着情妇进进出出好多次，但从来没有对你太太提过一句。又或者，3 年前你曾经带太太度蜜月，我们立刻认出了你，并且决定为你做点儿什么让你在 3 年之后重温蜜月的感觉。这也值得奖励他一瓶红酒，对吧？不过酒店有酒店的规矩。酒店员工不能把酒店里正在销售的同等品牌的酒带出酒店去。因为很有可能员工只是从储藏室直接拿一瓶酒出来，然后和经理说这是 912 房间的那对夫妇慷慨赠送给他的。这样就会避免酒店的财物直接被带出酒店，进了员工的肚子。如果我拿到一瓶杰克·丹尼威士忌，我会把它装进袋子，外面用脏衬衫裹起来，然后再装进背包，上面盖上要洗的脏袜子。我会以冲刺的速度跑过保安，仿佛我回家乘坐的公交车五分钟之后就停运。他们有可能会拦下我检查我的包，而且他们有权利把包翻个底朝天，但他们不会，因为他们不愿意去挖我那些脏袜子下面的东西。他们会歪歪脑袋然后说：

"赶紧走，记得把袜子洗了。"

"本来就是要洗的，老板。"

不过，为了一瓶红酒也不至于需要策划一场肖申克救赎似的逃亡计划。

酒店销售的酒品牌众多，似乎也没有一一核对的必要。更别说品酒师喜欢开500美元一瓶的古董酒，而不是那种客人会送给我的黄尾葡萄酒。你只要把客人送给你的酒拿到直接领导那儿，他会给你的酒上贴一个有安全主管签字的红色标签。只要贴上红色标签，你把一台50寸的平板电视搬出酒店都行。

显然，尽管官方说法还没有正式公布，但在美景酒店，这个政策已经改了。我是在办公室里从凯拉那儿知道的，她当时在哭。凯拉平日里是个坚强的女孩儿，她可不是好欺负的。但她那天就坐在那儿，斜靠在行李房的时间表上，哭得十分伤心。她没有用手捂着脸，双手只是垂在身体两侧，我看到她皱起的脸颊和弄花的睫毛膏。

"宝贝，你怎么了？凯拉。"

"这个地方，汤姆，我们待的这个地方真是见了鬼了。我在地下室换衣服的时候，我觉得这里的一切都泛着一股死气，我觉得这个酒店就像盖在印第安人的坟地上似的。"

艾尔（Al）飞也似的冲了进来，拖着一个紫色的行李出去了："我是从一个叫马萨波夸（Massapequa）的地方搬过来的。这个该死的国家整个儿都盖在印第安人的坟场上。"

"说得没错儿，狼，"我对着他的背影说，"凯拉你怎么了？谁欺负你了，姑娘？他们给你的档案里写东西了？"

"哦，是啊，他们也记了我一笔。不过他们现在每个礼拜都记我一笔。不是因为这个，不是，是因为他们偷了我的东西。"

"员工偷了你的东西？"

"我开始以为是员工偷的，但不是。你知道豪沃尔斯（Howells）夫妇吧？那对上了年纪的夫妇，他们从来没给过我什么，但是我一直都在尽力帮他们做些事情，豪沃尔斯太太很喜欢我。我之前跟她提起我和我老公之间出了问题，你知道么，就是我们最小的孩子出生之后。我只是很简单地跟豪沃尔斯太太提了一下。她说只要有一瓶好酒，什么事儿都能解决，要是有两瓶好酒的话，任何事都能摆平。

"她真是好人。"

"是啊，所以昨天她给了我两瓶酒，我也不懂酒，但我觉得那酒不便宜。下班之后我没法儿把酒带回家去因为我要去健身房，因为我最近变胖了。所以我在酒上面都留了字条，写上我的名字，把酒留在了经理室。我把豪沃尔斯太太的话跟我老公说了，他请了一天假，留在家里把饭做好了。我们的四个孩子在布朗克斯（Bronx）的奶奶家。我老公在家给我做饭，我本来应该把酒带回家去，然后我们一起吃晚饭，喝酒，做爱。也许做爱的时候也会拍段儿视频，就像我们情人节录的那段似的。"

"听上去很不错啊。"

"就是啊！"凯拉又开始哭了，"可是我今天发现酒没了，他们说酒店政策变了，我们不能再把酒带出去了。我还有豪沃尔斯太太给我手写的字条，是关于那两瓶酒的，可就这样他们也不给我。"

在这个时候，我觉得有什么东西重重地压在了我的胸口上。凯拉的眼泪潸然而下，她不用手擦，任眼泪流淌。我抱住了她，她开始哭得更伤心了，然后渐渐平静。放开她的时候我的衬衫上沾满了睫毛膏，但我一点都他妈的不在乎，愤怒已经让我说不出话来。

你会问，那她自己再买两瓶不就得了？她老公，是双树酒店（DoubleTree）的行李员，一年之前他手臂骨折，而只用一只手臂你是搬不了行李的。医生甚至说由于手臂粉碎性骨折，造成神经受损（说来话长），他可能以后永远都不能提重物了。有六个月的时间他找不到工作，只能当电梯工，在一座大楼的货梯里每天上来下去，工资少得可怜。而他们还有四个孩子要养。现在他们已经连续四个月入不敷出了，而那两瓶红酒在这个时候就显得非常特别。送酒人说的暖心的话，以及两瓶酒背后代表的力量，别的任何的红酒都无法替代。所以说，你问她为什么不自己买两瓶酒，睁开眼看看吧。

我自己都没意识到，自己正走在通往总经理办公室的路上。在电梯里我气得浑身发抖，我盯着显示屏里的数字不断上升，心里默想幸亏这个时候没有客人在电梯里问我关于酒店的什么问题。我找到他的时候，他正站在楼道里，旁边就是安全主管，好极了。我们这个胖得像个圆茄子似的总经理站在高大的保安主管旁边，此刻看上去像一个圆滚滚的俄罗斯套娃。在酒店易主之前，我们以前的保安主管是一个身高五英尺四英寸的家伙，曾经是个警察（基本上大部分的保安主管都曾经是警察），可我们都挺喜欢他。以前的保安主管是个特别意大利的意大利人，他嗓门很大，每次见到我都会说我是可乐喝多了有点儿精神亢奋，但其实他和所有人都知道我不碰可乐。我管他叫"电视剧警官"，因为不管他说什么，即便只是员工餐厅里的吉士汉堡包，听上去都很像美剧 CSI。公司管理层把他解雇了之后，新的保安主管来了，看起来就像两个"电视剧警官"摞在了一起，然后再用一面船帆那么大的衣服把人裹起来。没人喜欢这个新来的保安主管。他是个土生土长的纽约本地人，对于纽约本地人来说，当保安主管不是什么好职业。我抬头看着他苍白的额头，等着他或者总经理谁先开口说话，我好直接打断他。

"你有什么事——"

"为什么要改酒令？从什么时候开始我们不能把酒带出酒店了？"

"四个月之前。你不知道吗？我猜没太多客人送你酒喝吧。"

"我收到的酒里面没你能喝的，崔布雷先生。"真是个混蛋，不过我可能不该这么跟他说话。对于酒店服务员来说，最好的美德就是保持沉默，优秀的服务员从来不会高调行事。老话说得好："让别人说去吧，别做出头鸟。""这会儿凯拉本应该工作，可是她正在哭，她放了两瓶酒在经理办公室，可是现在酒没了。你能告诉我酒在哪儿吗？"

"现在员工不能把酒带出酒店了。"保安主管说，听上去很像那种块头很大的混蛋会说的话。

"这我知道。我的问题是：酒现在在哪儿？"

"你什么意思？"

"是这样，"我的情绪开始高涨，向白热化方向发展，"酒是不是被放到酒店餐厅的菜单上去了？你现在是不是打算从属于员工的私人物品上赚钱？或者是，你们谁是不是把酒拿回家自己喝了？你们谁把客人送的礼物给充公了？那个礼物上还有一个客人手写的感谢字条作为证明"——之前的保安主管一定会欣赏我可以脱口而出这些句子——"来自客人的因为对前台兢兢业业服务十年的工作的肯定，原因只是因为她尽量让客人在酒店住得舒适从而产生忠诚度……你们谁把酒带回家自己喝了？你们两个里面，是谁，拿了凯拉的酒？"

天啊，我那会儿可真是够敢说的。

崔布雷当时都可以用眼神杀死我。那种，随便你说什么，我这个人什么都不怕的眼神。全酒店的人都讨厌他，甚至在员工会上大拍他马屁的经理们都讨厌他。被所有人讨厌这件事会影响到他什么？显然完全没有。

他张嘴开始说话，说得非常慢："托马斯，酒已经被扔掉了。"

"你说什么？你们把两瓶酒都扔掉了？"

"不是，保安跟我确认，两瓶酒都开了，所以他们就把酒倒掉了。"

"你现在是在告诉我，这个人，"我说，举起大拇指指着保安主管，大个子保安主管，"这个人把酒开了然后倒进下水道了？"

"没错，托马斯，这就是酒店现在的规定。"之后他对着我露出了一个微笑，就是那种让人真想把一罐啤酒砸到他脸上的微笑。

这就是我们酒店的总经理，他直直地盯着我的眼睛，当着我的面对我撒谎，然后还奉送笑容。

查克·丹尼尔斯，你去哪儿了？小汤姆·雅各布斯需要你。

我想知道这种情况下你会怎么办？你怎么处理？

我走开了。回到了大堂，看着前台前等着办入住手续的客人排成了长队。我在系统里输入了我的姓名和密码，按回车，然后抬头说："下一位客人。"

接下来是第二天发生的事情，不是什么普通的第二天，而是我在前一天冲着总经理发了那顿飙之后的日子。

我带着宿醉醒来，前一天晚上，我和几个酒店门童朋友挨着个儿地去了几个在肉库区（Meatpacking District）的酒吧。由于跟高层有了当面冲突，我很想大喝一顿，而如果你想大喝一场，你就一定别落下跟门童聚会的机会。他们白天刚刚收了不少现金的小费，20块钱的那种，厚厚一打，而且通常他们的朋友里一定有一个现在是开酒吧的（或者一定有一个在酒吧当调酒员的，或者最不济，也是一个给酒吧把门的）。

宿醉有什么好？我现在能告诉你宿醉有什么不好：在柜台遭到退房客人的"轰炸"。今天早上的抱怨也是最常见的那种。一早上我从客人的账单上大概抹掉了500美元左右的迷你吧消费，然后试图不去理会客人长达20分钟的解释，关于她如何打开迷你吧，把她姐姐的有机小麦能量棒放到腰果上头冷藏，这样她姐姐从SOHO试穿完结婚礼服回来就能吃到冰冰凉的能量棒了，所以以为什么要收腰果的钱呢？他们没吃腰果，他们连碰都没碰。其实她在说到有机小麦能量棒的时候我已经把费用抹掉了，在她提到结婚礼服之前就抹掉了。可即便我当时打断她的话，告诉她已经不需要付任何迷你吧的费用了，也无法让她闭上嘴。

然后，正当我帮另外一个客人办理退房手续的时候，一位上了年纪的令人不快的客人非常不礼貌地打断了我的工作。

"你好，先生，不好意思，我需要一张早餐券。"

我对被他打扰的客人说了抱歉，然后转向他说请稍候。

"可是早餐还有十分钟就不提供了，我现在就需要早餐券。"

我面前正在接待的这个客人，之前一直在耐心排队等候，冲着我点了点头，微笑了一下，一副那种"没事儿，你先顾这个傻逼吧，哥们儿，不得不说，你这工作真是烂透了"的表情。

"好的先生，请问你办入住的时候给您早餐券了吗？"

"是的，我的房费里包含早餐了。我不管你说这话是什么意思，不过你可以自己查一下。"

"先生，我没别的意思，您在办理入住的时候给您的早餐券不够吗？"

"听着，早餐券在我房间里，我不想上楼去取了。早餐还有十分钟就结束了，你现在是在浪费我的时间。"

早餐券就在我手边的抽屉里，在乱七八糟的公章下面，有厚厚的一打。不过酒店的规定是，早餐券我们不能多给。有可能他住在上东区的女儿，不住在酒店，但是也要来吃早餐，她的女儿不应该免费拿到早餐券。因为这相当于酒店要为他女儿吃掉的 35 美元的早餐买单。不过我需要在乎酒店花了多少钱吗？我需要像个优秀员工似的听酒店说什么我就做什么吗？

不需要。

"很抱歉,先生,恐怕你得回房间取一下了。不过我会通知餐厅让他们等你。"

老头看了一眼等在旁边的客人,脸上的表情好像是要从那里获得同情——我竟然提供这么糟糕的服务。客人紧闭嘴唇一言不发,最后对着老头儿离去的背影摇了摇头。老头负气离去好像是遭到了糟糕的服务对待。

"很抱歉,彼得森先生(Mr. Peterson),久等了。"

"没关系,你做得很好。"

当客人看到有其他客人作出如此不成熟举动的时候,往往会引发他们的特别反应。如果我正在接待的一位客人对我出口不逊,言语失礼,或者对我大喊大叫,那么第二位客人,也就是刚刚以旁观者身份目睹此情此景的这位客人,在轮到他的时候就会显示出极度的耐心。而当后一位客人在刚刚目睹前面那位客人如何因为争执区区私人利益(真的都是很小的私人利益)而在公共场合让自己颜面尽失之后,就会变得无比大度,即便我给他一间有老鼠的地下室房间并且还要管他收 1500 美元房费的时候,他的反应也会是:"哦,没事的,没事",也许他还会靠到柜台上对我关切地说:"哥们儿,希望你高兴起来,好吗?"

不过再下一位客人呢?错过第一位的精彩表演的这位客人,可要小心了。

大概一个小时之后，那个老头回来了，站在前台旁边，又无视所有排队等待的客人，打算插队。我只是瞥了他一眼，他看到我这个举动之后，立刻把一张早餐券举到了我的眼前。就举到我的眼前，近到我能感觉自己的鼻息喷到了早餐券上面；或者不是因为我的鼻息，而是这个老头处于极度愤怒当中，愤怒到拿着早餐券的手都在颤抖。

　　"你告诉我，这张早餐券上哪儿写着我的房间号了？你告诉我在哪儿能找到条码，你怎么证明这不是你刚刚发给我的早餐券？凭什么我要跑到楼上去取这张早餐券？"

　　实话说，我完全不在乎他说什么。我在这个柜台上摸爬滚打，有谁在柜台外面冲我大嚷的时候我都可以完全不在意他在说什么。事实上，我会看着他们的脸，因为愤怒而扭曲的脸，然后我的脑子里会想别的事情。（有首歌儿怎么唱来着？"我不受气，我只挣钱。"）尽管我特别不喜欢他拿着那张早餐券举在我面前的样子，好像我是一只狗，刚刚咬坏了他的拖鞋。我领工资不是为了来受气的，我领工资也不是为了可以让谁随意侵占我的私人地盘的。

　　而且，后面还有四个客人在排队等着，我的工作是要帮他们办理在系统里登记的事情。我想做的就是这些，帮他们登记入住房间，然后他们就可以开始他们在纽约的体验之旅了。但是在为他们服务之前，我得先处理眼前这个老头儿和他举着的早餐券。

　　这个时候，亲爱的客人，就是找管理层来当挡箭牌的时候了。

"先生，我明白您心情不愉快，但这是酒店的管理规定，我只不过是按照规定做事。我理解您不赞同我们的管理规定，我建议您最好的方式就是直接与酒店的管理层沟通。您愿意和经理直接沟通吗？"

你听懂了我说的这些假大空话吗？我说了一番政客常用的话。一定有什么别的适合我干的工作，每天就是这样喷些冠冕堂皇的空话就行了。

"你他妈说得太对了，我要见经理……托马斯。"

我们都明白这话是什么意思，特别是他在最后特意念了我的名字，我才不在乎。现在等着的客人变成七位了，而且排在第五位的是美国硬摇滚组合"莱昂国王"乐队（Kings of Leon）的旅行策划人，他人非常好。不过他现在非常想尽快拿到四张房卡，越快越好，他好把房卡交给在房车里躲歌迷的四个乐队成员。排在第六个的是 711 连锁超市的 CEO，也是一个超级忙碌的好人。排在第七的是一个普通客人，但她和所有其他客人一样，值得享受高效率的服务。

莎拉（Sara）是新上任的经理，接到我的电话之后迅速出现，把老头儿（和他珍贵的早餐券）带到大堂角落里说话去了。

几个小时之后，一个看上去来自新泽西的黑手党成员站在柜台外面，手里拿着一捆现钞，拇指清点着极为惊人的厚厚一沓百元钞票，问我能否给他什么特殊待遇。忙了一天之后，或者是忙了整整一个星期之后，我觉得我可以用那一张百元大钞给自己买一顿不错的午饭，偶尔远离员工餐厅里提供的那种油汪汪、黏腻腻的午餐。我给他开了一间 VIP 套房，这间 VIP 套房本来是预留给一位著名歌星的，我觉得人们对这位歌星有些评价过高了，他觉得每天、每个星期都是复活节。我靠近他，小声告诉他，他将享受价值 100美元的房间升级，可以连续住上四晚。我这番表演是对他做的，同样也是为他手里拿着的那一捆钞票做的，并且对他说如此一来，那位之前预订的著名歌星就没有房住了。我把房卡交到他手里的时候，对"灰狼"打了个招呼，灰狼过来拿行李。这位黑手党成员把他手里的一捆现钞装进衣服口袋，然后伸过手来和我握手。毫无疑问，他伸过来的手心里空空如也。该死，我早该看出来的。他握着那捆钱的神情太过认真，太过明显，我被耍了。我跟他说，如果他还需要什么，只要来找特伦斯就好了（记得如果你想用假名，千万别用其他员工的名字，不过可以考虑从一个以前你很讨厌的人那里借用）。然后我就走了，他的手僵在半空中，而且他完全明白我为什么要这样。

于是我开始午休，在智能手机上设了闹钟，让自己能及时回来上岗。经理们仍然通过监控摄像的方式避免员工私自延长午休时间。为了午休，你得给经理办公室打电话，经理会在电脑屏幕上给监控摄像头排序（据说这种装置在任何电脑终端都可以看到，据说崔布雷在自家电脑上也能看，随时监督任何违规行为）。

年度最佳工作环境奖，颁发给……1984 酒店。

午餐之后，我觉得心情好些了，结果一个穿着粉色马球衫的 17 岁上下的刚刚进入信托基金领域的毛头小子来到前台，跟我说话的态度好像我是他们家游泳池清洁工似的。我刚刚从员工餐厅回来，我抬头望向他，紧接着这孩子就开始发飙了。显然，预订的时候有人跟他保证过，让他能拿到有两张大床的房间。他，或者他妈妈，是从优惠网站上预订的房间，之后又是给优惠网站直接打的电话，帮她儿子确认的房间。

酒店以外的人显然对酒店物业毫不了解。事实上，即便是大型连锁酒店集团，也会有类似"预订中心"的东西，通常设置在亚洲的印度或者是北美的加拿大。预订中心的工作人员手里掌握着超过 500 家酒店的数据，那是 500 栋他们连见都没见过的酒店建筑。系统里当然可以看到房型、床的尺寸、窗外的景观，以及酒店物业的其他描述，但这些信息并不准确。如果你特别想知道你订到的是一个什么样的房间，最保险的办法是直接给那家酒店打电话。你得给前台打电话，我会在电话里告诉你，你将要拿到的房型是什么样的。事实上，除非你要续住，或者这个客人对酒店来说特别重要，除此之外给酒店前台打电话的意义不大。你甚至可以在电话里这样说："我入住的那天你在吗？我想当面感谢你。"——简单随意，你就可以在入住当天享受到特别的私人服务，比如升级你的房间之类的。这是一句不成文的暗语，或者是谁都能明白的暗号，意思是如果你可以帮我达到目的，我愿意额外给你钱。我就接到过类似的电话，并且后来一直和这些客人保持联络。

但是现在，眼前的这个小子，是从 Expedia 这样的折扣预订网站上下的订单，也是通过这个网站确认的预订信息，正在冲着我大喊大叫，要求我提供预订时保证的房型，他想要两张大床。我们没有带两张大床的房间，这种房间哪儿都没有。我的职位又没高到能让这个孩子收敛一下态度。如果是平常的日子，我总有办法把这个事情搞定，又能让自己置身事外。可是这一天，我特别想给他点儿教训尝尝。我跟他又细细讲了一遍，跟他说 Expedia 网站用错误的信息误导了他，我对此表示很抱歉，并且再次告诉他，我们酒店没有他说的这种房型，但是我们可以给他提供其他类型的房间，我保证住在其他类型的房间里你也会非常满意的，等等，等等，一系列的服务用语。他又打断了我，用他那只柔弱细白的手，从没用来干过活儿的手，拍在前台柜台上，让我闭嘴，像个疯子似的让我给他找带有两张大床的房间。我向他的母亲投去求助的目光，可是她立刻望向别处。

之后我开了个刻薄的玩笑，我跟他说我们可以给他盖一个带有两张大床的大客房，只要他等两个月就行了。这个时候我又看了他妈妈，可以这样说，她很怕自己的儿子。她脸上的表情读不出来是什么意思，但是从她的眼睛里可以看出，她似乎正在对她儿子的粗鲁表现向我道歉。不过，很快这个糟糕的年轻人转头去看自己的妈妈，狠狠地瞪了她一眼，似乎想要控制她。母亲立刻要求见经理，儿子双手环抱，脸上露出胜利表情，目光落在我衣服上胸卡的位置上。我明白这天我走背字了，这小子和刚刚那个认定我是故意不把早餐券补发给他的那个老头儿是一个样儿。有时候人一旦走背字儿，喝凉水都塞牙。今天就是这个日子。所以接待那个老头儿之后，我已经立刻把胸卡摘掉了。

我告诉那对母子很抱歉我帮不到他们什么忙，但我会立刻叫经理来前台。我摘掉胸卡其实不管什么用，因为我只有登录系统才能登记或修改客人登记。所以只要查一下前台系统就知道在什么时间是谁在操作了，线索实在太明显。

经理莎拉（Sara），像只寻血猎犬，这个时候正好在前台处理事情。于是我把事情简单讲述了一下，就开始接待下一位客人了。而这下一位客人，由于全程目睹刚才那个小子的表现，因此很明显跟我站在同一战壕，脸上已经流露出我期待的那种神情："嗨，你刚才做得没错儿"，"你的岗位真差劲"以及"我保证不会难为你"。

两个小时之后，我打卡下班，长出一口气，然后把工作卡放回我的钱包，刚一转身差点儿撞到莎拉。莎拉刚刚到岗两个月，但已经跟 20 多名员工结下了梁子。

经理的类型有很多种。我记得有一次在新奥尔良的时候，下了班，我和翠西一起走出酒店。翠西是我的第一个前台经理，也是她发现了我的潜力，把我从代客泊车的车童变成了前台服务员。那天我们都累得够呛，于是去阿力比酒吧跟同事喝几杯。这才是大家都喜欢的酒店行业应该有的样子：所有人都在酒吧里一起喝酒，组织一起出去打保龄球，一起去听爵士音乐节。如果你想工作之外跟同事打成一片，最好从工作岗位内打交道开始，随之而来的副作用就是所有人跟所有人都有一腿，其实从某种程度上也有助于道德秩序的建立，我们每个人都曾经跟所有人打过交道。

那是一个闷热的八月份的夜晚，闷热的空气让人透不过气来。蟑螂欢快地从垃圾堆冲向街角的呕吐物，人们拿着湿漉漉的饮料，慢悠悠地向波旁街（Bourbon Street）踱步。夜幕里的音乐特别地怡人，所有尖锐刺耳的音调都被打磨掉了棱角，变得十分动听。也许是因为我们是一起一路走过去的，也许是因为这个，那天晚上，我们在吧台遇上，准备回家之前各自来上"最后一瓶"。她跟我说我很有潜力，她的语气很中肯。接着她提到了我对工作的热情和努力，指出我只需要注意两点：

第一：我开玩笑太多了。

第二：我喜欢挑战权威。

哈，哈，哈！才没有！

之后翠西给了我一大堆建议："很快你也会成为经理，汤姆。每个人都会喜欢你，都信任你。不过在那之前，先花点儿时间评估一下你现在的这些经理们，注意这些经理对待你和其他员工的方式：他们是不是过度地友善？还是说还不够友善？他们喜欢强迫你接受他们的想法吗？还是喜欢在酒店里做默默无闻的"工蜂"？他们肚量很大吗？还是小肚鸡肠？注意观察他们，注意看他们的工作态度，他们究竟是解决了麻烦还是制造了新问题？之后，当你当了经理的时候，你就可以选择成为其中的一种经理，那种你的员工认为你会成为的那种经理。现在就开始动动脑子，你会成功的。"

美景酒店的这个新经理，莎拉，就属于喜欢把观点强加给别人的那类经理。酒店两个月前把她从特朗普国际酒店（Trump International）挖了过来。

最近，我有机会做了一些私底下的调查。我和朱莉，虽然交往过程比较曲折，但现在又复合了。她前阵子过生日，给自己办了一个豪华的生日派对，这次的场合选在了另外一个华丽的酒店。她希望我也到场，于是我跟着她一起去了，确保那边的入住手续办理顺畅。在她的朋友到来之前我们打算先进房间里去滚一滚床单（结果我们最后是在浴室里做了爱，还有谁也见过特朗普国际酒店浴室里的装修么？大理石金碧辉煌，简直像是在凡尔赛宫里做爱！我觉得我当时都听到吹响小号的声音了）。当时莎拉到我们酒店刚刚一个星期，那个时候她经常面带笑容，耐心地等待着划分疆界，这有点儿像刚刚登上越南战场的中士；在举起来复枪冲进丛林开火冲杀一番之前，还是要犹豫一下子的。

我在前台办理入住手续并且给出 10 美元小费的间隙（这 10 美元可以让我们升级到更大的房间，更适合做爱的卧室，免费的红酒，以及更方便的是——延迟退房的便利），我打听了一下莎拉，问问她究竟属于哪种管理者。

"哦，她棒极了！她被挖走是我们酒店的损失！"

这到底是什么意思？我没跟对方说我也是个前台服务员吗？

"是啊是啊，"我回答，又递过去 10 美元小费，"不过，还有什么要小心的吗？"

这个前台服务生冲我神经兮兮地笑了一下，有点儿像那种玩偶脸上的笑容，好像她的脸要裂开了似的。他们对这帮人干了些什么？这女人难道在他们身上安了芯片不成？每次员工要说她的坏话都会遭到电击？我当时没再多问，因为那个服务员那副模样实在吓人。

我们需要行李员陪我们进房间吗？当然需要。

"可我们没什么行李需要拿啊，托马斯，"朱莉说。

"我知道。我会付他小费的。我看还是直说的好。"

在通往电梯的路上，我提到我在美景酒店前台工作。在电梯里我提到我是工会的一员，并且询问特朗普国际酒店的工会情况。到了我们的楼层之后，我提到了莎拉。行李员的回答很简单，她人不错。我塞给他20美元，说："嗨，得了吧哥们儿，跟我说实话，我们那儿的人都觉得有点儿不对劲，有没有我们需要小心的？"

他扶着行李车停下来，车上只装了两件很轻很小的过夜行李。"她是个笑面虎，别管她说什么，别信。"

好的。

现在她来我们酒店已经两个月了，让我把工会代表叫到她楼上的办公室去。

"真的吗？现在？我刚刚打卡，而且今天是周末啊。"我说

莎拉盯着我。

"好吧，咱们走。"我说。

其一：奥利亚娜是我们的工会代表。工会代表是我们选出来的工会发言人，她是一个没有什么幽默感，同时受教育程度不高的工会发言人。工会成立之后他们就举行了代表选举。

竞争岗位的通常是两类人：第一类是喜欢偷奸耍滑的，担任工会代表意味着你需要经常中断工作，到人事部旁听矛盾争议，或者作为某位员工档案被记上一笔的见证人。懒蛋很喜欢工会代表这个职位。而且，当了工会代表从某种程度上意味着你捧上了铁饭碗，工会代表几乎不可能被开掉，甚至说如果哪个工会代表遭到停职，整个纽约市酒店员工联盟的人都会为此走上街头游行示威，那将会是一团乱麻。所以相比之下还不如释放工会代表，也比和整个酒店业的工作人员卯上劲儿强。除了不会被停职，工会代表们也不会被突然解雇。酒店可以把所有的办公室都关掉，只留下一间，用来留给各个部门的唯一员工代表，也许他们还可以充当服务员的角色，满足某个客人的服务需求，比如提供厕纸或者为他做个三明治什么的。奥里亚娜由于资格够老够高，最后到了前台工作，她才有了固定收入给她的"工会宝宝"买奶粉喝。

第二种觊觎工会代表职位的人属于满嘴跑火车的那类，假政客。这种人

没读过多少书，但是说话假大空，而且喜欢对别人发号施令，这种人好像别人的工作他都懂，喜欢给人写那种短小无用的邮件要求这个又要求那个，其实他／她表现出来的这种"我比谁都重要"的架势让人十分讨厌。

这两种人里面哪种比较好？

这实在属于矬子里面拔将军，挑不出来。

也许是政客的类型比较好，因为至少他们认为自己是好工会代表。但同时，他们也在玩儿政治游戏，而且玩儿政治游戏让他们很高兴，他们"做出了牺牲"，他们对酒店管理层点头哈腰，为了让工会与酒店管理层之间持续"对话"，他们会"做出让步"并且把员工开掉。但这样的政治游戏里真正的受害者是好员工。

其实还有第三种类型，不常见，但确实是你想要的那种：一个讨厌管理工作的工会代表，那种脾气暴躁，并且认为管理层都是狗屁的类型。这种会制造麻烦的人有的时候可以扭转局势。他们真的在乎工会成员并且为员工考虑，即便员工被发现正偷偷看着《纽约时报》坐在总统套房里拉屎，他们也会为员工的利益抗争到底。

可惜我们没有这个类型的工会代表，我们有的只是奥利亚娜：享受特权的家伙。

房间里的第二个人就是莎拉：刚刚到酒店没多长时间，带着上任的新官儿们通常会带的三把火，迫不及待地想加入美景酒店目前这种"道德规范高于一切，违者必究"的规章制度中来。现在她打算给"白鲸"一些颜色看看。

我就是那头难以驯服的白鲸。（赫尔曼·梅尔维尔发表于 1851 年的小说《白鲸记》，讲述了经验丰富的船长追捕一头难以驯服的名叫莫比·迪克（Moby Dick）的白色抹香鲸的故事。）

我在这家酒店待的时间比你的年龄还长。

我是元老级人物。

"服务质量差"，客人是这么投诉我的。我知道这东西写进我的档案会很难看，"服务质量差"，一定是那个拿着早餐券的老头儿和那个穿马球衫，胡子还没长出来的臭小子写的。

我的意思是，这项工作糟糕的一面就是会被客人找不痛快。唉，我这么说吧，这个工作基本上就是会被客人找不痛快。而且我本来是刀枪不入的。不过那是在新奥尔良，那是十年前的我。现在是在纽约。上帝啊，这里是曼哈顿的中心区。我怎么不能像以前一样了呢？到底是什么东西变了？我变成了半个酒鬼？没错儿。我在报复新来的管理层？是的。我在前台这个职位做得太久，现在已经打算要点儿浑的了？

太对了。

我们几个人在屋子里讨论了当天发生的事情。早餐券，我说她说我服务不好的理由不充分，因为我完全是依据工作程序做的。两个星期以前酒店还要求我们必须让客人出示早餐券证明，那两个星期后有客人因为这个要求生了气，怎么能怪到我的头上呢？你让我扔鸡蛋，我就扔鸡蛋咯。现在你却怪我把厨房弄了个乱七八糟，然后说自己感染了沙门氏菌。我还指出，我承认自己对那位绅士态度略有粗暴，但如果不是这样，后面排队的客人就会越来越多，保不齐我们会收到更多投诉，而且可能会流失其中一些客人——他们下次来纽约的时候就会找别的"工作效率高"的酒店住了。

另外说说那个小子，那个 17 岁的毛头小子。随他便吧，我没跟莎拉说太多，对于那个孩子我没什么可说的，那小子对我的指责里头有一处是成立的么？我申诉说，那个小子对待我的那种态度很可能与他刚刚发育有关，他的脾气发得毫无道理，很显然他认为只有住到一间不存在的客房才能让他满意。这就是毫无道理的意思：你要的东西根本就不存在。

"听着，莎拉，我在这间酒店已经工作了很多个年头，我今天大概接待了 500 个客人，昨天大概也接待了有 500 个。我帮了很多客人的忙。在今天的这 500 个客人里，有 498 个客人都满意而归，甚至满意得超出了他们的预期。现在有两个客人投诉我，一个是不讲理的小子，另外一个老头儿，不满的也是酒店的规章制度，你还要把这两桩投诉记到我的头上？这两个投诉如果记在我头上，我就得被停职。你觉得这公平吗？奥里亚娜，你觉得这公平吗？"我说。

奥里亚娜听到有人叫了她的名字，抬起头看看我，之后她又恢复到低头看指甲的姿势，继续享受着在周末退房高峰期不在前台接待客人的舒畅感觉。

"汤姆，你的态度得改改了。你必须让每个客人都满意。我们感觉你是在混日子，而不是去努力提高自己、对自己有更高的要求。你甚至都不在意客人的需求。你在前台的态度十分冷淡，对接待客人毫无兴趣，简而言之吧，你的态度很粗鲁。如果你不能改进态度，我们就会请你走人，然后换能做好的人来做。"

我当时觉得这个女人是直接生生地挖出了我的心脏，然后用力捏，直到愤怒的热血汩汩地从我的心脏里流出，冲上我的面颊，同时让我的胃灼烧不已，我甚至感觉到指尖在燃烧，双手在颤抖。

我慢慢从衣服里兜拿出一打信，我打算用这些来自客人的信向她证明我的工作做得有多出色。最上面的一封来自昨天的一位客人，我上个月曾经帮了他的忙，我记得他。

那天他到店办入住的时间很早，比平时早很多，而且是一个人来的。他希望尽快拿房卡到房间去。

"拜托，"他说："我女朋友正打车在从肯尼迪机场来的路上，我想提前把房间布置一下，我打算今天向她求婚。"

这种话我听得很多，而且这种请求大家都很乐意帮忙。就在这个即将成为未婚妻的女孩在外面让行李员把行李从后备箱里拿出来的时候，这个一脸幸福的男人会开心地告诉我他马上就要求婚的决定。之后这个女孩会走进大堂，面带微笑，有可能已经有所察觉，也有可能仍然一无所知。有的时候行李条上会用大写字母写着："别演砸了！客人要在酒店求婚，别露馅儿，千万别提求婚两个字！"最后一句话非常有必要，因为有的人长了脑袋真的是为了显高。有一次我眼看着一位同事照着字条一个字一个字地念了出来："别说漏了——求婚。"然后她就微笑着说："天呐，真是祝贺你们！"然后女客人一脸茫然，男客人一肚子怒火，但也只好佯装不知。不过后来很快女客人就反应过来，结果可想而知，这次求婚气氛全无。

但是这个客人，他希望提前进到房间去布置一下。"当然先生，我可以帮你特别安排。我会帮你升到一个现有的最好的房间，而且不多收你钱。"你可能会问我了，我手里掌握着房间升级的权利，房间升级只是小菜一碟，为什么我要跟他提不用补差价这件事？因为这样他会感觉非常好，有可能会因此出手大方。"我先叫人帮您把房间清洁一下，你觉得在能看到中央公园的房间求婚感觉会不会更浪漫一些？"我说。那天早上，我曾经向外看了一下中央公园的景色，那会儿是深秋，中央公园的秋景十分迷人，红色和黄色的枫叶深深浅浅地点缀在前景，温暖地衬托着作为背景的纽约上西区建筑。

"好吧，我是这么计划的，我可以信任你吧？"

"我是个前台服务员，布朗查先生（Mr.Blanchard）。您当然可以信任我了。"

"我需要你帮忙。我将会在中央公园里面求婚。我打算先带她去房间待一会儿，然后整个求婚计划会从那儿慢慢展开。我请了一位摄影师，如果你愿意帮我的话，我会把你的名字告诉他，他之后会向你介绍自己。当你看到我跟我女朋友走过大堂的时候，你一定要让摄影师看到我们，如果他没看到我们，你要给他一个信号，让他悄悄跟在我们后面。"

"是这样的，摄影师会一路悄悄跟着我们，当我单膝跪在中央公园的泥巴地上开始向我的女朋友求婚的时候，他会给我们拍照。将来在婚礼上，我会给她看这些照片，而且她绝对不会发现是什么时候照的。"

"嗯，我明白了。反正按您的计划来好了。蹲在树丛中偷拍的摄影师……听着总觉得有点儿奇怪。不过我能想象这些照片用在婚礼上的效果，一定会很棒的。我会帮您的，先生。"

我也是这么干的。我比较喜欢想象，如果不是我像个疯子似的给了摄影师信号，当布朗查先生和女友两人走出大堂的时候，摄影师就没办法发现他俩。之后，当我发现他们两个从外面走回来，一个脸上带着准新郎的微笑，而女人的眼睛一直盯着自己手指上闪闪发亮的钻石订婚戒，后来我给他们的房间送上了一瓶红酒以及一张私人便条。

昨天我收到了他寄给我的一封信。他在信上说他会永远记着我对他的帮助，说他们以后再来纽约永远会选择美景酒店，而且他们说会在这儿度蜜月。

这封信下面是一封帕莱先生（Mr.Palay）写来的信。帕莱先生是我们酒店的常客，而且出手大方。这封信不知道是从哪儿寄给我的，里面包括一张开给我的数额十分慷慨的支票，他在信上说，之前从来没有受到过如此好的服务。而我只不过就是把我的私人邮箱留给了他，而且任何时候我都有求必应，即便我不是在上班时间（有一次我在酒吧喝高了，也帮了他的忙）。由于我为他所做的这一切，他在信里说，下次他们公司的团队预订也要选在我们酒店。他其实是一个超级大的投资公司的总裁，而且这个团队预订的数量超过了 150 间，这相当于给酒店带来了 75000 美元的营业收入。一个晚上 75000 美元啊！之后他又给我的总经理写了一封信，表示我的工作出类拔萃，并且在信里提到了我们频繁的电邮沟通，而且我一直在提供 24 小时的服务。崔布雷先生看了之后让前台经理通过值班经理转告我，我不能再把自己的私人邮箱给客人。显然，把私人邮箱给客人确实不太合适，可是一晚上给酒店带来了额外 75000 美元的营业收入，这有什么不合适的？

这些人除了钱还认什么？想要这帮人满意比登天还难。

另外一封信来自贝克夫妇（Bekkers）。就是那封关于他们乐意在我找到房子住之前，让我暂时住在他们那儿的那封信。在那封信里他们又对我帮他们完成了一个完美且独一无二的婚礼的事情表示了感谢，因为那让他们在纽约有了回家的感觉。他们还说我应该立刻坐飞机去开普敦，他们会招待我。这封信我已经收到一阵子了，但还是留在我的口袋里。我真的很喜欢这封信。

我颤抖的双手里拿着这些支离破碎的证据。莎拉平静地看着我，一只手放在大腿上，另外一只手姿态轻松地放在我的档案记录上。现在只需在我的记录上多写一条，他们就有理由让我滚蛋。也许崔布雷会给把我开掉的那个经理颁发一座奖杯。（奖杯会长什么样？我很好奇。也许是我的一尊金色塑像，然后屁股上有一只靴子，我猜。）

很显然，他们十分不希望我继续留在这儿。但是，该死，我爱这座酒店。美景酒店是我的家，我爱美景酒店。我爱它曾经的样子，现在它已经改头换面，而且这次的改头换面让我实在无法适应。

虽然我觉得没啥可骄傲的，但是在当时，那个瞬间，我觉得还有一招可用。显然就是出奇制胜的那招，于是我出招了。

"你们现在想用服务质量差的理由把我开掉？我才没有！如果你们需要证据，读读这些信吧，"我大喊，然后把那一沓信抛向了空中。

至于这个行动的后果，我现在想起来的都是慢镜头：一封封从客人那里寄来的信在我们头顶上旋转、飞舞、徐徐降落，像一棵看不见的大树上的落叶，然后慢慢地飘落在我们头上。

事情就是从这里结束的。

我知道我自己有问题。因为这是酒店生意，你要么拼上小命，百般努力，要么就在边上待着去吧。我的脑子里闪回了基斯和沃特的样子，那两位代客泊车的服务员，在水泥地上捏着彼此的脖子打滚，想要置对方于死地。也许那两位已经帮客人开了二十年的车，已经受够了。我想起了奇普，踢掉那两枚客人给的硬币小费的人，现在他的模样在我的脑中清晰可见。我犹记得他开球般把硬币踢走时候的面部表情：极度的气愤、坚定，且神经兮兮。然而在这一系列情绪的背后，隐藏的是厚厚的哀伤。

现在我明白了，也许我也是受够了。

第十六章

Chapter Sixteen

我又给自己放了一个长假。两个周末休息日结束之后，我又把周一和周二的假请了。我真的需要休息，这个假期是我给自己放松神经开的处方。

我给茉莉打了电话，我已经一个多月没和她联系过了。她约我出来吃晚饭，我们吃了鱼子酱，用小勺挖起满满一口放进嘴里，我们喝17块一杯的鸡尾酒，想调成什么颜色的随意挑，我选了蓝色（蓝色象征忧郁）。

"别喝了。"

"我心里烦得很。"

"是吗？那就喝吧，再喝点儿。换个颜色，喝杯橙色的，橙色让人精神焕发。"

"橙色？好吧。"

"我明白你不喜欢你的工作，托马斯，谁都一样。没人喜欢自己的工作，不然你换一个吧，找个新的。"

在纽约找一家新的酒店然后做同样的事情对于我来说毫无意义。而且新入职对于我来说就等于重新从夜班干起，我的工资会低不少，那点儿钱不够我付现在的房租。几年之前，我觉得收入稳定了，于是搬出了布鲁克林，搬到一个叫布许维克（Bushwick）的地方，我可以一个人租下，房租适中，还可以承担。一个人住确实改善了我的生活，也让我负担上双倍的租金。看来我必须决定，要么是继续在美景酒店干，要么干脆就别再待在纽约了。

"我们一起搬到洛杉矶去吧，怎么样，朱莉？"

她小心地把鸡尾酒放到一张纸巾上。她的鸡尾酒是黄色的，看上去很像尿液。我在想尿色是不是也能让人感到精神焕发。

"这太荒谬了。"她轻轻回答。

我们之前讨论过这件事，一起离开纽约。她可以很轻松地在那边找到工作，而我，你知道的，如果那儿有间酒店的话，现在就把验尿杯给我，我这就去留尿样，因为我明天就可以上班。

"你觉得这事儿荒谬？"

"是的，托马斯。"她仍然叫我托马斯，因为，从某种程度上说，她还是个酒店的客人。"当然，不是说这不是一条路。你知道的，我们两个在一起就很高兴，我们可以让彼此快乐。"

我突然反应过来，我在期待一位客人带我走，期待一位客人为改变我的生活付出代价。门童本之前就我破绽百出的计划里面给过我诸多实用建议："你这个傻瓜，永远别跟酒店客人搞在一起。把她们压在迷你吧上干一炮可以，然后就分道扬镳。你永远到不了她们那层次。找一个不错的俄罗斯客房服务员吧。俄罗斯客房服务员，汤姆，现在她们懂爱了。"

当天晚上我喝了整整一道彩虹下去。

很快就到了下一个周五，我落下漫天信雨已经过了整整一周。其间每每轮到我当班，我都会诚惶诚恐，对待客人简直称得上过度热情，仿佛要补偿我以前对客人的所有怠慢。而且我避免跟任何人产生冲突，谁来要早餐券我都给，就像早餐不要钱似的。

但我好像陷入了一个循环，别人告诉我人事部要我过去，又是在周五交班之后，我本应该走在下班回家的路上。我并不担心：我猜莎拉是想把上周五没能做完的事情完成——上周五我没给她开口让我在自己的档案上签字的机会就离开了。其实不管怎样我都不会签字的，因为工会的规矩我们都明白，除了领支票的时候可以签字，其他什么都不要签。代表有的时候也会作为"证人"签字，但是我们还没有到这个地步呢。

我走进后勤办公室，打算叫上奥里亚娜和我一起。

"他们让我现在去人事部，你觉得会是什么事儿？"

奥里亚娜正在专注地盯着计算机屏幕。当时我本应该从中看出端倪，因为她从来不会专注在任何事情上。

"奥里亚娜？"

"我不想再掺和这件事了。人事处办公室里有工会代表。"她说，拿起电话听筒，可这会儿没人打电话过来。

"这是什么情况？"我大声说，之后我就转身回到了大堂。我找到了杰——门童和行李员的工会代表，我把情况跟他说了。他浑身上下透着一种神经又吓人的工会代表气质。

"是的，奥里亚娜不当工会代表了。"他说。

"现在不当了？当时的情况她都很了解啊，现在她不当了？"

"我只知道情况对你不利啊，哥们儿。"

在楼下，他们把提奥（Teo）介绍给我，一位客房服务部的工会代表。可这个人我在酒店里从来就没见过：没在大堂里见过，也没在员工更衣间里见过，也没在员工餐厅见过，哪儿都没见过。但是有一件事情很清楚：他连英语都不怎么会说。不过，不管怎样，趁早弄完吧，在我的档案里记上一笔，然后我就可以继续过我的悲惨日子了。

人事部经理显然在引导着这位工会代表的全部思路。她一直在问："之后呢？"这让我觉得她一直在想让这件事情结束得越快越好，然后她就可以按程序把我开掉了。显然我也不会按着她的希望进行。所以我继续按照自己的慢节奏一步步进行，清晰慢悠地把酒店的章程说了一遍，并且一条条重申我只不过在做我的工作，但酒店竟然要因此而给我记上一笔。提奥，我的工会代表，非常费劲地听着。不仅仅是语言上听不懂的问题，更多的是前台的一些专业术语和词汇，他可能也是第一次听到，更是跟他的工作经验毫无关系。所以工会代表得从你的部门找，这个人需要明白你的工作内容和方式。我觉得人事部总监连听都没听进去。

我觉得整个过程无比乏味。

不过，在叙述过程和解释情况的时候，我慢慢弄明白了今天奥里亚娜为什么会那么奇怪。前阵子她的丈夫走在女王大道人行道上的时候，开过来一辆车把他刮倒了，因为那辆车的副驾那侧的车门像只翅膀似的全张开着。这种情况很少见，我完全想不明白这种事怎么会发生，你能想明白吗？她的丈夫只受了轻伤，两天之后就出院了。但是奥里亚娜利用了这个机会，她利用了休假法案的保护，像任何工会成员会做的一样，申请了两个月的假期，以陪伴她的爱人度过这段精神上的毁灭性打击。当时正好是夏末秋初，于是她去了多米尼加共和国，因为如果你的老公被车撞了，你也会想去多米尼加共和国。上周五她刚刚结束了两个月的休假回来上班。她回来的时候十分放松愉快，皮肤晒成健康的橄榄色，完全没有准备好面对酒店内部的政治斗争。她的脚趾缝里可能还有沙子没清理干净，而我在那儿大喊大叫试图为自己辩驳的一幕对于她来说有点儿接受不了。而且她的资历可以保护她不受裁员的威胁，这也是她当初争取到工会代表的原因。但现在她自动放弃工会代表了。

我在考虑这件事对我有多不利：我的工会代表退出，暗示了我确实有问题，而且现在我没有证人，没有人帮我辩护了。

奥里亚娜其实可以说："不，汤姆从来不会态度恶劣。也许他在前台偶尔会对客人说上那么一两句，但并不是他的本意，他从来没有恶意对待客人，至少我从来没见过。"之后我可以说，"就是这样的。"这样我们统一了战线，我们就能二对一了。然后这事儿就可以这样了结，我们可以一起走出人事部，我可以给她买瓶啤酒，作为给她找了这些麻烦的补偿。

"我们有证词，你曾经把东西扔到她脸上。"

"扔到她脸上？我从来没扔任何东西到任何人脸上，我——"

"停！托马斯，听着……"

刚刚我还在想，莎拉怎么不在？

人事部负责人清了清喉咙："我们决定停止你在酒店的工作。"

提奥听到了这番话，问道："请你再说一遍？"

"我被解雇了？"

"是的，托马斯，我们决定停止你在酒店的工作。现在生效。"

之后是一段长长的静默，我可以感觉到浑身的血液沉到了双脚，并堆积在那里，我的双腿沉重，我的脸因失血而变得惨白。

"我从来没被解雇过，我该怎么做？"

此时此刻我听上去看上去都很像一个迷路的小男孩。

"收拾东西，把今天你柜台的账目结清，然后离开酒店。"

听上去挺简单。看上去就是，拿上你的东西然后滚蛋吧。我坐在椅子上的时候，觉得眼前的一切都是模糊的。提奥盯着我看，仿佛我们俩刚刚得知我罹患癌症。提奥一副碰都不想碰我的样子。

很快，麦克（Mike），一个高大粗鲁的保安把我从座位上拽了起来。

"我们走吧，汤姆。你现在就得收拾东西走人了。"

"我真的就这么被扫地出门了？我能跟同事说句话吗？"

"不行，收拾东西现在走，悄悄地。"

操他大爷的。我穿过大堂，麦克扶着我的胳膊肘，然后我告诉了所有人，门童、行李员、礼宾员，还有客人："我被解雇了。他们不让我再在这儿干了，他们把我开了。"

讽刺的是，所有人都以为我是在开玩笑。他们都微笑地看着我，摇着头好像在说："哦，这个汤姆，他实在是太幽默了。"

在后区办公室清理我的个人信件的时候，我告诉了本。

"解雇了？啊？我明白了。清理你的个人信箱对吧？真操蛋。"

20 分钟之后我被从后门的员工出入口推了出来。他们给了我两个客人的洗衣袋，用来装我所有的私人物品。里面几乎是过去整整十年积下的乱七八糟的东西：信、照片、按钉和笔、灰狼送给我想让我读的一本鲍勃·迪伦的书、除臭剂和一些袜子——看上去像两口袋装在洗衣袋里的垃圾。

当时是星期五下午五点半，酒吧"欢乐时光"畅饮优惠开始的时间。

我拖着两个口袋过了马路，去了第九大道上的一间酒吧。我在美景酒店上班下班总会路过这个看上去十分愚蠢的酒吧，但是一次也没进去过。这地方离酒店很近，我们不进去的原因是这里游客众多。不过我还是进去了，也许因为这里很近吧，这绝对是那天下午我走进这间酒吧的唯一理由；也许还因为在这间酒吧里我不会碰到以前的同事。酒吧里面满是游客和陌生人，对于我来说是个全新的环境。我挑了个圆凳坐上去，酒吧就在酒店的对角，可以直接看到大堂，我把洗衣袋放在圆凳的左右两边，然后点了一杯龙舌兰短饮和一瓶啤酒。悲情城市。

我喝了一杯龙舌兰之后，又喝了半瓶子啤酒，这是第一步，在进行第二步之前我得先完成第一步。第二步的计划是再喝一轮。第三步是之后再来一轮。我的整个人生都变了，像一座滑入大海的城堡，一切都分崩离析，振聋发聩，尘烟四起。我又叫了一杯龙舌兰和一瓶啤酒，打算等着城堡完全滑入大海，一切归于平静，然后我就可以恢复宁静，计划一下在城堡原有的那块宽敞地基上做些什么。

在另一方面我也忽然感到前所未有的敞亮。我想到了服务业的肮脏，想到了这间酒店，想到这间酒店彻头彻尾的幼稚，想到管理层，想到了政治斗争，等等。我解放了，我从举手申请才能去上厕所的窘境中解放出来了，我从需要对妓女和有钱人那些花瓶老婆轻声细语的窘境里解放出来了，我从看到客人拿着塑封袋声称在酒店床上发现蟑螂的窘境里解脱出来了，其实那口袋里只不过装了一颗瓜子皮。我也不用再戴胸卡了，我的胸卡被塞在了其中一个洗衣袋的最底下。垃圾，一堆垃圾的最下面。

另外一点就是，虽然现在是酒吧的"欢乐时光"，酒钱可以省掉一些，在时代广场旁边的酒吧还是不便宜，我得为龙舌兰和啤酒付上 14 美元，而且这个周五我什么小费也挣不到。我的口袋里只有五美元。我挣小费的日子就此终结。带着脸上的酒红，我掏出了我的借记卡。

我的生活轨迹就此改变，如果我的钱包可以比喻成一只热气球，现在就有人在我的热气球上戳了个洞。气球开始嘶嘶漏气，不断萎缩，并且飘飘摇摇落向地面。

不过我存了很多跑路钱。

从某种程度上来说，我曾经在纽约牛逼过，我来的时候一文不名，然而我还是从她肮脏的小钱包里拿走了数千美元，现在是继续向前走的时候了。

我想到了朱莉和洛杉矶。我想到了贝克夫妇和他们在开普敦的别墅。

如果我没记错的话，开始的时候我本来就不想干这活儿，对吧？现在我被逼着做出改变，某种好的改变。我已经喝了五杯龙舌兰短饮和五瓶啤酒，你猜怎么着？我感觉好极了。我把手机拿出来放在啤酒旁边，可能想查查国际航班，或者我可能只是喝多了（我绝对喝多了），不过我还是忍不住在想：即便在这个冷冰冰的、游客比当地人多的、贵得要死的酒吧里，阳光还是照在我身上。纽约的夏天已经结束，冬天快要来了，但在世界的另外一个地方，在另外一块大陆上，春天才刚刚开始，好的一切都即将绽放。

🛎 前台欢迎您，请问要退房吗？"

　　我把我的意思表达清楚了吗？我是不是在非洲某处的一个结着蜘蛛网的小房间，写下了这些手稿，背后是血红的落日，温热芬芳的非洲丛林风吹拂着我手边的书页？抱歉，亲爱的客人，我在纽约布鲁克林的布什维克。打这些字的时候，我身上还别着胸卡。今天的早班我恐怕要迟到半小时。

　　还是那张该死的黄色工会卡片。整个周末，我被开掉的消息传遍了酒店，我的手机里塞满了同事的短信和语音留言，其中 95% 都是假惺惺的废话。你看，在酒店工作这些年之后，我的资历已经很高，我被开掉的时候几乎已经是资历最老的了。我的资历允许我周末休息，也允许我休圣诞假。我也因此成了几乎其他所有人的靶子，他们觉得我是个单身的白种男人，没有孩子，因此我什么福利都不该有，特别不该有圣诞假期。所以我这个排名前三的资深前台被开掉的消息传开之后，所有人都像等候多时的秃鹫似的冲到了后区办公室去看排班表，想接替我当的早班，或者想要分到我的周末休息日。她们给自己的老公打电话，告诉他们这一喜讯；之后她们又给我打电话，跟我说听到这个消息有多糟糕。

　　不过这些只是前台服务员的表现。门童和行李员对于这件事情显然不开心。这种情绪来自于我们之间的友谊。不过更多的是因为我的工作效率高，并且能给他们带来好处。别的前台服务员花掉 15 分钟来处理入住手续，会让客人变得很不耐烦，之后给小费也不会出手大方。而我则像一个高效率的交通警察，挥动手臂对他们说："走！走！走！"

其实，在我被开掉一个小时之后，我的语音信箱里有这样一条留言，来自门童马里奥（Mario），这是我迄今为止收到的最棒的一条语音留言了，尽管带着一点儿意大利口音："你现在知道了吧？这就是你从我手里拿走 20 美元的下场，你这个小混蛋。不过，不用担心，我在工会里有哥们儿，他们周二会想办法帮你的。你小子周末别疯得太累了。"

好吧，这是我收到的最好听的一条语音留言了。如果你不明白这条语音留言棒在何处，可能，我之前的那些字都白码了。

他提到的那 20 美元的事发生在一个星期以前。一个摇滚乐队给了马里奥 500 美元的小费，马里奥才不会傻到把这些钱拿去报税，他觉得自己应该把钱分给门童和行李员。他到前台来找我们把五张 100 美元的票子换成 20 美元一张的，然后他拿了换好的零钱就走了。分给了别人之后才发现，他自己那里面少了 20 美元，帐算不对了。他先把分给门童和行李员的钞票重新数了一遍，看看有没有多给，结果是没有。之后他跑到前台盯着我们每一个人看，我们当中有一个人偷偷扣了他 20 块。他怎么能说那是我拿的？他是在跟我开玩笑。他知道我是那里面唯一一个不会骗他的人。

我在美景酒店工作的第一年里，马里奥甚至还考验了我一回。行李员的工作岗位在大堂里，所以如果行李员想让我帮他把一沓零钱换成整钱，他一定会在旁边盯着我看的。相反，一个门童，穿着门童的制服戴着门童的蠢帽子，才真是不需要在大堂里晃荡，应该待在酒店门外。所以如果他需要换钱，他只能先把钱送过来然后出去，待会儿再走进来拿。门童马里奥第一次让我帮他换钱的时候，我数出来的数字是 105 美元。我递给他一张百元钞票和一张五美元，然后他说："哦该死，一定是我之前数错了。""没问题。"我回答。两个星期之后他给了我 102 美元，之后又有一次 105 美元。我从来都是把多的钱还给他，心想："这家伙算数不好。"后来他给了我 100 美元的零钱，不多不少，我给他一张崭新清脆的 100 美元钞票之后，他看着我的眼睛说："你这孩子不错。"之后我才明白之前他都是试探我的。

所以马里奥明白我绝对不会从他那儿拿钱。但是马里奥在跟我开玩笑的时候把气撒了，因为他不可能去找另外那几个前台服务员去弄清楚，因为另外那几个人会把这件事上报人事部门，说给门童换零钱不是前台服务员的工作内容，并且这将会影响到他们给酒店客人服务的质量云云，反诉马里奥一下。光看着就觉得累吧？想象一下，马里奥这个操着意大利口音英语的硬脾气的门童，坐在椅子上听人事部的那套幼稚言论。对于他来说，相对简单一些的办法就是在之后的那个礼拜，对我说："汤姆，你这个肮脏的小偷，天黑之前把那 20 块钱还给我，不然我就打断你的小细腿！"

马里奥嘱咐我："周末别疯的太累了，你这浑小子。"

这点我没听他的。那几杯在"欢乐时光"喝下的酒让我回到了布鲁克林，把洗衣袋扔在公寓里后，立刻又出来了。我猜是马里奥在语音留言里那种意大利黑手党的调调让我想再去一家黑手党酒吧。我住的地方附近有这么一家，但我从没进去过，因为这是那种看上去会让你有去无回的地方。不过我当时已经喝醉了，所以我进去了。

头几杯酒喝下去的感觉十分糟糕，不过我给小费出手大方，所以酒保过来跟我聊天，问我周五过得怎么样。我说我被解雇了。他说：他感到很抱歉，孩子。我说我是个历经磨难的工会成员。

这话他挺喜欢。然后他说，"没用？好吧，朋友，我很抱歉。我请你喝杯威士忌，如果你想爽一下就告诉我，好吧？"

"我会的，谢谢你。"我说，接下了威士忌。但完全不知道他说的"爽一下"是什么意思。

又喝了两轮之后，他走过来，给我的啤酒旁边放了点儿什么，一个小口袋，一个小小的装了白色粉末的塑料袋。

现在，我懂了。我懂了。我之前从没碰过这东西，从没有。这种东西曾经出现过几次。有一次，我和几个行李员同事坐在老齐格菲剧院（Ziegfeld）的后排座椅上，看一场周六晚间秀的特别节目，所有人都把这粉末吸到鼻子里然后爽上了天，他们揉着鼻子大笑，笑个不停，快要笑昏过去了。我还是不碰那东西，只是和他们分着喝掉了一瓶伏特加。我那会儿担心失去的东西比现在多。

但现在我没什么可失去的了。我给朱莉打了电话，但很遗憾，她没有回。于是我从吧台圆凳上溜下来，去了洗手间。

我在洗手间里爽到了。

我三十一岁，第一次，一个人，在一间黑手党酒吧里，吸毒。其实我本可以用酒店的系统门卡来刮白粉的，但是当天下午我已经把它和其他物品一道交回给酒店了。

我盯着镜子里自己的脸，缓缓地把公寓钥匙从自己面前垂下来。这一切都得怪罪到这个该死的酒店行业头上。

第二天早上，我感觉十分糟糕。我的手机响个不停，都是假惺惺的问候，于是我干脆不接，谁的电话我也不回。我计划一个人待着，一个人好好想想。之后，大概用上两个礼拜的时间，想明白，我下一步怎么办。

"我在工会里有哥们儿，他们周二会想办法帮你的。"

工会都没耐心等到周二，就开始为我的权益斗争了，破坏了我的自我思考计划。就在那个星期一，一个工会代表给我打了电话，我当时穿着睡裤，头戴新奥尔良圣徒毛线帽，正在漫无目的地研究开普敦，喝着喜力啤酒当早饭。挂上电话之后，我突然意识到，第二天一早九点钟，我得去美景酒店的人事部报道。

后来我才知道，酒店人事部对我的指控十分软弱无力。首先，我的工会代表退出了，我觉得这件事导致了整件事的情况急转直下，结果就是参与到这件事中的角色发生了变化，同时所有的场景都变成了"他说"和"她说"，而没有一个当时在场的目击证人。当时发生和未发生的所有事情都没有我的工会代表给出证词作为参考，而当时她是在场的唯一第三方目击者。而奥里亚娜拒绝把证词落以书面形式递交证词。好姑娘，真是个工会里的好姑娘。

不过，她给出了口头的证词。坏丫头，真是个工会里的坏丫头。不过当我后来的工会代表发现，管理层手写了一份证词，并且打算以此伪造她的书面证词的时候，立刻就把那份伪造的书面证词扔了出去。让人怀疑的是，莎拉的笔迹和我的工会代表的那份伪造证词的笔迹一样。管理层显然和我的工会代表说了些什么并且把一些想法植入了她的脑袋—— 一些毫无事实根据的想法。没有有效的证词，他们完全没办法给我找麻烦。

他们又给我做了一个新胸卡。

当然是有条件的。

显而易见的一点是，我将来就无法在对待顾客的态度和情绪上有任何的冗余。比如如果我在柜台上掉落了一支铅笔，我就需要一个现场目击证人，证明我不是在表达心中的不满。另外，最糟糕的是，我需要参加人事部为我安排的一个为期六周的情绪管理治疗小组的活动。我需要每个星期二参加小组的活动，一次一个小时，连续参加 6 个月，等于得有该死的半年时间我都得参加这事儿，而每月还得参加两个私人的咨询会议，更别提还要做一个精神状况的测试，老子测了，成绩相当的好，真是谢谢您的关心了。他们还搞了一个三周的无薪观察时间，打算用这种方式逼我自动退出。这无薪的三周对于我来说在精神上非常放松，巧的是，这也让我有了适应精神咨询和观察计划的时间。

情绪管理治疗小组？这事儿我得在这本书的续集里好好说说。

令人惊讶的是，我自己对此毫无怨言。你知道在曼哈顿一张电影票要多少钱吗？情绪管理治疗小组，就是我主演的获得艾美奖提名的电影。电影主要演员是我在酒店的同事，也就是在酒店工作，加入了工会的那些工人同事，那些随时都有失去工作之忧的酒店员工们，比如我这样的。而另外的那些，则是那种我们理解为随时都可能会没米下锅的人。想象一下，几米开外的地毯清洁工刚忏悔了一件你想破脑袋都猜不出来的事，然后几分钟之后，就轮到我忏悔了，而半个圆圈开外就坐着我撒下漫天"信雨"的时候被"淋湿"的那个人。相信我，这事儿比它听上去有意思多了。

所以这就是我现在的样子，谦虚谨慎，随时准备向人低头。把"是的先生"和"不是的，先生"随时挂在嘴边，就像肯·克西（Ken Kesey）写的小说《飞越疯人院》结尾的时候麦克·墨菲（McMurphy）一样，只不过少了一个友好的美国土著愿意把枕头压在我的脸上直到我不再蹬腿。

我觉得自己每天都是飘着来上班的，三魂丢了六魄，没有朋友（我的同事们都以为我不会来上班，所以都盼着分掉我当值的时段比较好的班，也希望分掉我的假期，所以我回来工作对于他们来说十分令人失望）。我每周都去参加小组活动，在那里，我的组员们接纳了我，我曾经的资历也为我赢得了尊重，小组成员接纳了我。

我后来有没有重拾信心，为客人提供优质的服务的信心？完全没有，这劲头消失得无影无踪。我唯一在意的就是：别被开掉。

我像根木头似的打卡上班，又像块木头似的打卡下班。

酒店啊酒店。

你把我变成混不吝，然后又因为我是个混不吝而把我痛扁一顿。真是成也萧何，败也萧何。而且我退出这个行业的可能性几乎为零，我说过，一入宫门深似海，一旦你尝到了现金小费的好处，想要金盆洗手简直不可能。

另外就是，工会是不会站在我们这边的，我们必须为自己而战。

不治人者必会受制于人。

酒店员工们：我可是为了大伙儿写的。

你，我亲爱的可爱的客人：我们在前台见吧。

（别让我太为难好吧？我的脾气可不太好。）

附 录

客人永远不要说这些话

"什么？我的信用卡拒付？不可能，你再试一下。"

哥们儿，别让我再试了。如果你的信用卡第一次刷不过，第二次毫无疑问也肯定刷不过。你的信用卡不是一张皱皱巴巴的美元纸币，银行系统也不是一台自动售货机。银行系统不是这么工作的，你得给你的银行打电话。

而且，不行，你不能用我的电话打。

"他们说我应该问一下房间升级的事情。"

他们究竟他妈的是何方神圣？好吧，你是说他们对吧？他们还让我转告你，别忘了给行李员小费。

"你还记得我吗？"

让我想想……我每天平均要接待大约 500 个客人……你上次住酒店是在两年之前。所以我想起你来的可能性大概是一百万分之四。等一下，等一下！不，不，我不记得你是谁了。

"一定得出示身份证吗？呃，我一个小时之前刚刚办了入住手续。我办手续的时候你不在，这不是我的问题。"

拉升愤怒值，需要立刻得到愤怒管理小组的帮助。好吧，你只不过是把你的身份证出示给了世界上任何一个工作就是看别人 ID 的人。

客人永远不要做这些事

办入住的时候不要不停地讲私人电话。

你能想象，作为一个人类，被另外一个人当作多任务处理中的一个对象的感受吗？你对着电话说："嗯，嗯，对，没错儿，我跟她说了，按计划推进，这帮人我很了解。"然后对着我这边抬一下眉毛，或者从眼角对我投来一瞥，冲着我的方向漫不经心地点个头，意思是你的注意力仍然放在电话上。要么就是你把手机从耳边稍稍拿开一点点，好像无比大度似的分配给我百分之五的注意力，这个电话得五分钟之后才讲得完。不过因为你对待我的方式好像是把我当成一台入住手续自动办理机，所以我会给你分配一个糟糕的房间，让你在里面待一分钟就头疼 60 秒。然后我还会给你埋一个"房卡炸弹"，这是肯定的。

不要把信用卡弄的啪啪响！

你能明白吧？用拇指把信用卡的一角掀起来，上面用食指压着，拇指瞬间抽出去，信用卡就会响亮地啪的一声拍在我的柜台上。如果你这么干的话，只会让我很讨厌你！

如果你可以用种族来很方便地形容某人就尽管形容好了。

"我把我的行李票给了一个行李员,他到现在还没回来。""跟我形容一下他长什么样,我好去找他。""呃……他个头很高,其实也不算特别高。他……我不知道,他好像没留胡子,看上去大概在三十岁出头吧。我的意思是,他穿得很像个行李员,但我猜我说这没什么用。呃,那个,他……大概跟你差不多高吧。""太太,他是什么种族,白人、黑人、还是亚洲人?""呃,对,亚洲人。""好的,你说的那个是杰里米(Jeremy)。我去找他问问是怎么回事。"

别让我用你的手机。

有的时候是有必要的。有时候你电话里的那个人有我需要知道的电邮预订信息,或者有我需要的订单号。我就是不想用你的手机,不过我估计我不得不用,拿给我吧。

别跟需要整天待在室内干活的人提起天气的话题。

这实际上是在给别人提供度假服务的服务行业的一个副作用。出门休假的人啊,上帝保佑你们,有时候他们会忘了,除了他们以外的整个世界还在为工作而转动着。"哦天哪,中央公园今天的景色简直棒极了! 快看啊!看一眼嘛! "你在气我吗? 看看? 就看一眼? 你必须得明白我能做的也就是看一眼了。我只能透过大堂的玻璃门向外看去,然后心里念叨一下我要是没在工作就好了。下次我休假的时候我会到你的办公室然后在你面前大肆吹嘘一下。

别当着我的面用我能听到的音量叫你丈夫问我什么事情,因为我都能听到。

这种事儿让我郁闷之极。"哦，亲爱的，多管他要几条毛巾。"通常状况下这些当丈夫的之后做的就是转向我然后吊起一条眉毛。如果我当时感觉到了一丝挑衅的味道，我就会用同样的眼神望着他，我会用这眼神逼迫他开口。来吧，亲爱的，来问我吧。

我给你找零钱的时候别伸着手等着。

你明白吧，我在数钱的时候，你就伸出手来等着，就在我的眼前，伸到空中，等着我把零钱数完，透出迫切的味道，并且透露出"你在数着的钱属于我"这种无用的信息。放松一下儿伙计，数完钱我就给你。你伸着手的样子很像一个学前班的小崽子。

每个客人都要知道的事情

房间里的电影你也不用付钱！

那些红着脸摇头说自己没有吃过迷你吧里的食品的客人，不必再急着否认你们没点播过电影。道理很简单，因为迷你吧里面的东西吃完了必须得补上，对于酒店来说这算是成本。而对于电影点播服务来说，酒店付的只是一个价格统一的预订费，意思就是在成本上没有消耗，没有什么东西是需要补上的。你看过了电影，但是跟酒店说你没看，对于酒店的经营成本上没有造成任何损失。所以你没必要脸红，这事儿我们来分三步走：

1. 点播一部电影，并且好好享受你的点播时光（任何电影都可以）；
2. 给前台打个电话，说你是不小心按错了按钮，或者说电影播到一半就卡住了，或者是在结尾的地方卡壳了，或者干脆就没播放。你希望我们现在帮你重播这部电影吗？不用了谢谢。你该睡觉了或是退房了，请帮你把点播费抹掉。

3. 再点一部电影，不过这次打开迷你吧，把那儿当成无人看管的小吃部大吃一顿吧。

如何避免同日取消预订的罚款

首先，如果你是在线预订并且已经付过款了，这条可以略过不看。只有通过非预付费形式的预订属于操作范围。

我们来想象一个场景，现在是夜里十点，你今晚预订了房间，但是你不能到店。你会心甘情愿地被扣掉一笔叫做"客人未到店"的款吗？你会想把未到店扣款这件事抛到脑后假装这种事不存在，然后假装你的信用卡上不会被划掉一晚上的含税房费吗？

这笔钱是一定会扣掉的，而且是系统自动扣款。

所以你可以这么干：打电话到酒店前台。

"晚上好，感谢致电酒店前台，我的名字是'随便叫'，请问可以帮你什么忙？"

"你好，请问你是经理吗？"

如果他们回答说是的，挂掉，再拨一次。我们要找的不是经理。

"不，我不是。你希望和经理通话吗？"

"哦，不不，呃，事实上我想请你帮个小忙。是这样的，我本来计划今晚飞过来，但是我12岁的女儿突然不舒服——"

很抱歉我需要在这儿插一句嘴，亲爱的客人。是的，你需要编个理由，不过你不需要一个45分钟才讲得完的理由。记住，在电话那头的人是我：我已经连续值了两个班，而且我已经连续站了十三个小时。你得换个理由。

"不是，是这样的，我出了个小状况。我觉得你能帮我。我有个紧急的私人情况需要处理，今晚不能入住了。但是，我已经约好了下周五工作会议的时间，你可以不扣我的费用，帮我把今晚的预订挪到下周五吗？"

"当然，下周五，24号。改好了，预约号不变，到时见。"

"谢谢。"

搞定。现在你的预定挪到下个周五了。这有什么好？明天某个时候打电话到酒店前台来（不要找经理），只要告诉前台你要取消预订就行了，这是你的权力。没问题，没人会收你的费。

但是，当你打算把预约延期，而前台这个时候却搬出"规定"出来找你麻烦的时候，你就可以执行 X 计划了，也就是"现金计划"。别担心，我的意思不是说"为了省钱你就得花钱"这种办法。在史蒂文·西格尔（Steven Seagal）的电影《杀不死的勇者 /Hard to Kill》里说，"期待死亡比死本身更可怕。"而我们在这个情况下，说法可以改成："对小费的向往跟给小费的效果是一样的。"所以，这个时候你的内心要强大，然后说："听着，我知道你有规定，我也知道你对我的理由不感兴趣（如果我们觉得客人尝试着理解我们的处境，我们的态度就会软化很多），但是如果你可以帮我把预订挪到下个周五，我保证在入住的时候会多多照顾你的。"你讲了这句话之后，最糟糕的情况也就是，前台服务生说，抱歉，不行。但是对于大多数的服务员来说，只要向他们传递你会给他们小费的信息就足够了。冰球运动员韦恩·格雷茨基（Wayne Gretzky）说过（顺便提一句，他给小费很大方）："如果你不试着射一下门，你百分之百进不了球。"对于一个前台服务生来说也是一样的，不冒点儿险怎么能拿到小费。我吗？我会接受，也许我会指望着下周五你来办理入住的时候会给我塞点儿小费，我可以用来买袜子之类的。等到下个周五到来之后，我在系统里查看一下你的预订情况，发现你已经取消了。好吧，我只能说我被耍了。我只能说你真的深谙此道。

　　如果你想投诉，如果你非投诉不可，拜托，请先吃块口香糖。

　　就是这样，我已经说得很明白了。蜂蜜会引来蜜蜂，但是垃圾只会引来苍蝇（蜂蜜比垃圾吸引到的蜜蜂多）。好吧，蜜蜂也喜欢垃圾。不管怎么着吧，记得吃块薄荷口香糖。

　　我不想听你那误机的倒霉经历，我一点都不想听。

　　在我看来，尽管我们身上都佩戴着胸卡，我也不觉得你就可以随意按胸卡上的名字叫我们。

把胸卡别在身上这件事让人立马觉得身处低人一等的服务业。不经过允许就叫别人的名字意味着你明白其中道理，而且，该死，不介意当着我们的面指出来。通过别人身上的胸卡直接叫对方的名字会让你叫的这个人感到有损个人价值，会让他们觉得他们的价值是捆绑在酒店房费里面的。这些人的妈妈在他们生日的时候会叫着他们的名字然后问："某某某，你想要的都得到了吗，宝贝？"你有什么权利用？只因为你走进了大堂？我的建议是得到他们的许可。"杰克（Jake）……我可以称呼你杰克吗？"当然可以，而且我得谢谢你。

三种白痴级的拒绝行李员的方式

第一种："我现在平衡了。"这句话迷雾重重。行李员说起这句话的时候总是一脸愤怒与厌恶的表情。不过我至少有好几年的时间没有真正听到谁说这句话。但行李员们跟我郑重承诺确实有人这样说。一个客人走进大堂，左右肩膀上都挎着包，背后还背着一个双肩包。左手里拎着塑料袋，右手拖这一个滚轮行李箱，上面还放着一个登机包，简而言之就是一个行李架。只消几个美元他就可以让自己摆脱那幅窘态，并且让一个辛勤劳动，以体力换饭吃的行李员帮他把东西送上房间。但是当行李员礼貌地提出这一建议的时候，他的反应就是直接转过身来说："不用，我正好平衡。"出于某些原因，这种说法可以直接把行李员搞疯。2009 年一个冬天的早上，我终于听到一个客人这样说"我现在很平衡"。你很平衡？我怎么觉得你快被压扁了，而且，你简直就是一个白痴。

第二条："我不想麻烦他们。"这个在本书的第 108 页已经解释过了。需要重申的是，行李员挣的就是小费，他们靠小费养家糊口。如果酒吧里，一个妓女朝你走过来并开始跳舞，你站起来带着一美元的钞票走到一边去，然后说："我不想麻烦她。"听上去你还不了解我们这个世界的规则，而且，很抱歉，你很像个白痴。

第三条："我知道怎么上去。"这不是行李员的主要工作，亲爱的客人，酒店雇佣他们不是充当活人 GPS 的，十岁的小孩儿都知道"怎么上去。"我们酒店正在给你提供服务，这跟奢华酒店提供的服务有关，你说这话听上去十分无知，与此同时，对世界规则完全不了解。毫无疑问，你听上去像脑子进了水。

找到你的服务员

并非所有的前台服务岗位都做同样的事情。我之前提到过握手的时候塞小费过去的魔力，不过我自己曾经有过一些经历，我给某个前台服务员塞过小费，但是除了一个紧张的微笑之外我什么都没有得到。这对于我来说不是问题，因为我就是一个前台服务生，我很乐意仅仅因为我们做同一种工作而给他们小费。但是你们里面的一些人给钱的时候总是指望着立刻回报。下面给你支几招儿，可以提高你的投资回报率。

如果在入住之前你还没有通过致电前台的方式找到可以为你服务的前台服务员，那么从到达的那一刻起，就最好寻找机会。你走进酒店大堂，谁第一个给你服务，你就只能找他了？没人这么说，不必这样。你只需要假装在看手机就行了。你需要找什么样的服务员？我建议你找那种工作效率很高，神经松弛，甚至看上去有点儿感到无聊的服务员。如果服务员过度热情或紧张，这说明他 / 她刚刚开始在这个酒店工作，这样的服务员不太可靠。你要找的服务员不仅仅需要明白小费游戏的规则，更要了解酒店的物业和操作系统的规则。如果我观察到一个前台服务员工作效率十分高，我就会排在他那条队伍去，即便我可能需要等更长的时间。如果另外一个柜台的服务员叫我过去，我就会说："不用了，谢谢你。他以前曾经帮我办理过，我不介意等。"就等着这个你选中的服务员好了，别在其他前台服务员的压力下变成胆小鬼，别让你的胆小最后给你换来一个糟糕的房间。

上来就先给小费，立刻就要让服务员知道你是认真的。之前我曾经接待过一个客人，一直在口头上跟我暗示会给我小费："我会照顾你的，不用担心，我感激你的帮助。"不过我觉得他当时完全是随便说说。所以我完全没有相信，也就没有按照他的要求帮他找房间。之后，当他拿到房卡之后，他拿出了钱包，他转身离开的时候，给我留下了一百块的小费。当下让我感觉自己的做法实在违背道德，于是我说："先生！请稍等。请把房卡给我，对，就是这个。我刚才以为另外那个房间还没有准备好，但是现在好了。这个房间更棒。"之后这一次我确实帮他升级了房间，偷偷隐藏了我曾经认为他对我撒了谎，所以没帮他做任何事的事实。所以记住：小费要先给。

这种情况下我是这样做的：我会直接走上前去，笑不露齿，把信用卡交给他，放下二十美元，说，"这是给你的。不管你能帮我做什么，我都很感谢：延迟退房，或者免费红酒之类的，什么都行。"

最后，如果你这次是成功的，这次就要记住他的名字，好记性不如烂笔头。下次你再来的时候，甚至可能是第二天你就需要来个延迟退房，但糟糕的是你却想不起这个曾经帮过你的人的名字或模样。要知道他现在是你的人了，而且你们已经合作过一次，他会很乐意帮助你的。

前台的 10 句谎言

1. 所有的房间基本上是一样的尺寸。

2. 我当然记得您是谁，欢迎回来！

3. 我帮不到您了。

4. 感谢您的反馈。

5. 很抱歉行李员让您不愉快了，我一定会跟经理汇报这件事。

6. 我并不想让您感到不舒服。

7. 我现在就寄出去。

8. 很乐意为您效劳。

9. 我向您表示深深的歉意。

10. 希望能再见到您。

服务满意度调查

1. 你如何评价你的前台服务员？

A. 跟我没关系

B. 简单粗暴

C. 粗鄙

D. 对我的太太十分粗鲁

2. 如何评价你的行李员？

A. 稍微有点儿吓人

B. 我好像和一种吃钱不吐骨头的动物一起坐了电梯

C. 跟我没关系，简单粗暴、粗鄙，并且对我的太太十分粗鲁

D. 行李员？我乃粗鄙小人，何须帮助？我跟他说滚远点儿

3. 如何描述你房间的清洁度？

A. 和之前承诺的一样

B. 至少没有血迹

C. 有点儿像小客栈

D. 看上去干净，不过其实不干净

4. 您认为酒店整体的管理如何？

A. 像监狱

B. 像妓院

C. 介于监狱和妓院之间

D. 看上去很像监狱的妓院，所以十分可怕

5. 还会再来我们酒店入住吗？

A. 不了，谢谢

B. 才不会

C. 再不会了

D. 好啊当然，管他呢。下周见

🍽 鸣 谢

感谢 Chase Literary 的法雷·查兹（Farley Chase）接纳了这本书的出版建议，这本书得以经过恰当的修改，从而最终一发中的。

我向 Doubleday 的汉娜·伍德（Hannah Wood）致以无比谢意，因为她十分优雅且又具有幽默感地接了这单生意，并且拥有无与伦比的智慧，以及具有煽动性的毁谤性言论。

我对于 Doubleday 的盖瑞·霍华德（Gerry Howard）允许我和他一起工作表达诚挚谢意。尤其要感谢他的敏锐眼光，从而避免了我的作品被最终修饰成废话一堆。

我要感谢加利福尼亚州生下了我，感谢北卡罗来纳州养育了我，感谢教育我成长的新奥尔良，感谢巴黎和哥本哈根让我成熟，并且最后我要感谢纽约州，最后让我变成了一个无坚不摧的老炮。

另外我还要感谢：

纽约酒店和旅馆贸易委员会。

每周四短故事俱乐部，以及我们所有的俱乐部成员们（www.shortstorythursday.com）。

我所有在布鲁克林派对乡（Partysburg）的朋友们；我在跟这本书较劲的时候你们接纳了我。

每一个曾经给过我钱的客人。

以及，最重要的，所有打卡上班的酒店职员们。

最后，就是我的家人们：大卫（David）、南（Nan），以及莎拉·汤姆斯基（Sarah Tomsky）。

关于作者
Jacob Tomsky

雅各布·汤姆斯基（Jacob Tomsky）

是从酒店战场上摸爬滚打下来的老兵。

他是一位言语得体、步履轻快、无比诚挚的人。

他在酒店的很多部门干过，

也因为自己的卓越表现获得了多次升职。

出生在加利福尼亚州的奥克兰的军人家庭。

汤姆斯基如今住在纽约的布鲁克林。